D1997748

PROverbis | Imprint

Robert Musil

Der Mann mit Eigenschaften

Offizier, Literat, Psychologe, Ingenieur

Herausgegeben von
Günther Fleck, Walter Feigl, Ursula Hamersky

Mit Beiträgen von
Karl Corino, Paul Ertl, Wolfgang Etschmann,
Walter Fanta, Regina Schaunig, Peter Schmiedt,
Markus Schratter, Andreas Stupka

bi Schriftenreihe BIBLIOTHEKSINITIATIVEN
Wissenschaft in Theorie und Praxis

Eine Publikation der

Plattform BIBLIOTHEKSINITIATIVEN WIEN

www.bibliotheksinitiativen.at

Mit freundlicher Unterstützung
des Robert-Musil-Instituts an der Alpen-Adria-Universität Klagenfurt,
der Landesverteidigungsakademie Wien und
von HR Dr. Günther Fleck

Impressum

G. Fleck, W. Feigl, U. Hamersky (Hrsg.):
Robert Musil. Der Mann mit Eigenschaften

1. Auflage 2014
ISBN 978-3-902838-17-9

Redaktion: Ursula Hamersky
Lektorat: Ursula Hamersky
Gestaltung und Layout: PROverbis e.U., Wien
Umschlag: PROverbis e.U., Wien
Druck: alket, Wien

Gesetzt aus der Minion Pro
Gedruckt auf Munken print cream

Bildquellen
Titelbild: Leutnant Musil, 1917 (www.robertmusil.net)
Bild des Josefsplatzes: Bild-Archiv der Österreichischen Nationalbinliothek
S. 11: Spindler & Hoyer. 1908 (wikipedia.org)
S. 28: Sandstein (wikipedia.org)
S. 100: Museo storico Italiano della guerra, Rovereto

Bibliografische Information der Deutschen Bibliothek
Die Deutsche Bibliothek verzeichnet diese Publikation in der Deutschen Nationalbibliografie; detaillierte bibliografische Daten sind im Internet über http://dnb.ddb.de abrufbar.

Dieser erste Band der Schriftenreihe „Wissenschaft in Theorie und Praxis" erscheint in Kooperation der Plattform BIBLIOTHEKSINITIATIVEN Wien mit der Landesverteidigungsakademie Wien und dem Robert-Musil-Institut an der Alpen-Adria-Universität, Klagenfurt.

Inhaltsverzeichnis

Günther Fleck, Walter Feigl, Ursula Hamersky
Vorwort 7

1. *Paul Ertl*
   Musil – ein postmoderner Denker 11

2. *Wolfgang Etschmann*
   Der Fliegerpfeil als „tödliche Amsel"
   Robert Musils Konfrontation mit dem frühen Luftkrieg 27

3. *Regina Schaunig*
   „Zeit der Ellenbogen" – Robert Musil als Autor in Uniform 37

4. *Walter Fanta*
   Irgendwie geht Ordnung in das Bedürfnis nach Totschlag über. General Stumm von Bordwehrs militärwissenschaftliche Konzepte 75

5. *Andreas Stupka*
   Musils Kakanien
   Eine Interpretation aus staatsphilosophischer Sicht – mit kritischen Bemerkungen zur aktuellen Politik 88

6. *Karl Corino*
   Draufgänger und Tachinierer
   Neue Bilder Robert Musils aus dem I. Weltkrieg 98

8. *Peter Schmiedt*
   Robert Musil und der Erste Weltkrieg 106

7. *Markus Schratter*
   Wie der Erste Weltkrieg Österreich, Europa und die Welt veränderte 116

Autoren 190

Robert Musil –
Der Mann mit Eigenschaften

24. Kulturwissenschaftlicher Dialog,
veranstaltet vom Institut für Human- und Sozialwissenschaften
der Landesverteidigungsakademie Wien
in Kooperation mit der Plattform Bibliotheksinitiativen Wien,
24. April 2013

Robert Musil ist den meisten Leserinnen und Lesern vor allem durch seine literarischen Werke bekannt. Nun stellt diese Seite Musils nur eine von anderen dar, die zwar als die wichtigste zu imponieren vermag, aber keinesfalls die einzig bedeutsame seiner Persönlichkeit repräsentiert.

Will man der Komplexität seiner Persönlichkeit gerecht werden, so müssen weitere Aspekte dieser berücksichtigt und miteinbezogen werden. Musil hatte eine unglaubliche Fülle unterschiedlicher Interessen und Begabungen in sich vereinigt. Diesem erstaunlichen Phänomen wird in der vorliegenden Schrift aus interdisziplinärer Sicht nachgegangen, wobei sich notgedrungen die Auswahl bestimmter Aspekte ergab. Sie ist aus einer wissenschaftlichen Veranstaltung hervorgegangen, die drei weitere markante Bereiche seiner Persönlichkeit zum Gegenstand machte: Musil war nicht nur Schriftsteller, sondern auch Offizier, Psychologe und Ingenieur. Auf der Suche nach einem geeigneten Titel für die Veranstaltung drängte sich schließlich die Idee auf, die Vielgestaltigkeit Musils als „Der Mann mit Eigenschaften" zu charakterisieren und zu würdigen.

Günther Fleck

Vorwort

Die im heurigen Erinnerungsjahr an den Beginn des ersten Weltkrieges erscheinende Publikation entspricht einer Tagung aus dem Jahre 2013 am Institut für Human- Und Sozialwissenschaften (IHSW) der Landesverteidigungsakademie (LAVAK) Wien über Robert Musil. Dieser Österreichische Dichter schilderte wie kein anderer jene Zeit, die zu diesem furchtbaren Ereignis führte. In Anlehnung an den Titel eines seiner Hauptwerke „Der Mann ohne Eigenschaften" wurde der Symposiumstitel gewählt.

Das Jahr 1914 bedeutete für Europa – und damit für die ganze Welt – das plötzliche und gewaltsame Ende einer langen Ära. Das klassische Europa der Monarchien, der Herrscher, der Kaiser und Könige war vorbei für immer – und die Neuordnung der Staaten und Länder war im vollen Gange. Mit und an der Person Robert Musils, der als ein Untertan, als ein Österreicher der k. und k. Monarchie geboren wurde, und ein Offizier der kaiserlich-königlichen österreichischen Armee war, wurden in biografischer Weise als auch interpretierend und deutend die großen Veränderungen dargestellt. Als direkter Zeitzeuge mitten in diesen Umwälzungen und Aufbrüchen, reflektiert er als literarischer Groß-Künstler alle Aspekte seines Lebens – und damit dieser Zeit. Er gibt mit Hilfe seiner eigenen Person den Zustand und die Periode wieder, wo gewohnte Strukturen wegbrechen und die Neue noch nicht da sind im harten und schwierigen Kampf für eine bessere Ordnung, politisch wie auch persönlich und privat.

Die eintägige Tagung am Mittwoch, den 23. April 2013 wurde von Mitgliedern des IHSW und des Robert-Musil-Institutes für Literaturforschung der Universität Klagenfurt gestaltet. Der Vormittag wurde durch drei Rednerinnen gestaltet. Als Einleitung zum Thema haben wir den Aufsatz des bekannten Militärhistorikers Wolfgang Etschmann gestellt: *Der Fliegerpfeil als „tödliche Amsel"– Robert Musils Konfrontation mit dem frühen Luftkrieg.* Bereits dieser Beitrag zeigt, dass Musil durchaus von seinen Erinnerungen an den Krieg geprägt ist.

Frau Regina Schaunig aus Klagenfurt führt dieses Thema weiter. *„Zeit der Ellenbogen – Robert Musil als Redakteur im 1. Weltkrieg"* zeigt, das der Schriftsteller Musil als Kriegsteilenehmer und Militärzeitungs-Redakteur für die Beschreibung von Weltkriegsereignissen mehr Bedeutung hat, als dies bisher angenommen wurde. Schritt für Schritt wird gezeigt, wie aus seiner Feder von August 1914 bis November 1918 Einiges an Kriegspropaganda entsteht, ein Zeitraum, der bisher in den meisten Biographien bisher als literarische Abstinenz gedeutet wurde. Der ausführliche Beitrag ist ein Kernstück unseres Buches. Der graduierte Philosoph und Militärsoziologe Paul Ertl steuerte eine originelle Abhandlung mit dem Titel *Robert Musil – ein postmoderner Denker* bei. Dabei wird der Dichter mit seiner Kritik an Objektivität und Wahrheit sowie Reflexion über Partikularität und Ambivalenz der Denkweise des Postmodernismus nahegestellt, viele Jahre vor dessen eigentlicher Entstehung.

Nach der Mittagspause stellte der Militärpsychologe Günther Fleck mit *Robert Musil Beitrag zur „Psychotechnik im Bundesheere"* einen aktuellen Bezug her, während Walter Fantas Ausführungen einem provokanten Titel Thema trugen: *„Irgendwie geht die Ordnung in das Bedürfnis nach Totschlag über. General Stumm von Bordwehrs militärwissenschaftliche Ordnungskonzepte"*. Hier wird an Hand von Figuren des Hauptwerks des Dichters, welches ja Anlass der Tagung war, das Militär beleuchtet. Und abermals zeigt sich, dass seine Laufbahn als Redakteur einer Militärzeitung tiefe Spuren in seinem Schaffen hinterlassen hat.

Den Abschluss der Tagung stellte „Robert Musils Kakanien" dar, beleuchtet durch den Leiter des IHSW, Andreas Stupka. Sein Beitrag über den von Musil im Kapitel acht des Mannes ohne Eigenschaften geprägten Asudruck für die k&k Monarchie trägt den Untertitel *Eine Interpretation aus staatsphilosophischer Sicht- mit kritischen Bemerkungen zur aktuellen Politik.*

Die gut besuchte Tagung zeitigte einen intensiven Diskurs zum Thema. Wir konnten fast alle Referate auch schriftlich für unser Buch erhalten. Dazu wurde es um einige wesentliche Publikationen erweitert.

Ein weiterer Beitrag stammt vom profunden Tübinger Musil-Kenner Karl Corino. Mit ihm standen wir während der Vorbereitungszeit zur Tagung in Verbindung. Leider konnte er aus terminlichen Gründen die Arbeit *Draufgänger und Tachinierer – Neue Bilder Robert Musils aus dem 1. Weltkrieg* nicht vortragen. Er stellte uns jedoch seine das Thema wesentlich erweiternde Ausführungen zur Verfügung. Den Abschluss bildet *Wie der erste Weltkrieg, Österreich, Europa und die ganze Welt veränderte* von Markus Schratter. Damit kehren wir zum Jubiläumsjahr 2014 zurück

Unser Wunsch und unsere Hoffnung ist es, dass dieses Buch einen Beitrag zur Aufklärung zu dieser Zeit bewirken soll, um daraus ist für die Zukunft zu lernen. Der politische Mensch kann nie aufhören, daran hart zu arbeiten – für sich und auch für alle anderen, damit die Zukunft besser werden kann!

Der erste Band der Wissenschafts-Reihe des Vereins „Plattform Bibliotheksinitiativen Wien" ist der 2012 verstorbenen Gründerin und Initiatorin dieser Bewegung Frau Edith Waclavicek gewidmet. Dieses Werk wie die gesamte zukünftige Reihe soll daran erinnern, dass sie uns Durchhaltevermögen und Disziplin beigebracht hat. Ohne ihren unermüdlichen und selbstlos aufopfernden Einsatz wäre vieles nicht möglich gewesen.

Wir danken auch unseren wissenschaftlichen Beiräten, allen voran in diesem Jahr Herrn Dr. Günther Fleck, der als Initiator dieses Symposium geplant und diese Publikation erst möglich gemacht hat.

Und allen, die sich durch unermüdlichen, ehrenamtlichen Einsatz um die Entstehung, Organisierung und Durchführung aller unserer Tagungen und Kongresse verdient gemacht haben, und ohne deren profunde Hilfe und Wissen diese Publikation nicht möglich gewesen wäre!

Ursula Hamersky und Walter Feigl

PS: Aus Respekt vor den Autoren und Autorinnen wird deren Rechtschreibung beibehalten, in den Vorworten, Rezensionen etc. wird die neue Rechtschreibung angewandt.

Paul Ertl

Musil – ein postmoderner Denker

1. Ein Denker Namens Robert Musil

Hört man den Namen Robert Musil, denkt man sogleich an den genialen Literaten, Schriftsteller und kritischen Geist seiner Zeit. Musil war aber bei weitem mehr. Er war zudem Organisator, Soldat, Denker und nicht zuletzt auch Erfinder! Dies ist vor allem beim musilschen Farb- oder Variationskreisel evident. Dieser ist eine recht einfache Apparatur, die der kontinuierlichen, stufenlosen Erzeugung von Mischfarben durch additive Farbmischung dient. Dies passiert mit Hilfe einer rotierenden, zweifarbigen Kreisfläche. Die Apparatur wurde 1906 von Robert Musil für physikalische und wahrnehmungspsychologische Experimente entwickelt. Es werden zwei aufeinanderliegende Kreisblätter gleicher Größe und unterschiedlicher Farbe radial geteilt, über die Schnittlinie ineinander verzahnt und leicht gegeneinander verdreht. In der Aufsicht stellt sich dies als eine aus einem großen Kreissegment (mit der Farbe des darüberliegenden Blattes) und einem kleinen Kreissegment (mit der Farbe des darunterliegenden Blattes) bestehende Kreisfläche dar. Durch Drehung der Kreisblätter gegeneinander lässt sich das Größenverhältnis der beiden Segmente beliebig verändern. Versetzt man die Kreisfläche nun in Rotationsbewegung, entsteht für das menschliche Auge der Eindruck, die gesamte Kreisfläche besitze eine aus den Farben der Segmente zusammengesetzte Mischfarbe (Vgl. Adolf Frisé [Hrsg.], Musils Gesammelte Werke, Band 2).

Abb. 1: Farb- bzw. Variationskreisel von Robert Musil von 1906

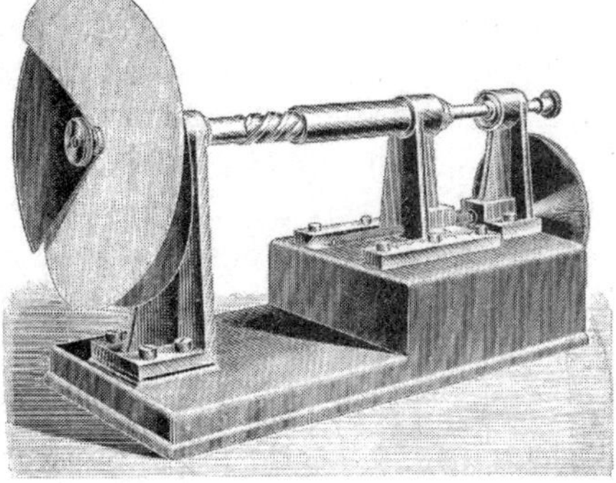

Dies ist nur ein Beispiel von vielen für den Erfindergeist Musils. Des Weiteren hat er im Österreichischen Verteidigungsministerium gearbeitet, Abhandlungen über Psychologie, technische und wirtschaftliche Belange hergestellt und vieles mehr. Musil war also nicht alleine der Schriftsteller, er war auch ein guter Ingenieur, Wirtschafter und – soweit dies hier beurteilt werden kann – auch visionärer Psychologe. Dies alles muss mitbeurteilt werden, wenn vom Denker Musil gesprochen wird.

2. Verortung des Literaten Musil innerhalb der literarischen Epochen

Im vorliegenden Essay geht es daher um die Literatur, die Begleitumstände des Lebens und den daraus sich ergebenden Rekurs auf das Denken Musils. Hier muss nunmehr auch die erste Einschränkung passieren: Es gibt nicht bloß einen einzigen konsensualen Überblick über die literaturwissenschaftlichen Epochen innerhalb der menschlichen Historie. Im Gegenteil stehen sich oft – vor allem in den Grenzziehungen zwischen Epochen – Gegner unversöhnlich gegenüber. Dabei muss immer wieder betont werden, dass jedwede Einteilung am Ende eine beliebige Ziehung von Grenzen zwischen definierten Bestimmungen darstellt. So kann es beispielsweise passieren, dass die von uns gewählte Einteilung von anderen nicht geteilt wird. Dabei stellt sich, wie bereits gesagt, die Frage nach den Bedingungen, die für die Erstellung jedweder Einteilung nötig sind. Man sieht bei Einteilung von Epochen daher vor allem die Verortung in zeitlicher Folge in Frage gestellt. Wie dargestellt ist also jede Einteilung immer bis zu einem gewissen Grad der Beliebigkeit zuzuschreiben. Wo ziehe ich die Grenze? Gehört der Literat X bereits zu dieser oder noch zu jener Epoche? Bereitete er den neuen Stil vor oder ist er noch im alten verhaftet? Fragen über Fragen und nur Antworten solange man sich auf ein (wie auch immer) vorbestimmtes System einlässt. Aufgrund der konsensualen Orientierung wurde für vorliegende Arbeit ein allgemein akzeptiertes und nicht sehr genaues Schema gewählt. Es soll nur veranschaulichen, wo sich die verschiedenen literarischen Strömungen historisch in etwa befinden. Uns geht es nämlich vor allem darum, einen Literaten dort zu verorten, wo er eigentlich NICHT hingehört. Namentlich geht es um die Postmoderne – der derzeit letzte Zeitstrahl auf der Skala. (Vgl. Abb. 2.)

Schauen wir uns doch mal an, wo wir Musil verorten können …

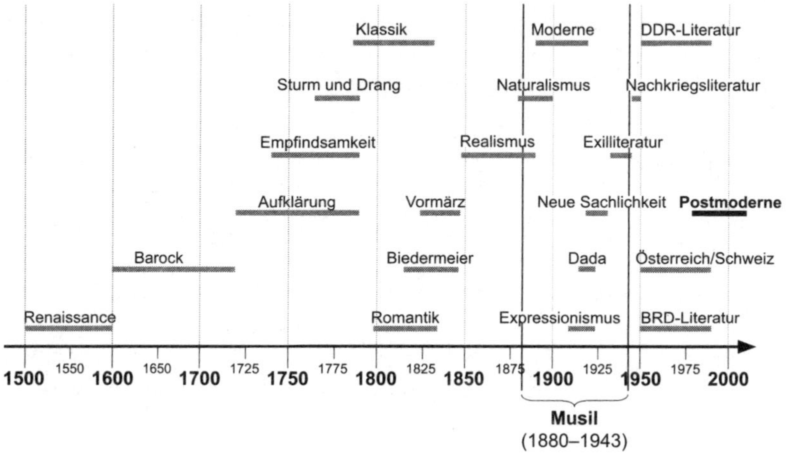

Abb. 2: Zeitstrahl der Literaturepochen
(nach: literaturwelt.com, ergänzt von P. Ertl)

Und wo ist die Postmoderne? Historisch weit vom Lebenszyklus Musils entfernt. Dass dem aber nicht so ist, dies zu zeigen ist die Aufgabe, die wir uns gestellt haben. Es soll in diesem Aufsatz also, dem Titel getreu, ein Vorschlag gemacht werden. Es soll gezeigt werden, dass Musil ein modernistischer Literat, aber ein postmoderner Denker war. Und das schon weit vor den heutigen „Super-Postmodernisten" wie Lyotard, Derrida und ähnlicher Denker.

3. Moderne, Modernismus, Postmoderne – die Beliebigkeit der Einteilung

Die großen illusionären Hoffnungen der Moderne auf eine rational begründete, sichere und linear fortschreitende Welt scheinen sich tief in unsere Menschen- und Gesellschaftsbilder eingenistet zu haben, sonst würden wir nicht so aufgeregt einen Tatbestand registrieren, der für die großen Vordenker in Philosophie, Soziologie oder Psychologie ein selbstverständlicher Ausgangspunkt ist: Die äußere wie die innere Welt ist widersprüchlich. Für Nietzsche, Marx oder Freud war diese Annahme so elementar, dass sie ihre gesamten Ideengebäude darauf aufgebaut haben. Und wir selber beginnen erst langsam, uns dem anzunähern. (Vgl. den Vortrag von Heiner Keupp, Identitäten der Ambivalenz der postmodernen Gesellschaft, beim 6. Benediktbeurer Herbstforum 2002[1.])

Zur Aufarbeitung dieser Tatsache bietet sich ein eher „philosophisch" orientierter Zugang zu der Thematik an: Dazu unterteilen wir die Entwicklung im Großen in drei – dem Beliebigkeitskriterium untergeordnete – Epochen. Namentlich wird für diese Arbeit das Modell von Peter Zima verwendet, der innerhalb der Literaturwissenschaft ebenso solche drei Denkepochen verortet. Der Einfachheit halber – und weil es die Horizonte klarer hervortreten lässt – wählen auch wir seinen Zugang. Es sind dies die Moderne, der Modernismus und die Postmoderne .(Vgl. Abb. 3.)

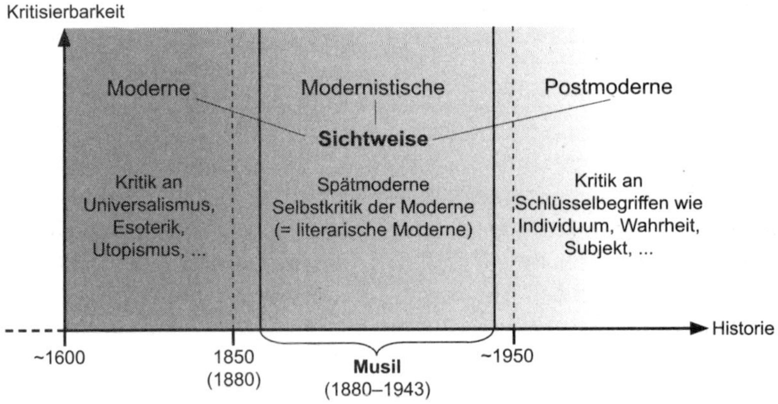

Abb. 3: Koordinatensystem nach P. Zima (aus: Moderne, Postmoderne, UTB, 1997 S. 21ff. Erstellt & adaptiert durch P. Ertl)

Philosophisch gesprochen geht es um Phasen der Kritik und ihrer Wirkungen. Besondere Bedeutung erlangt dabei der Modernismus. Der literarische Modernismus erweist sich als eine spätmoderne Kritik der Moderne, genauso wie es ideengeschichtlich auch in Soziologie, Philosophie, Politik und anderen wissenschaftlichen Disziplinen war. Als spätmoderne Kritik der Moderne geht dieser Modernismus

[1] Der Vortrag ist abrufbar unter: http://www.ipp-muenchen.de/texte/identitaeten.pdf (12. 3. 2013)

bei einigen Autoren dann nahtlos in ein postmodernes Denken über. So beispielsweise bei Weber, Tönnies oder Simmel. Unseren „neuen" Postmodernisten geht diese spätmoderne Kritik an der Moderne aber nicht weit genug, weil sie Schlüsselbegriffe der Moderne wie Individuum, Wahrheit, Utopie etc. nicht mehr ohne weiteres akzeptieren können. Es soll an dieser Stelle gezeigt werden, dass die Ideen, die Gedanken einzelner Autoren, trotz dem oberflächlichen Verhaftetsein in den spätmodernen Kategorien durchaus im Gedanken der intellektuellen Beschäftigung mit deren Begriffen als Postmodernisten gelten können. Zuvor aber muss sozusagen die festgefahrene, starre Struktur der historisch gewachsenen Kruste aufgeweicht, eventuell sogar aufgebrochen und dekonstruiert werden. Dazu eignet sich Musil als deutsch schreibender Autor aufgrund seiner Denkungsart und stilistisch leicht nachvollziehbaren Schreibweise am besten (Zima, 255ff).

Wir müssen nicht alle radikale Konstruktivisten sein, um zu erkennen, dass die subjektive Wirklichkeit ein Konstrukt, eine Konstruktion unseres Geistes ist. Wo ein Ökologe ein wertvolles Biotop sieht, sieht ein Bauer eventuell nur ein Hindernis für die optimale Nutzung seiner Landwirtschaft. Wo ein Marxist Ausbeutung und Klassenkampf wahrnimmt, spricht ein Liberaler von sozialer Marktwirtschaft etc. Die Postmoderne gibt es als „Ding an sich" im Kantschen Sinn nicht. Dabei ist es absolut naheliegend, dass Moderne und Postmoderne historisch und chronologisch als „Perioden" dargestellt werden. Schon das Präfix „post" zeigt ja, dass die eine auf die andere Phase folgt. Schon 1870 hat der englische Maler John Watkins Chapman von „Postmoderne" gesprochen und meint: moderner als die modernste damals etablierte Malerei. Danach gab es einige Stationen in der „Gründung" der Postmoderne, aber erst ab etwa 1950 wird auch in breiterer Basis davon gesprochen (Fazis, 118f).

Die Postmoderne ist also die grundlegende Kritik an den Schlüsselbegriffen der Spätmoderne. Eine Dekonstruktion dieser Begriffe, ein ambivalentes Muster, das auf Diskurs mehr setzt als auf das Ergebnis, auf Verunsicherung mehr als auf Wahrheit.

4. Zur Postmoderne

Im Rahmen der Postmoderne-Diskussion empfiehlt es sich, einer personalen Argumentationslinie von Gert Hellerich zu folgen (Hellerich & White, 1992, 5ff sowie Hellerich, 1993). Die Postmoderne kann dementsprechend als ein Reflex gesehen werden. Dieser Reflex wurde durch Personen heraufbeschworen. Es waren Naturwissenschaftler wie Einstein, Heisenberg und andere, die für den Erkenntnisgewinn und diese Weltsicht verantwortlich zeichneten. Sie machten die Kritikformen modernen Wissens erst möglich – ja, sie begründeten die Unabwendbarkeit dieser Kritik! Sie standen und stehen noch immer im Gegensatz zum Realismus der klassischen Physik. Nach diesem ist das Universum homogen, und der jeweilige Erkenntnisprozess ist unabhängig von der Persönlichkeit des jeweiligen Erkennenden. Er ist unabhängig von der jeweiligen Person, dem jeweiligen Subjekt. In der klassischen modernen Variante ist das auch notwendig. Weil nur wenn der Bezug zu einem wie auch immer gearteteten Urheber, zu einem beliebigen Subjekt fehlt, wird die sogenannte „Objektivität" gewahrt. Im Großen und Ganzen heißt das, dass klare und eindeutige physikalische Phänomene von der Vernunft konstruiert werden. Sie haben damit Allgemeinheitscharakter. Sie gelten immer und überall.

Heute geht unsere Weltsicht allerdings andere Wege. Wege, die wesentlich von diesen Entdeckungen und den Theorien über Relativität und Quantenphysik bestimmt sind. Das Absolute hat seinen Anspruch im physikalischen Weltbild also größtenteils verloren. Im Gegenteil setzt unser heutiges Weltbild in immer stärkerem Ausmaß auf das Subjekt, auf den Beobachter. Jede Erkenntnis – und hier befinden wir uns schon tief in der philosophischen Theorie – setzt einen Beobachter voraus, der diese Erkenntnis auch haben kann. Dieser Beobachter muss sich – logischerweise – in einer wahrzunehmenden Welt befinden – sonst könnte er ja nichts „wahrnehmen". Mit diesem „in der Welt Sein" und dem subjektiven Konstrukt der „Interpretation" dieser „Welt" wird zum Ersten die Physik des Absoluten zweifelhaft, und zum Zweiten die eindeutige Konstruktion sozialer Realität schwierig. Die Hoffnung der Moderne (wie im Übrigen auch der Neuzeit, aber das ist eine weitere begriffliche Differenzierung), dass ein einziges und eindeutiges Schema als Erklärung für Physis und Sozietät gefunden werden kann, wird als gescheitert betrachtet. Die Realität ist schon in ihren Umrissen zu komplex und indifferent.

Im 20. Jahrhundert, vor allem aber in der Zeit nach 1950, stößt die Vernunft als „Mutter allen Fortschritts und Macht, alle Probleme zur Gänze erfassen zu können", an ihre Grenzen. Die allgemeinen philosophischen Konzeptionen kommen an ihre Grenzen. So wie auch jene von G.W.F. Hegel. Er postuliert einen alles durchdringenden und die Menschen rational ausrichtenden Weltgeist, der uns erkennen lässt, dass alles Rationale real ist und alles Reale rational. Irrationalität ist weder vorgesehen noch möglich. Hier strafen ihn die geschichtlichen Abläufe des letzten Jahrhunderts Lügen. Die zwei Weltkriege, die Atombombenproduktion mit dem tausendfachen Vernichtungspotenzial der Erde, Umweltzerstörung etc. scheinen als Beweis gegen eine Rationalität des Realen (Lyotard, 2009). Da denkt man schon eher an Schopenhauer (und hier folgen wir wieder Hellerich, 1993), der darstellt, dass das Reale irrational ist und die Vernunft nicht fortschreitet. Sie verharrt vielmehr und verkümmert. Nur das Einzelne wird erkennbar, das Ganze kaum mehr bis gar nicht. Das stellt dann das sogenannte „schwache" Denken dar.

Jean-Francois Lyotard zeigt schon 1984 in seiner Schrift *Das postmoderne Wissen*, dass viele dieser großen Denkmodelle der Moderne wenn nicht obsolet, so doch fragwürdig geworden sind (Lyotard, 2009). So hat z.B. der Aufstand der Arbeiter gegen die kommunistischen Parteien und kommunistischen Staaten, gleich wie die Abschaffung des real existierenden Sozialismus in der UDSSR, die rationale Doktrin des Histomat widerlegt. Die Doktrin nämlich, dass der Kommunismus die höchste und rationalste Form menschlichen Zusammenlebens sein soll. Aber auch im Westen stehen unsere „großen Erzählungen" auf dem Prüfstand und fallen – Eine nach der Anderen. Zum Beispiel sind der Prozess der Rationalisierung der Gesellschaft, wie die Doktrine von Demokratie, der freien Marktwirtschaft, etc., die sich selbst als unumstrittene Größen setzten anhand ähnlicher Beispiele den Vorwürfen der Relativität und Unglaubwürdigkeit ausgesetzt. Der Freiburger Emeritus Wolfgang Reinhard zeigt zum Beispiel, dass gewisse Grundprinzipien, etwa die Volkssouveränität oder die Effektivität des Systems, schlicht fiktiv sind, auch wenn wir davon ausgehen, sie seien real (Reinhard, 2006). Zur „Freiheit" des Marktes sei an dieser Stelle nur auf die Überlebensfähigkeit eines solchen Konstruktes auf die Krise der 1920er-Jahre und die aktuelle Wirtschaftskrise verwiesen. Erst mit staatlicher Regulation – eventuell Teilregulation, aber da müssen sich die Wirtschaftswissenschaftler erst noch einigen – erholt sich die Gesellschaft von diesen Aktionen. Das ist nur ein vorläufiger Beweis von vielen möglichen für das Versagen einer im philosophischen Sinn realistischen Utopie. Einmal als solche Utopie enttarnt, MUSS Kritik ansetzen und ein die moderne Fassung überholendes „postmodernes" Denken Fuß fassen. Das „starke" eindeutige Denken ist tot, es lebe das „schwache" differenzierte Denken! – Sozusagen.

5. Annäherung an die postmoderne Literatur – zwei Beispiele

Auch in der Literatur haben wir es mit einer solchen Entwicklung zu tun. Nach der anfänglichen Einteilung in drei historisch-literarische Bereiche folgen nun die – wenn man es so nennen will – „denkerisch-stilistischen" Voraussetzungen. Dafür werden in der Folge zwei Werke angeboten, die eindeutig in die postmoderne Periode fallen. Eines ist Kafkas *Die Verwandlung*, das andere Ecos *Der Name der Rose*. Die „Verwandlung" wurde gewählt, weil sie am Beginn dieser Zeitperiode steht und den Übergang zu ihr am besten veranschaulicht. Die „Rose" wiederum, weil sich das Werk bereits mitten in der postmodernen Stilisierung befindet und die typische Struktur stark ausgeprägt ist.

Für die Entwicklung literarischer Werke zur Postmoderne sind grundsätzlich zwei Dinge wichtig: Erstens, die literarische Mehrfachkodierung, und Zweitens, die Verbindung von Wirklichkeit und Fiktion. Kafka beginnt sein Werk mit *„Als Gregor Samsa eines Morgens aus unruhigen Träumen erwachte, fand er sich in seinem Bett zu einem ungeheuren Ungeziefer verwandelt."* (Kafka, Die Verwandlung, 2). Der Leser erlebt mit dem ehemaligen Normalmenschen Gregor das Außenseitertum. Vorher als idealer, fürsorglicher und erfolgreicher Mann, geachtet von der Gesellschaft, wird er nach seiner Transformation geächtet, segregiert und aus eben dieser Gesellschaft verbannt. Wieder Hellerich folgend (Hellerich, 1993, 89) gibt es in diesem Werk mehrere „Metamorphosen" von der Moderne zur Postmoderne. Die erste und auffälligste spielt sich in Gregors eigener Gedankenwelt ab. Vorher war er als Geschäftsvertreter vollkommen in die organisierte Gesellschaft eingebunden. Er funktionierte reibungslos, unterwarf sich den Normen der Gesellschaft, ohne weiter darüber nachzudenken, und entsprach einem mechanischen Maschinenmenschen. Nach der Verwandlung stellt er den Typus der Abweichung dar. Aus dem macht- und normgesteuerten Blickwinkel der Moderne gesehen wird er dysfunktional, weil seine gesellschaftliche Einbindung nicht mehr funktioniert, er seinen Verpflichtungen nicht mehr nachkommt. Er wird stigmatisiert und stellt aus dieser Position heraus Fragen an diese moderne Sichtweise. Es sind die Fragen des Außenseiters an die moderne Welt, an deren Hierarchie, deren Bürokratie, die moderne Arbeit, Stress, Gleichgültigkeit, Pflicht usw, usf. Er denkt über sein vorheriges Leben nach, während er vorher überhaupt nicht darüber reflektierte. Er macht das, was wir in einer normalen, modernen Welt tun sollten. Es scheint, als ob die Begriffe Normalität, Abweichender, Gesunder, Kranker, Modellmensch und Ungeziefer ihre klar umrissenen Grenzen verloren haben. Für Kafka existieren diese von der Moderne entworfenen und „objektiv" feststehenden Begriffe also nicht mehr. Mensch – Tier, Mensch – Ungeziefer, etc. Jeder ist im Anderen, gleichzeitig und ununterscheidbar. Das Subjekt wird seiner eindeutigen, klaren Bedeutung verlustig. (Vgl. dazu auch Zima, 2001.)

Das zweite Werk ist „Der Name der Rose". Das Buch lebt von seiner Unbestimmbarkeit und vom Geheimnisvollen. Es spielt im Jahr 1327. Der Mönch William von Baskerville und sein Novize klären in einem Kloster die Verbrechen auf, die ein greiser Mönch verübt hat. Der Mönch vergiftete ein Buch, das der Ordnung im Kloster und eventuell der Welt zum Verhängnis werden könnte. Er wendet sich gegen die Öffnung und Zirkulation eines Textes, der in eine „lachende" Vernunft führen könnte. Diese „lachende" Vernunft würde nach der Meinung des Greises nicht einmal vor den heiligsten Dingen Halt machen und daher den Zerfall der Autorität und des auf Unterwerfung aufgebauten Ordenslebens wie des gesamten Mittelalters bewirken. Eindeutig erkennt man hier das Abbild einer in sich geschlossenen Welt im Kleinen. Die kleine Welt des Klosters, abgeschottet von den meisten äußeren Gewalten wird erlebt als ein „Minimundus"; letztlich nur bedroht und gestört von dem feindlichen Äußeren, das schlussendlich als Irritation auftritt und fruchtbringend die verkrustete Struktur aufbricht. Man sieht die Gefährdung der eindeutigen Ordnung und ihre schrittweise Auflösung abgebildet. Die Gefährdung, wenn sich andere Geisteshaltungen entwickeln, die den Absolutheitscharakter der Wahrheit in Frage stellen. Daher hat Eco in „Der Name der Rose" vermieden, Eindeutigkeit darzustellen und klare Grenzen zu ziehen. Wie im kafkaesken Ungeziefer hat auch die „Rose" nur mehr den Gehalt, den sie aus Zeichen und Namen erhält. Alles andere geht verloren. Sie ist nach Eco selbst eine *„Symbolfigur von so vielfältiger Deutung, dass sie fast keine mehr hat."* (Eco, Nachschrift, 1984, 11). Nichts ist in dieser Welt mehr zu fürchten als der Totalitarismus der Wahrheit, wie Hellerich es so prononciert ausdrückt (Hellerich, 1987, 93). Der Mensch muss sich von dieser krankhaften Leidenschaft für die Wahrheit befreien, dem Wahrheitsfanatismus entfliehen und Raum für Diskursivität, den Anderen, den Abweichenden, die Rose, das Ungeziefer lassen. Eco gibt sich in dieser Tradition mit der Wahrheit der Zeichen alleine zufrieden. Er lässt den Mönch William daher folgendes feststellen: *„Sie* [die Zeichen] *sind das einzige, was der Mensch hat, um sich zurechtzufinden, was ich nicht verstanden hatte, war die Wechselbeziehung zwischen den Zeichen"* (Eco, Der Name der Rose, 1982, 625).

Am Ende der „Rose“ überwiegen die Zweifel, Unsicherheiten, Unwägbarkeiten in der größtmöglichen Offenheit eines Textes. Und das, weil dieser Text immer wieder auf neue und verschiedene Weise gedeutet werden kann. So gewinnt der Leser, das Subjekt, im experimentellen Charakter des Werkes die Machtposition im Diskurs mit dem Werk. Die Interpretation des Lesers ist der wesentlichste Entwicklungsanteil des Buchs. Eco selber sagt vom „Namen der Rose“ folgendes: *„Der Text ist da und produziert seine eigenen Sinnverbindungen“* (Eco, Nachschrift, 1984, 14).

Die Erschütterung des rational realistischen Weltbildes, die Krisis des „starken“ objektiven Denkens und die Überwindung desselben durch das sogenannte „schwache“ subjektive Denken hat also diese Werke ihrer Zeit gebracht. Die mehrfache Kodierung von Sinngehalten und die Verwandlung von Fiktion und Wirklichkeit machen einen Gutteil postmodernen Denkens aus. Dabei ist es wichtig zu betonen, dass es durchaus Denker gibt, die stilistisch in ihrer Epoche gefangen bleiben, sich denkerisch aber schon um vieles weiter befinden.

In der Folge ist daher zu zeigen, welche Anzeichen für diese Tendenzen bei Musil zu finden sind. Um dies zu leisten wurde aus seinen vielfältig gestalteten Werken eine Kategorie extrahiert und in der Folge dargestellt, wie Musils Gedankenwelt verstanden werden könnte. Namentlich geht es um einen Begriff, der von vielen Autoren als „Goldstandard“ für die Beschäftigung mit postmodernem Wissen, Gedanken und Werken erachtet wird: Es geht um den Begriff der „Ambivalenz“.

6. Musils postmodernes Denken – das Beispiel Ambivalenz

Dieser Begriff soll hier als Indiz, als ein Merkmal für die Untrüglichkeit postmoderner Denkweise erschlossen werden. Ambivalenz – ein typisches Vokabel um Unsicherheit, Zwiespalt, Unentschlossenheit, kurz: fehlende Objektivität und Sicherheit auszudrücken. Es ist ein Beweis für das (vermeintlich) Unbeweisbare und ein Beweis für die Unsicherheit in Argumentation und Diskurs. Die geneigten LeserInnen werden sich fragen, wie das überhaupt vonstatten gehen kann, wie man sich über die Unsicherheit mit Sicherheit „objektiv“ unterhalten kann. Ist das nicht ein Rückfall in die „modernistische“ Sichtweise? Ist es ein Projekt der Definition was „wahrhaft“, echt und ehrlich IST?

Nähme man dies als Ausgangspunkt, wäre es wahrlich ein Rückfall in die Moderne! Im Gegenteil muss das Thema umkreist werden, der Begriff sozusagen „aufgespürt", ihm „auf die Spur" gekommen werden. Die Spur der Ambivalenz im Werk Musils zu sichten, nicht deren eindeutige Beurteilung sicherzustellen – das ist die Intention der gefolgt wird. Das ist der Versuch, der unternommen wird und mit dessen Hilfe nachher auch tiefer in den Diskurs um andere postmoderne Gedanken Robert Musils einzutauchen möglich ist. Es wird nicht zuviel verraten, wenn schon an dieser Stelle gesagt wird, dass Musil ein Postmodernist war. Viele werden diese Darlegung schelten. Vor allem die Administratoren, Schematisten und Verwalter. Die pedantischen Bürokraten, die eine Ordnung benötigen, um die Wahrheit, die Objektivität, die Regeln zu wahren. Merken Sie, geneigter Leser / geneigte Leserin schon, wie die Moderne wieder Einzug hält in unsere Gedanken? Wahrheit! Objektivität! Normativ! Verabschieden wir uns kurzfristig davon und wenden wir uns einer diskursiven Annäherung, einer hermeneutischen Auseinandersetzung mit einem Begriff zu, der nicht „be-griffen" werden kann. Wagen wir dieses Experiment und versuchen das Unfassbare zu fassen. Ambivalenz.

Auch wenn die Denker der Moderne von der Annahme ausgingen, dass sie ein zunehmend vollständigeres Netz des gesicherten Wissens über die Welt legen könnten, sieht Zygmunt Baumann zugleich die Haltung, dass dieser Kampf nie endgültig gewonnen ist, es gibt allenfalls befestigte Linien, die eine relative Ruhe an der „Front" ermöglichen. Aber das „Andere der Ordnung" lauert: Es ist *„das Miasma des Unbestimmten und Unvorhersagbaren. Das Andere ist die Ungewissheit, jener Ursprung und Archetyp aller Furcht, (...) Undefinierbarkeit, Inkohärenz, Widersinnigkeit, Unvereinbarkeit, Unlogik, Irrationalität, Mehrdeutigkeit, Verwirrung, Unentscheidbarkeit, Ambivalenz."* (Baumann, 1995, 18). Ambivalenz ist der Skandal, den es zu vermeiden gilt. Ambivalenz beinhaltet so Zwiespalt, Spannung, Zerrissenheit und andere Termini, die logistische Eindeutigkeit zerstören.

Wie sieht es im Werk Musils nun mit diesem Begriff aus? Wie nähert er sich dieser typisch postmodernen Denkart? Wie bearbeitet er diese in seinem Werk?

Wichtig ist zu erkennen, dass bei den meisten modernistischen Autoren Verfremdung – wie die kafkaeske Verwandlung ins Ungeziefer – nicht wie in der Postmoderne in Indifferenz führt, sondern in eine Art Ideologie-Kritik. Die wird wieder in eine Suche nach wahren Werten und Authentizität geworfen. Musil stellt bereits hier eine Ausnahme dar, da diese in Richtung einer Utopie führt. Musils Erkenntnis der Relativität zeigt deutlich die Verneinung (ideologischer) Absolutheitsansprüche, indem unter anderem die Kompetenz des erzählenden Subjekts in Frage gestellt wird. Das zeigt beispielsweise Manfred Moser gut in seiner Analyse des „Soldaten" Musil: In einer weiten, hellen Mulde, zwischen den Fronten – es ist länger nichts passiert – steht eine Bank. Und in dieser relativen Ruhe zwischen „logistischer Kette" des Krieges und „ästhetischer Schleife" der Erzählung erklärt er die Wahrnehmung der Welt über eine Maus: *„Der Soldat hat gar keine Zeit, sich als sehendes Subjekt in den Vordergrund zu spielen, da sein Blick durch das Ereignis drangsaliert wird; er ist in seiner Ruhe der Gejagte – Die* [...] *Transitivität* [...] *führt aber auf etwas ganz Unpersönliches, im Hintergrund Tätiges und Natürliches hin; eine Maus* [...] *hat nahe der Bank ein System von Laufgräbern angelegt; ein Auge, so groß wie ein ‚Spennadelkopf'"*, taucht daraus hervor: *„Und man hatte einen Augenblick lang ein so sonderbar verkehrtes Gefühl, dass man wirklich nicht mehr so recht wusste, ob sich dieses kleine, lebendige, schwarze Auge drehe oder ob sich die ungeheure Unbeweglichkeit der Berge rühre."* Die Folge des Blickwechsels ist eine dauerhafte Irritation der Erkenntnis. *„Man wusste nicht mehr: vollzog sich an einem der Wille der Welt oder der dieser Maus, der aus einem winzigen, einsamen Auge leuchtete. Man wusste nicht mehr: war Kampf oder herrschte schon Ewigkeit."* (Moser, Schreiben ohne Ende, Sonderzahl, 1991, 51). An dieser Stelle zeigt sich hervorragend die austauschbare Übernahme der Relativität – man könnte sogar so weit gehen zu behaupten: der ins monströse überhöhten Relativität – in der Psyche des Subjekts. Aber Musil geht noch weiter. Er stellt den Erzählvorgang selbst zur Disposition. Angesichts einer ambivalenten, sich stets verdoppelnden Wirklichkeit, in der das Ich nicht eindeutig bestimmbar ist, stellt Musil die Möglichkeit des Erzählvorganges selbst in Frage. In einem seiner Briefe schreibt er zum „Mann ohne Eigenschaften": *„Paradoxon: den Roman schreiben, den man nicht schreiben kann."* (Musil, Gesammelte Werke, Band 4, Reinbeck, 1978, 826).

Einem Realisten würde es nicht schwerfallen, diese Ambivalenz aufzulösen. Er würde diese über die Romanpsychologie einfach entwickeln und in ein Gerüst stecken. Der Charakter würde sich aus der Handlung ergeben. Aber bei Musil wird der Handlungsablauf problematisch und einer der zentralen Punkte der Erzählung. So ist nicht der Charakter aus der Handlung, sondern die Handlung aus dem Charakter

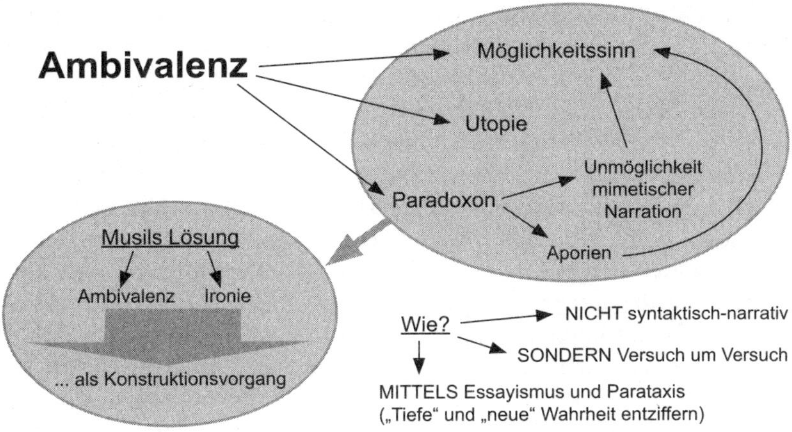

Abb. 4: Musils Konstruktion von Ambivalenz

ableitbar. Musil etabliert daher etwas, das man als „Möglichkeitssinn“ bezeichnen kann. Es ist die Reaktion des Subjekts auf Ambivalenz. Diese Reaktion beinhaltet drei Dinge: Untersuchung (im Sinne eines Abrisses), hypothetische Gesinnung und Konstruktivismus. Alle diese Verfahren werden von Ironie begleitet. Die Ironie ist überhaupt eines der wichtigsten Stilmittel Musils. Das zeigt sich auch im „Mann ohne Eigenschaften“, beispielsweise bei Diotimas Glaube an ewige Wahrheiten: *„Diotima hätte sich ein Leben ohne ewige Wahrheiten niemals vorzustellen vermocht, aber nun bemerkte sie zu ihrer Verwunderung, dass es jede ewige Wahrheit doppelt und mehrfach gibt.“* Und weiter: *„Jedesmal, wenn Diotima sich beinahe schon für eine solche Idee entschieden hätte, mußte sie bemerken, daß es auch etwas Großes wäre, das Gegenteil davon zu verwirklichen.“* (Musil, Gesammelte Werke 4, 229). Musil löst also den in Konventionen erstarrten „Wirklichkeitssinn“ mit Ambivalenz und Ironie in den „Möglichkeitssinn“ auf (ebenda, 16f. & 347). Es ist, wie gesagt der Sinn für das Erzählhaft-Mögliche, Hypothetische und Offene. Peter Zima nennt es den Sinn fürs Konstruierbare (Zima, 2001). Der Wirklichkeitssinn weicht also dem Möglichkeitssinn. Und die Wirklichkeit zerfällt in zahlreiche miteinander in Diskurs tretende Stücke, in miteinander ringende Konstrukte. Musil leistet diese Konstruktion – fast wäre man schon geneigt zu sagen: „De-Konstruktion“ – mit seiner unvergleichlichen Erzählform und erzählerischen Weltanschauung. Von Ulrich heißt es im „Mann ohne

Eigenschaften": *„Ungefähr wie ein Essay in der Folge seiner Abschnitte ein Ding von vielen Seiten nimmt, ohne es ganz zu erfassen, – denn ein erfasstes Ding verliert mit einem Male seinen Umfang und schmilzt zu einem Begriff ein – glaubte er, Welt und eigenes Leben am richtigsten ansehen und behandeln zu können.*" (ebenda, 250). Hier zeigt sich gleichzeitig eine konstruktivistische wie partikularistische Einstellung Musils, die ideengeschichtlich durchaus in der Postmoderne verankert sein könnte. Er weist damit auf jeden Fall über den Modernismus hinaus. Einerseits in die Utopie des jeweils anderen, jenseits des Begrifflich Rationalen, andererseits aber auch direkt in die Postmoderne mittels der Partikularisierung, die er vornimmt. Nicht nur Ulrich im Roman, auch Musil in seiner Vorgehensweise geht essayistisch vor, indem er keine syntaktisch-narrative Struktur vorgibt, sondern eine Aneinanderreihung von Versuchen, die eher pragmatischer Natur sind als logische Folgen. Das wird schon im Titel des ersten Kapitels klar, wo es heißt: *„Woraus bemerkenswerter Weise nichts hervorgeht*" kündigt schon Textsegmente an, die die Handlung unterbrechen und mit der eigentlichen Handlung in Konkurrenz, eben in Diskurs treten. Für Musil ist diese Form des Schreibens – die Paarung von Essayismus und Parataxis – eine Lockerung der vorhandenen syntaktischen Zwänge, vor allem aber eine Möglichkeit, zu tieferen Schichten, zu besseren Relativitäten vordringen zu können. In seinen Tagebüchern findet sich dazu folgende Stelle: *„Solange man in Sätzen mit Endpunkt denkt, lassen sich gewisse Dinge nicht sagen – höchstens vage fühlen. Andererseits wäre es möglich, dass man sich so auszudrücken lernt, dass gewisse Perspektiven, die heute noch an der Schwelle des Unbewussten liegen, dann deutlich und verständlich werden.*" (Musil, Gesammelte Werke 5, 19).

Es wären noch viele weitere Indizien für einen „postmodernen" Musil zu untersuchen. Leider fehlen an dieser Stelle Zeit und auch die notwendige literarische Ausbildung des Autors, dies umfassend leisten zu können. Die Vermutung des Autors als Philosoph legt allerdings nahe, dass vor allem in der Untersuchung der musilschen Begriffsfassung zu „Subjekt", „Differenz", „Ambiguität" und „Wahrheit" die fruchtbarsten Sourcen für ein solches Unterfangen zu liegen scheinen.

8. (Vorläufiges) Fazit

Insgesamt kristallisiert sich somit folgendes Fazit für die vorliegende kleine Abhandlung heraus:

1. Es ist nicht sinnvoll, Modernismus und Postmoderne ausschließlich auf stilistischer Ebene zu definieren. Eben erst durch einen sprachlich-ideengeschichtlichen Zusammenhang ergeben sich EVENTUELLE Zuordnungsmöglichkeiten. Daher greift es zu kurz und ist in den meisten Fällen auch unfair dem Schreiber gegenüber, einen einzelnen Literaten als das Erbe EINES EINZIGEN Zuganges zu definieren. Man muss vielmehr die dahinterliegenden Strukturen, die des Denkens, der Theorie und der Hermeneutik mitbeurteilen.

2. Modernismus und Postmoderne sind politisch heterogen. Diese Heterogenität ist die Abhängigkeit einer Disposition innerhalb eines Systems vom jeweiligen Ort und der jeweiligen Zeit. In einer solchen Heterogenität können sich die Eigenschaften an den Grenzen sprunghaft ändern. Sie können sich von Individuum zu Individuum, von Autor zu Autor, von Denker zu Denker stark unterscheiden. Das bedingt demnach auch die „Beliebigkeit", mit der das Subjekt und dessen Begleitumstände ins Zentrum sogenannter „postmoderner" Autoren rücken.

3. Tatsache ist auch, dass die „wirkliche Welt" weitgehend unbewusst auf sprachlichen Gewohnheiten einer Gruppe ausgebildet wird, sozusagen gruppenimmanent „konstruiert".

   Musil zeigt in vielen seiner Werke, dass es keine objektive Welt gibt, die alle Subjekte unvermittelt aufnehmen.

4. Was als Wirklichkeit bezeichnet wird, ist eine Konstruktion, die auf den bestehenden Normen und Regeln der Gesellschaft gründet. Musil zeigt in seinem Werk auch das. Er konstruiert darüber hinaus nicht nur eine, sondern mehrere – von vielen Protagonisten unterschiedlich konzipierte – Wirklichkeiten, was auch Musil in vielen Werken so treffend darlegt.

Daher war Robert Musil als Literat in Stil und Ausdruck dem Modernismus zuzuordnen. Als Denker aber, mit seiner Kritik an Objektivität und Wahrheit sowie seiner Reflexion über Partikularität und Ambivalenz kann und muss er mit Fug und Recht der Postmoderne zugerechnet werden!

... und das viele Jahre vor den ersten „echten" Postmodernisten.

Literatur

Baumann, Zygmunt: Moderne und Ambivalenz, Fischer, Frankfurt/Main 1995

Eco, Umberto: Der Name der Rose, Hanser, München 1982

Eco, Umberto: Nachschrift zum Namen der Rose, Hanser, München 1984

Fazis, Urs: Theorie und Ideologie der Postmoderne. In: Alexy, Robert / Dreier, Ralf (Hrsg.): ARSP Beiheft Nr. 51, Franz Steiner Verlag, Stuttgart 1993

Hellerich, Gert: Wider die Moderne. Die Postmoderne und Abweichungen, in: Die Blaue Eule, Essen 1993

Hellerich, Gert / White, Dan: Postmoderne Herausforderungen. In: Psychologie & Gesellschaftskritik 63/64 (1992, 3/4), VH, Bern 1992

Kafka, Franz: Die Verwandlung, Reclam, Leipzig 1995

Lyotard, Jean-Francois: Das Postmoderne Wissen, 6. Aufl., Passagen, Wien 2009

Musil, Robert: Gesammelte Werke, Band 1: Prosa und Stücke - Kleine Prosa - Aphorismen - Autobiographisches, Herausgegeben von Adolf Frisé, Rohwolt, Reinbeck 1978

Musil, Robert: Gesammelte Werke, Band 2: Essays und Reden – Kritik, Herausgegeben von Adolf Frisé, Rohwolt, Reinbeck 1978

Musil, Gesammelte Werke, Band 4, Der Mann ohne Eigenschaften. Aus dem Nachlass, Rohwolt, Reinbeck 1978

Musil, Gesammelte Werke, Band 5, Tagebücher, Rohwolt, Reinbeck 1976

Musil, Gesammelte Werke, Band 7, Briefe 1901–1942, Rohwolt, Reinbeck 1978

Reinhard, Wolfgang: Unsere Lügengesellschaft. Warum wir nicht bei der Wahrheit bleiben, Murmann, Hamburg 2006

Zima, Peter:Moderne / Postmoderne: Gesellschaft, Philosophie, Literatur,2. Aufl., UTB, Tübingen & Basel 2001

Wolfgang Etschmann

Der Fliegerpfeil als „tödliche Amsel"

Robert Musils Konfrontation mit dem frühen Luftkrieg

Robert Musils Erleben des Angriffs eines italienischen Flugzeugs, dessen Besatzung ihn und seine Kameraden am 22. September 1915 mit Fliegerpfeilen bewarf, wird von ihm eindringlich geschildert:

„Über unsere ruhige Stellung kam einmal mitten in der Zeit ein feindlicher Flieger. Das geschah nicht oft, weil das Gebirge mit seinen schmalen Luftrinnen zwischen befestigten Kuppen hoch überflogen werden musste. Wir standen gerade auf einem der Grabkränze, und im Nu war der Himmel mit den weißen Schrapnellwölkchen der Batterien betupft, wie von einer behenden Puderquaste. Das sah lustig aus und fast lieblich. Dazu schien die Sonne durch die dreifarbigen Tragflächen des Flugzeuges, als es gerade hoch über unseren Köpfen fuhr, wie durch ein Kirchenfenster oder buntes Seidenpapier, und es hätte zu diesem Augenblick nur noch einer Musik von Mozart bedurft. Mir ging zwar der Gedanke durch den Kopf, dass wir wie eine Gruppe von Rennbesuchern zusammenstanden und ein gutes Ziel abgaben. Auch sagte einer von uns Ihr solltet euch lieber decken! Aber es hatte offenbar keiner Lust, wie eine Feldmaus in ein Erdloch zu fahren. In diesem Augenblick hörte ich ein leises Klingen, das sich meinem hingerissen emporstarrenden Gesicht näherte. Natürlich kann es auch umgekehrt zugegangen sein, so dass ich zuerst das Klingen hörte und dann erst das Nahen der Gefahr begriff; aber im gleichen Augenblick wusste ich schon: es ist ein Fliegerpfeil! Das waren spitze Eisenstäbe, nicht dicker als ein Zimmermannsblei, welche damals die Flugzeuge aus der Höhe abwarfen; und trafen sie den Schädel, so kamen sie wohl erst bei den Fußsohlen wieder heraus, aber sie trafen eben nicht oft, und man hat sie bald wieder aufgegeben. Dann war das mein erster Fliegerpfeil; aber Bomben und Maschinengewehrschüsse hört man ganz anders, und ich wusste sofort, womit ich es zu tun hätte. Ich war gespannt und im nächsten Augenblick hatte ich auch schon das sonderbare, nicht im wahrscheinlichen begründete Empfinden: er trifft!

Und weißt du wie das war? Nicht wie eine schreckende Ahnung, sondern wie ein noch nie erwartetes Glück! Ich wunderte mich erst darüber, dass ich bloss das Klingen hören sollte. Dann dachte ich, dass der Laut wieder verschwinden werde. Aber er verschwand nicht. Er näherte sich mir, wenn auch sehr fern, und wurde perspektivisch größer. […]

Und plötzlich war das Singen zu einem irdischen Ton geworden, zehn Fuss, hundert Fuss über uns, und erstarb. Es war da, mitten zwischen uns, aber mir zunächst war etwas verstummt und von der Erde verschluckt worden, war zu einer unwirklichen Lautlosigkeit zerplatzt. Mein Herz schlug breit und ruhig; ich kann auch nicht den Bruchteil einer Sekunde erschrocken gewesen sein; es fehlte nicht das kleinste Zeitteilchen in meinem Leben. Aber das erste, was ich wieder wahrnahm, war, dass mich alle ansahen. Ich stand am gleichen Fleck, mein Leib war aber wild zur Seite gerissen worden und hatte eine tolle, halbkreisförmige Verbeugung ausgeführt. Ich fühlte, dass ich aus einem Rausch erwachte, und wusste nicht, wie lange ich fortgewesen war. Niemand sprach mich an, endlich sagte einer: ein Fliegerpfeil! und alle wollten ihn suchen, aber er stak metertief in der Erde.“[1]

Für den Offizier Robert Musil stellte diese Konfrontation mit einem Angriff aus der Luft, in der zwar kein Sprengkörper, also eine Bombe, aber immerhin ein Geschoß – nicht unähnlich dem Bolzen einer mittelalterlichen Armbrust –, das jedoch seine vernichtende Wirkung allein durch das eigene Gewicht und die Schwerkraft entwickelte, ein nahezu mystisches Erlebnis dar.

Abb. 5: Fliegerpfeile der Schweizer Armee 1915, (Länge etwa 10 cm)

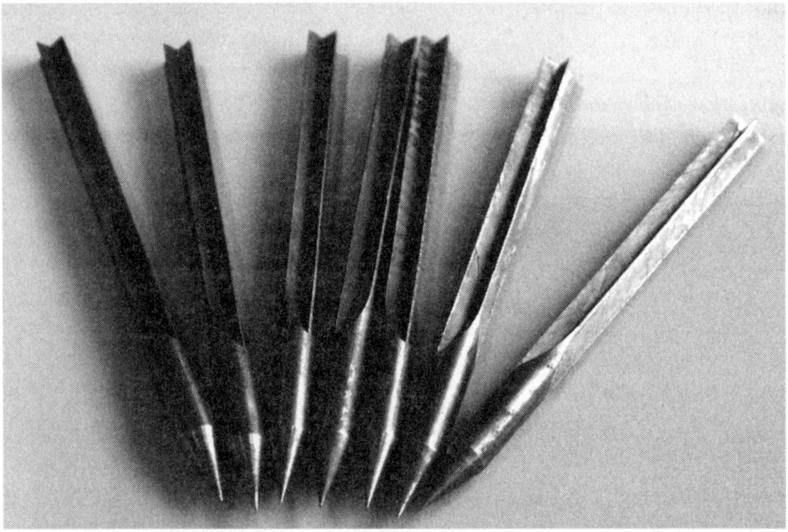

1 Zit. Nach Felix Philipp Ingold, Literatur und Aviatik. Europäische Flugdichtung 1909-1927. Mit einem Exkurs über die Flugidee in der modernen Malerei und Architektur. (suhrkamp taschenbuch 576), S. 249–250.

Eine andere Schilderung, die von einem Angehörigen eines deutschen Regiments an der Westfront aus der Zeit im Spätsommer 1914 stammt, zeigt ebenfalls die Gefährlichkeit dieser für den modernen industrialisierten Krieg eigentlich untypischen Waffe:

„Unser Regiment lag am 1. September in der Nähe von L. am Rastplatz, die Bataillone in Kompaniefront mit etwa acht Schritt Zwischenraum zwischen jeder Kompanie, das erste Bataillon in der Mitte, das zweite links und das dritte rechts davon, während die Flieger in etwa 1200 bis 1500 Meter Höhe über uns kreisten. Plötzlich fühlte ich – so berichtet der eine – einen stechenden Schmerz im linken Fuß dicht oberhalb der Ferse. Im ersten Augenblick glaubte ich, von einem Nachbarn aus Versehen gestoßen worden zu sein, wurde aber sofort eines besseren belehrt, denn um mich schrien fast gleichzeitig noch andere auf. Auch die Pferde eines Munitionswagens wurden scheu. Als ich meinen Fuß betrachtete, steckte ein eiserner Pfeil etwa 1 ½ Zentimeter drin, den ich sofort herauszog. Auch etwa fünfzehn Kameraden um mich waren von denselben Geschossen getroffen worden, der eine durch die Wade, der andere wurde mit seinem Fuß dadurch an den Boden gespießt, einem dritten war der Pfeil in die Backe und in den Mund gegangen. Auch ein Pferd war dicht über dem Auge getroffen. Nachdem sich unser Erstaunen etwas gelegt hatte, konnten wir erst entdecken, woher wir beschossen worden waren. Wir konnten nur von dem Flugzeug aus so überschüttet worden sein. Alle unsere Verwundungen waren nicht schwer, so dass wir bald verbunden waren. So gut es ging kroch nun jeder unter die Wagen, um sich zu schützen. Von den etwa fünfzig Geschossen, die niedergingen, hatten fünfzehn Verwundungen verursacht, die durchwegs glatte Weichteilwunden bildeten und große Gefäße oder Knochen nur selten verletzten. Nur bei einem Kopfschuss ist der Tod sofort eingetreten. Die Pfeile bestehen aus einem 10 bis 15 Zentimeter langem Stift aus Pressstahl von etwa 8 Millimeter Dicke, dessen unteres Ende massiv ist und in ein fast nadelspitzes verjüngtes Ende ausläuft, während die beiden oberen nur ein Gerippe aus vier dünnen Stäben stehen lassen, so dass sich auf dem Querschnitt ein sternförmiges Bild ergibt. Durch diese Verminderung der Metallmasse am oberen Ende sausen die Pfeile mit der Spitze vorneweg herab und bestreichen wohl dank der Schnelligkeit des Fahrzeuges einen großen Raum, der sich in diesem Falle auf vier Kompanien und außerdem eine Batterie, die weiter rückwärts stand, und ein zweites Regiment erstreckte.“[2]

---

[2] Der Luftkrieg. Luftkrieg/Luftschifffahrt/Flugwesen. Mit einer Einführung von Major von Parseval. Herausgegeben von Paul Béjeuhr. München 1915(?).

Fliegerpfeile dürften eine französische Erfindung gewesen sein, die allerdings auch von russischen und dann auch von italienischen Luftstreitkräften produziert und bis zum Ende des Jahres 1915 eingesetzt worden waren. Auch die Fliegerkräfte des Deutschen Reiches und Österreich-Ungarns verwendeten dieses Waffensystem, das sie zwar anfänglich beim Einsatz durch den Gegner als „barbarisch“ bezeichneten, jedoch noch im Herbst 1914 mit der Aufschrift „invention francaise, fabrication allemande“ selbst produzierten und einsetzten.[3] Rasch wurde diese Abwurfwaffe durch das Waffensystem der Fliegerbombe ersetzt, die nun bald über Entfernungen von mehreren hundert Kilometern transportiert und abgeworfen werden konnte.

Zweifellos stellte auch die weitreichende Artillerie des Gegners – die man meist nicht sehen konnte – und mit indirektem Beschuss die eigene Position unter Feuer nahm, eine enorme Bedrohung dar.

Auch für die Zivilbevölkerung von Paris stellte es ein wochenlanges Schockerlebnis dar, als ab 23. März 1918 deutsche Fernkampfgeschütze die Stadt aus mehr als 120 Kilometer Entfernung unter Feuer nahmen.[4]

Diese Waffensysteme und Kampfmittel waren jedoch auf der Erdoberfläche, d.h. am Boden gebunden.

Die Luftfahrzeuge hatten nun am Beginn des Zwanzigsten Jahrhunderts eine neue Dimension für kriegerische Handlungen erschlossen – eine ähnliche Form war nun mit dem Unterseeboot als effektive und hochgradig gefährliche Waffe ab 1914 erschlossen worden, obwohl es auch hier bereits im Amerikanischen Bürgerkrieg bereits zu einem militärischen Einsatz gekommen war.

---

[3] Beschreibung des Systems der Fliegerpfeile im Ausstellungskatalog des Heeresgeschichtlichen Museums Fliegen 90/71. Katalog Teil I Militärluftfahrt und Luftabwehr in Österreich von 1890 bis 1971. Bearbeitet von Erich Gabriel. Wien 1971, S. 194 sowie Erwin Steinböck, Bewaffnung und Ausrüstung der österr.-ungar. Flugzeuge (Österreichs Luftfahrt in Einzeldarstellungen Band 7) Graz 1983, S. 32.

[4] Dazu Rudolf Lusar, Riesengeschütze und schwere Brummer. München 1972, S. 112.

Der Krieg mit Luftfahrzeugen – Versuche und Utopien

Die militärische Verwendung von Luftfahrzeugen lässt sich bereits in die Zeit der Französischen Revolutionskriege zurückverfolgen, obwohl der Einsatz von Ballonen mit Wasserstoffgasfüllung auf französischer Seite ab 1793 noch primär zur Beobachtung von feindlichen Truppenbewegungen diente. Die setzte sich während des Amerikanischen Sezessionskrieg in den Jahren 1861 bis 1865 und während des Deutsch-französischen Krieges 1870/71 auf französischer Seite fort.

Verfasser von utopischen Romanen wie Jules Verne (*Robur der Eroberer*, 1886) und H.G. Wells (*Der Luftkrieg*, 1908) wiesen wie P.P. Hearne[5] in seiner Untersuchung *Der Luftkrieg* aus dem Jahr 1909 auf die mögliche Bedeutung von Luftfahrzeugen als Angriffswaffen in militärischen Konflikten hin:

„So wird also das Luftschiff die Kriegführung in jeder Art, sei es im Land- oder Seekrieg zwischen Kulturvölkern oder im Kampf gegen wilde Volksstämme, menschlicher gestalten, indem es die nicht am Kampf Beteiligten vor Unbilden schützt. Zwar wird der Krieg durch die unzweifelhaft schrecklicher werden, aber gerade dieser Umstand wird die Völker der Welt zwingen, sich es wohl zu überlegen, bevor sie zu den Waffen greifen.“[6]

Allerdings taucht in diesen Romanen und Szenarien immer wieder eine massive Überschätzung der technischen Möglichkeiten der damals vorhandenen Luftfahrzeuge auf, die solche geschilderten vernichtende Schläge gegen militärische Einrichtungen der feindlichen Land- und Seestreitkräfte (und die Flotten selbst) sowie die Bevölkerungszentren führen hätten sollen.

Angst vor der Wirkung abgeworfener Spreng- und Brandkörper aus Flugmaschinen hatte schon vor dem Ersten Weltkrieg Überlegungen nicht nur zur Abwehr von Luftangriffen mit Verbrennungskraftmaschinen angetriebener Luftschiffe und Flugzeuge, sondern auch schon zum Schutz der Zivilbevölkerung hervorgerufen, die sich allerdings erst im Experimentierstadium (Beschuss von niedriger fliegenden Luftfahrzeugen mit Gewehren und Maschinengewehren und höher fliegenden mit Geschützen mit einem steileren Richtwinkel), bzw. in Planung befanden.

---

[5] Dazu R. P. Hearne, Der Luftkrieg (mit einem Geleitwort von Sir Hiram Maxim), Berlin 1909, S. 162–164.

[6] Ebda., 211.

Erstmals in der Geschichte warf während des italienisch-türkischen Krieges ein italienisches Flugzeug, gesteuert von Leutnant Gavotti, am 1. November 1911 Bomben auf türkische Truppen in Libyen ab.[7]

Auch in den Balkankriegen verwendeten die einzelnen kriegführenden Staaten Flugzeuge.

Ursprünglich waren am Beginn des Ersten Weltkrieges die allermeisten Militärflugzeuge unbewaffnet, aber es bestand die Möglichkeit, Fliegerpfeile und leichte Bomben mit der Hand vom Flugzeug abzuwerfen. Zusätzlich verfügten die meist aus zwei Mann bestehenden Besatzungen über Revolver, Pistolen und Gewehre, mit denen sie sich gegen Angriffe feindlicher Kampfflugzeuge verteidigen bzw. diese angreifen konnten. Bald wurden jedoch auch schwenkbare Maschinengewehre in diesen Flugzeugen verwendet, die – meist vom Beobachter bedient – die gegnerischen Maschinen wirkungsvoll bekämpfen konnten.

Bereits am 5. September 1914 wurde ein deutsches Aufklärungsflugzeug durch ein französisches zweisitziges Kampfflugzeug abgeschossen.

Neu entwickelte Jagdflugzeuge mit starr eingebauten, ab Herbst 1915 mit meist synchronisiert mit den Propellerumdrehungen durch den Propellerkreis schießenden Maschinengewehren sollten nicht nur gegnerische Aufklärungsflugzeuge, Bomber und Jagdflugzeuge im Frontgebiet bekämpfen, sondern auch in eigens aufgestellten Staffeln auf Flugplätzen im Hinterland gegnerische Luftangriffe abwehren.

Aufklärungsflugzeuge, deren Geschwindigkeit und maximale Flughöhe sich innerhalb weniger Jahre vereineinhalbfachten, konnten in kürzester Zeit aktuelle Meldungen über feindliche Truppenbewegungen zurückbringen oder mit modernen Kameras scharfe Bilder mit dem exakten Verlauf feindlicher Stellungssysteme für die eigene Führung dokumentieren.

Ab Frühjahr 1915 besaßen alle kriegführenden Mächte Flugzeugtypen, die nun schwerere Bomben (ab etwa 20 kg aufwärts) unter den Tragflächen oder dem Rumpf transportieren, mechanisch ausklinken und abwerfen konnten. Diese frühen Bomber wurden beständig weiter entwickelt und wurden nun zu gefährlichen neuen Waffensystemen.

---

7 Robin Cross, The Bombers. The Illustrated Story of the offensive Strategy and Tactics in the Twentieth Century, London 1987, S. 7.

Der Einsatz von Luftschiffen – primär auf deutscher Seite („Zeppeline“) – als schwere Bomber stellte sich allerdings letztlich außerordentlich teuer, technisch aufwendig und letztlich extrem verlustreich heraus, da die mit Wasserstoffgas gefüllten Gaszellen der Luftschiffe extrem beschuss- und explosionsgefährdet waren. Trotzdem wurden bis zum Sommer 1918 die deutschen Luftschiffe – vor allem gegen Ziele im südlichen Großbritannien – offensiv eingesetzt.

Im Ersten Weltkrieg führten nahezu alle Großmächte von 1914 bis 1918 mit ihren rasch expandierenden Luftstreitkräften, die Luftschiffe und Flugzeuge umfassten, Luftangriffe nicht nur auf militärische Ziele, sondern auch auf Städte des Gegners durch, die eine moralische Erschütterung der gegnerischen Zivilbevölkerung zum Ziel hatten und in den meisten kriegführenden Staaten sowohl eine größere Anzahl an Todesopfern forderten als auch punktuell zu erheblichen materiellen Zerstörungen an zivil genutzten Objekten führten.[8]

Die Erfahrungen beim Einsatz von Bomberverbänden in den Jahren 1917 und 1918, die mit mehreren Motoren angetriebenen Bombern großer Reichweite und mit einer Zuladung von einer Bombenlast von bis zu 2 000 kg Ziele im gegnerischen Hinterland angegriffen hatten,[9] führten für viele Beobachter und Luftkriegstheoretiker zu dem Schluss, dass in einem zukünftigen Krieg eine radikale Luftkriegsführung mit großen Bomberflotten gegen Industrie- und Bevölkerungszentren des Gegners den Krieg für jene Partei, die diese Ressourcen besitzen und auch rücksichtslos einsetzen würde, sehr rasch siegreich beenden könnte.

Letztlich sollte sich diese im Zweiten Weltkrieg radikal umgesetzte strategische Konzeption nur als sehr bedingt richtig erweisen.[10]

---

8 Dazu John H. Morrow Jr., The Great War in the Air. Military Aviation from 1909 to 1921, Shrewsbury 1993; Robert F. Grattan, The Origins of Air War. The Development of Military Air Strategy in World War I. Lonon/New York 2009.

9 Vgl. dazu Robin Cross, The Bombers. The Illustrated Story of the offensive Strategy and Tactics in the Twentieth Century, London 1987, 7. Chaz Bowyer, Handley Page Bombers of the First World War, Bourne End 1992; George F. Williams, Biplanes and Bombsights. British Bombing in the First Woprld War. Maxwell Air Force Base, Alabama 1999; G. W. Haddow, The German Giants. The German R-Planes 1914–1918, London 1988; Raymond H. Fredette, The Sky on Fire. The First Battle of Britain 1917–1918, Washington, D. C. 1991;

10 Dazu R. Cargill Hall (Ed.), Case Studies in Strategic Bombardment. Air Force Museums Program Special Studies. Washington D.C. 1998. Hier besonders 11–90. Vgl. Giulio Douhet, Luftherrschaft, Berlin 1935; Oberst P. Vauthier, Die Kriegslehre des Generals Douhet, Berlin 1935; Philip S. Meilinger, Air War. Theory and Practice, London–Portland (OR) 2003, bei Letzterem besonders das Kapitel Giulio Douhet and the Origins of Air Power Theory, 7–35; sowie John Buckley, Air Power in the Age of Total War. London 1999.

Am Ende des Ersten Weltkrieges waren die Luftstreitkräfte einiger europäischer Staaten bereits zu einer eigenen Teilstreitkraft geworden oder befanden sich erst auf dem Weg eben dorthin. Wenn auch die Verfechter der Expansion und des Einsatzes dieser Fliegerkräfte noch mit erheblichem Widerstand zu rechnen hatten, so wiesen die technische Entwicklung sowie die politischen Rahmenbedingungen am Anfang der Dreißigerjahre langsam aber stetig in diese Richtung.

Nichtsdestoweniger hatten die technische Entwicklung, das Wachstum und die Bedeutung der Luftstreitkräfte innerhalb von etwas mehr als vier Jahren auch für die kühnsten Verfechter von Utopien nahezu unvorstellbare Ausmaße angenommen.

Der historische Hintergrund zu Musils Erleben eines Fliegerangriffes – Die Luftkriegsoperationen an der Südwestfront

Bereits zu Beginn des Krieges gegen Italien stellte sich heraus, dass die italienischen Luftstreitkräfte qualitativ und bald auch quantitativ den österreichisch-ungarischen Luftstreitkräften überlegen waren. Eine Ausnahme bildeten die Marineflieger der k.u.k. Kriegsmarine, die bei Kriegsbeginn über hervorragendes Material verfügten und an der Adria immerhin für mehr als ein Jahr eine Luftüberlegenheit erringen konnten.

Die italienischen Luftstreitkräfte verfügten ursprünglich über Lizenzbauten französischer Typen (Bleriot, Voisin und Farman), kauften oder bauten andere französische Muster in Lizenz weiter (Nieuport 11 und 17, Caudron G3 und G4, Hanriot HD1, SPAD 7 und 13) und entwickelte den Bomber der Type Caproni Ca 3 bis Ca 5 sowie das moderne Jagd- und Aufklärungsflugzeug Ansaldo SVA 5 bzw. 10 weiter. Insgesamt wurden mehr als 11 000 Militärflugzeuge in Italien bis zum Ende des Krieges gebaut.[11]

Die im späteren Verlauf des Ersten Weltkrieges erfolgten italienischen Fliegerangriffe nicht nur auf frontnahe Ziele in Norditalien (Truppen in Stellungen oder auf dem Marsch, Depots, Bahnhöfe, Flugplätze oder Hafenanlagen wie z. B. Triest oder Pola), sondern zu Jahresbeginn 1918 auch auf Innsbruck. Der spektakuläre Flug der 87. italienischen Staffel (der „Serenissima“ unter der Führung des Dichters Gabriele d' An-

[11] Dazu Rosario Abate, Storia della Aeronautica Italiana. Milano 1974, S. 89–149 sowie Paolo Ferrari (ed.) La Grande Guerra Aera 1915–1918. Battaglie – industrie – bobardimenti – assi – aeroporti. Novale/Valdagno 1994, S. 327–331 und Roberto Gentilli/Paolo Varriale. I Reparti della Aviazione Italiana della Grande Guerra. Ufficio Storico della Aeronautica Militare. Roma 1999.

nunzio) nach Wien am 9. August 1918 zeigte nicht nur grundsätzlich die Möglichkeiten moderner Luftstreitkräfte auf, weit entfernte Ziele zu erreichen und zu bekämpfen, sondern auch die Schwächen der erst im Aufbau befindlichen Flugmelde- und Luftabwehrorganisation der österreichisch-ungarischen Luftfahrtruppen im Hinterland.[12]

Die österreichisch-ungarische Fliegertruppe verfügte erst ab dem Sommer des Jahres 1917 über den italienischen Kampfflugzeugen gleichwertige Flugzeugtypen (Jagdflugzeuge Albatros D III, Aviatik DI, Phönix DI sowie Aufklärer und leichter Bomber Hansa-Brandenburg CI mit 200- bzw. 230-PS-Motor, UFAG CI und Phönix CI). Insgesamt wurden bis November 1918 knapp 5 000 Heeres-Militärflugzeuge in Österreich-Ungarn gebaut, von denen knapp ein Viertel die erwähnten Hansa-Brandenburg CI waren, die zwischen 1916 und 1918 das wichtigste Aufklärungsflugzeug war.

Wahrscheinlich ist, dass Robert Musil am 22. September 1915 in den Angriff eines italienischen Aufklärers der Type Voisin oder Farman geraten war, der Fliegerpfeile auf ihn und seine Kameraden abwarf.[13]

Robert Musils Erleben der Gefahr war letztlich auch ein Wahrnehmen der Bedrohung als Hörerlebnis.

Das „Singen“ des Fliegerpfeils wird auch in der Erzählung *Die Amsel* als Geräusch des Todes symbolisiert. Das Heulen heranfliegender Artilleriegeschosse in einem Trommelfeuer und das Pfeifen der herabfallenden Fliegerbomben wird von zahlreichen Literaten, die den ersten Weltkrieg miterlebt hatten, in verschiedener Weise, zum Teil drastisch lautmalerisch dargestellt und zeigt die schließlich kontinuierliche nervliche Überreizung zahlloser Soldaten, die schwerste psychische Störungen hervorrief.[14]

---

[12] Vgl. dazu Erwin Pitsch, Italiens Griff über die Alpen. Die Fliegerangriffe auf Wien und Tirol im Ersten Weltkrieg, Wien–Leipzig 1995; Gregory Alegi et al., In Volo per Vienna, Milano 1993. Bei diesem „Angriff“ auf Wien, den man heute als Akt der „psychologischen Kriegführung“ bezeichnen würde, wurden jedoch nur Flugblätter über dem Stadtzentrum abgeworfen, die einen Aufruf zur Beendigung des Krieges durch Österreich-Ungarn zum Inhalt hatten und auf die Humanität der italienischen Flieger hinwiesen, die sehr wohl auch Bomben abwerfen hätten können.

[13] Auch in der bildenden Kunst gibt es einen Bezug zum Fliegerpfeil. Der Maler Paul Klee, im Ersten Weltkrieg als Soldat bei den deutschen Luftstreitkräfte eingesetzt, schuf ein 1927 ein abstraktes Bild mit dem Titel „Das Haus zum Fliegerpfeil“.

[14] Julia Encke, Augenblicke der Gefahr. Der Krieg und die Sinne 1914-1934. München 2006, S. 152-194. Besonders für Musils „Fliegerpfeilerlebnis“ S. 164 ff.

Franz Kafka stellte dazu in einem amtlichen Schriftstück der „Krieger- und Volksnervenheilanstalt“ fest:

„Der Weltkrieg, der alles menschliche Elend gehäuft in sich enthält, ist auch ein Krieg der Nerven, mehr Krieg der Nerven, als je ein früherer Krieg. In diesem Nervenkrieg erliegen nur allzu viele (…) Der nervöse Zitterer und Springer in den Strassen unserer Städte ist nur ein harmloser Abgesandter der ungeheuren Leidensschar.“[15]

Im Zweiten Weltkrieg sollte der Luftkrieg in Europa Ausmaße annehmen, die die Zivilbevölkerung wie nie zuvor betreffen sollte.

Am Todestag von Robert Musil griffen in der Nacht vom 14. auf 15. April 1942 208 britische Bomber Dortmund an. In der folgenden Nacht griffen rund 30 deutsche Bomber West Hartlepool und Shelton an.

Die „Tage des Fliegerpfeils“ waren nicht nur seit einer Generation vorbei ...

---

[15] Zit. nach Peter Sprengel, Geschichte der deutschsprachigen Literatur 1900–1918. München 2004, S. 828.

Regina Schaunig

„Zeit der Ellenbogen" – Robert Musil als Autor in Uniform

„Sie haben gesagt, der Armee ist nicht nur mit Kanonen gedient, sondern sie braucht auch den dazugehörigen Geist: von welchem Geist werden Sie nun belieben ihre Geschütze laden zu lassen?"

(„Der Mann ohne Eigenschaften", Sektions-Chef Tuzzi gegenüber General Stumm von Bordwehr)[1]

Im öffentlichen Gedächtnis Deutschlands und Österreichs war der Erste Weltkrieg – „La Grande Guerre", „The Great War" –, der etwa 17 Millionen Menschenleben vernichtete, bis vor kurzem kaum präsent. Er stand im Schatten der zweiten Menschheitskatastrophe, die Europa nachhaltiger prägte, dem Exil der Intellektuellen, den Shoah-Morden und der historischen, juridischen, künstlerischen und moralischen Aufarbeitung des „deutschen Wahnsinns". Über die zehn Charaktere, durch die Musil den Österreicher des untergegangenen Staates *Kakanien* beschreibt,[2] stülpte sich nach 1945 sozusagen als elfter der Selbstvorwurf. Der Blick zurück auf das kollektive – und vor allem auch moralische – Versagen Hitlerdeutschlands, dem man von literarischer Seite aus mit einem raschen Themenwechsel zu begegnen suchte,[3] steht im Gegensatz zur breiten literarischen Aufarbeitung des Ersten Weltkrieges, der von vielen Autoren, darunter Robert Musil, als ein Scheitern tragischen Ausmaßes wahrgenommen wurde. Und

---

1 Die Texte Robert Musils werden nach der digitalen Klagenfurter Ausgabe zitiert: Robert Musil: Klagenfurter Ausgabe. Kommentierte digitale Edition sämtlicher Werke, Briefe und nachgelassener Schriften. Hg. v. Walter Fanta, Klaus Amann, Karl Corino. Robert Musil-Institut der Universität Klagenfurt 2009 (CD-ROM Edition). Zitiert wird entweder der Lesetext [KA / Bd. / Werk / Abschnitt, Kapitel bzw. Seite (der Erstausgabe)] oder aus dem Nachlass unter Angabe der Pagina der Transkription [KA / Mappe bzw. Heft, Seite]. Hier: KA / Bd. 2 / Der Mann ohne Eigenschaften 2, Kapitel 36.

2 KA / Band 1 / Der Mann ohne Eigenschaften 1, Kapitel 8.

3 Vgl. Ralf Schnell: Deutsche Literatur nach 1945. In: Deutsche Literaturgeschichte. 6. Aufl. Stuttgart/Weimar: J.B. Metzler 2001, S. 479–510.

Tragik entsteht per definitionem aufgrund unverschuldeten Leidens in historischen oder schicksalhaften Größenordnungen. Der Zerfall der monarchisch regierten Staatengemeinschaft von 1918 wird nicht zuletzt auch als Verlust politisch-kultureller Strukturen empfunden, die, zumindest der äußeren Form nach, auch moralische Werte repräsentierten und darüber hinaus zur Mythenbildung geeignet waren.[4] Eine zeitgenössische Persönlichkeitsstudie Kaiser Franz Josefs I. spricht von einem ihm unterstellten „stehenden Heer der Soldaten, sitzenden Heer der Bureaukraten und knienden Heer der Geistlichen" als moralischen Stützen des alten Österreich.[5] Die Trias, in der die spätere Machtstellung des finanziellen und ökonomischen Kapitals noch unerwähnt bleibt, trifft insofern den Punkt, als jede dieser Gruppen nach gewissen Verhaltenskodizes agierte, die sich vor allem beim Auftreten von Staatskrisen, darunter Kriegen, bewährten.

Der Erste Weltkrieg als letzte Inszenierung und vielleicht auch kurzfristige Restaurierung des Systems einer „kaiserlich-königlichen Staatsmoral" hinterlässt im Werk Robert Musils Spuren, die in der wissenschaftlichen Lektüre bisher nur am Rande wahrgenommen wurden, da sie zum Teil außerhalb moderner strukturalistischer Fragestellungen liegen und sich erst über sozialphilosophisch-hermeneutische Zugänge nachzeichnen lassen. Die Zeit zwischen August 1914 und November 1918 wird in diversen biografischen Übersichten in der Regel als Phase literarischer Abstinenz beschrieben, in der Musil nicht einmal bereit gewesen sei, Briefe an seine Eltern und Verwandten zu schreiben.[6] Berücksichtigt man jedoch seinen Einsatz als Redakteur zweier Soldatenzeitungen und setzt diese redaktionelle Tätigkeit in Relation zu seiner literarischen Produktion bis 1914, so wird deutlich, dass Musil in den vier Kriegsjahren keinesfalls weniger geschrieben (und redigiert) hat als davor. Man denke nur an die künstlerischen Lähmungserscheinun-

---

[4] Der Triestiner Essayist Claudio Magris schreibt, dass Kakanien in der Erinnerung österreichischer Autoren nach 1918 „zum idealen Vaterland wurde, das, regungslos und gealtert, doch Tugenden bewahrt hatte, die heutzutage unglaublich erscheinen: würdevoller Anstand und Korrektheit. Pedantischer Respekt und gemütliche Ruhe, flüchtige und zehrende Lebensfreude." In: Ders.: Der habsburgische Mythos in der modernen österreichischen Literatur. Übers. Madeleine von Pásztory. Müller, Salzburg 1966, S. 8. (Der Essay wurde nach der ital. Neuausgabe neu übersetzt und erschien 2000 im Wiener Zsolny-Verlag.)

[5] Eugene S. Bagger: Franz Josef. Zürich, Leipzig, Wien 1927, S. 214 – zit. ebd., S. 23.

[6] Zuletzt bei Oliver Pfohlmann: Robert Musil. Reinbek b.H.: Rowohlt 2012 (= rowohlts monographie 50721), S. 71–79.

gen, die er während seiner Arbeit an den *Vereinigungen* 1909 bis 1912 zu bewältigen hatte. Allerdings schrieb er als Träger der Uniform des Kaisers anders, nämlich in einem Stil, der den Musil-Leser irritieren mag und angeblich nicht zu „Musil" passt. Die schreibgeschichtliche Phase zwischen 1914 und 1920/1921 könnte man in Anlehnung an einen Beitrag in einem seiner Propagandablätter mit dem Stichwort „Zeit der Ellbogen" bezeichnen.[7] Auf die Wandlungen des Musilschen Stils während der Kriegszeit verwies der Tübinger Musil-Forscher und -Biograf Karl Corino bereits in den 1980er-Jahren, ohne damit weiter Beachtung zu finden.[8] Was spricht aus der Distanz eines Jahrhunderts dagegen, Robert Musils Werk aus dem Blickwinkel dieser stilistischen Bruchstelle neu oder auch nur etwas anders zu lesen und seine „in Uniform" entstandenen Texte, auch wenn es sich dabei in der Mehrzahl „nur" um tagespolitische Zeitungsartikel handelt, im Musil-Bild besser zu berücksichtigen? Zumindest sei der Versuch gestattet, diese – wenn auch nur zum Teil mit Sicherheit Musil zugeschriebenen – Beiträge als Produkte eines moralischen und poetischen Schreib- und Gesellschaftsexperiments zu lesen und sie auf ihren *Sensus moralis* und *Sensus anagogicus* hin zu untersuchen.

Der Erste Weltkrieg ist für den Autor eine Zeit der Grenzerfahrungen, die sein Schreiben ganz unmittelbar um mehrere Facetten bereichert. Aus dem an Friedrich Nietzsche geschulten Psychologen und *Vivisecteur*[9] des Fin de Siècle wird ein staatspolitischer Denker und Visionär. Musils Wortschatz erweitert sich um eine geschichtliche und volkswirtschaftliche Ebene. Themen wie Bildung, Erziehung und Schulwesen[10] treten hinzu, der Autor findet Interesse am bäuerlichen Leben[11] und an mundartlichen Wendungen.[12] Wie Textver-

---

7 Vgl. die anonyme Kurzprosa „Zeit der Ellenbogen" in Musils Militärzeitung Heimat, Nr. 14 (6. 6. 1918), S. 3.

8 Vgl. Karl Corino: Profil einer Soldatenzeitung aus dem ersten Weltkrieg, „Heimat", und ihres Herausgebers Robert Musil. - In: Musil-Forum 13/14 (1987/1988), S. 74–87.

9 Vgl. das Romanprojekt Monsieur le Vivisecteur, an dem Musil zwischen 1900 und 1902 arbeitet. KA / Heft 4, S. 1 ff.

10 Vgl. den Entwurf „Das Schulproblem", in: KA / Mappe IV/3, S. 408–409. Der Text entstand im Umkreis des Romanprojektes „Katakombe".

11 Er hat Anfang 1918 zunächst vor, im Dorf Adelsberg zu bleiben und überlegt 1919/1920 wiederholt nach Tschechien aufs Land zu ziehen.

12 Corino merkt in seiner Stilanalyse an: „Musil scheut sich [...] nicht vor Vulgarismen à la ‚Sauleben'" und „ein[em] Stückchen Demagogie". In: K. C.: Profil einer Soldatenzeitung, a.a.O., S. 78.

gleiche zeigen, bedient er sich in den ersten Jahren nach dem Krieg vorübergehend eines weniger intellektuellen, umgangssprachlichen bis volkstümlichen Vokabulars, durch das er der veränderten gesellschaftspolitischen Realität Rechnung trägt. Im Laufe der 1920er-Jahre wird er Formulierungen aus dieser Zeit durch korrigierende Eingriffe tilgen oder deutlich abschwächen. Eine Reihe von Musil-Texten aus der unmittelbaren Kriegs- und Nachkriegszeit entpuppen sich als Zeugen dieses veränderten Schreibhabitus[13] und einer moralisch-weltanschaulichen Kurskorrektur. Der Autor veröffentlicht in dieser Zeit etwa sein *Vorspiel* zu einem Melodram mit dem Titel „Der Tierkreis", das auf das Volks- und Allegorientheater Ferdinand Raimunds verweist und an Volksstücke Ödön von Horváths und Peter Turrinis erinnert. Ein weiter Dramenentwurf mit dem Titel „Der kleine Napoleon (Panama)" lehnt sich an den Stil von Karl Kraus' Stationendrama *Die letzten Tage der Menschheit* an. Im Tagebuch mehren sich kulturpolitische und sozialkritische Seitenhiebe gegen Schieber und Kriegsgewinnler, „Wendehälse", Nationalisten, Schwulst-Poeten und Besserverdienende. Musil wird zum aufmerksamen Zeitungsleser, notiert laufend seine persönlichen Meinungen und Kommentare zum Tagesgeschehen und legt sich ein Archiv von Zeitungsausschnitten an, auf die er in der Folge in seiner schriftstellerischen Arbeit zurückgreift.

Es stellt sich nun die Frage, welche Faktoren solche nachhaltigen Veränderungen in der Entwicklung des Autors hervorgerufen und ihn – provokant ausgedrückt – auch zum politischen Autor und zum Autor des *Mann ohne Eigenschaften* werden ließen? Musils Thematisierung und literarische Darstellung der Katastrophe *Kakaniens* wurde bereits in einer Vielzahl literaturwissenschaftlicher Beiträge und in methodologisch differenzierter Weise analysiert.[14] Der vorliegende Einzelbeitrag soll daher vor dem Hintergrund bereits ausführlich dargestellter Interpretationsergebnisse einige Zusammenhänge ins Licht rücken, die trotz intensiv geführter Diskurse noch kaum bekannt sind. Die konkrete Eingangsthese lautet, dass die politischen und feuilletonis-

---

[13] Der Begriff „Habitus" wird hier im Kontext der Sozialphilosophie Pierre Bourdieus gebraucht. Vgl. Ders.: Die Regeln der Kunst. Genese und Struktur des literarischen Feldes. Übersetzt von Bernd Schwibs und Achim Russer. Frankfurt a.M.: Suhrkamp 1999.

[14] Vgl. zuletzt die Gesamtdarstellung durch Norbert Christian Wolf: Kakanien als Gesellschaftskonstruktion. Robert Musils Sozioanalyse des 20. Jahrhunderts. Wien: Böhlau Verlag 2011. In dem 1216 Seiten starken Buch bedient sich Wolf u.a. Pierre Bourdeaus soziologischen Begriffssystems zur Analyse des Figurenrepertoires des Mann ohne Eigenschaften an.

tischen Artikel der von Musil herausgegebenen Soldatenzeitungen und das damals „gesetzgebende" militärisch-redaktionelle Umfeld für seine moralische und pragmatisch-pädagogische Haltung als Schriftsteller von nachhaltiger Bedeutung waren und wesentlich zum Verständnis seines Werkes beitragen können. Die gern „versteckten", am ehesten von der italienischen Germanistik diskutierten, Tendenzartikel verdienen es, nicht nur in Auswahl,[15] sondern in ihrer Gesamtheit untersucht und betrachtet zu werden. Eine solche Gesamtanalyse kann in einem begrenzten Beitrag wie diesem allerdings nur angeregt werden.

Betrachtet man die Schriftstellergeneration, die wie Musil den Ersten Weltkrieg miterlebt hat, Arthur Schnitzler, Hugo von Hofmannsthal, Rainer Maria Rilke, Stefan Zweig, Thomas Mann, Franz Theodor Csokor, um nur einige Namen zu nennen, so meldet sich nach 1918 da und dort ein vermehrtes Interesse an Politik und einer Aufarbeitung des „habsburgischen Mythos."[16] Wirklich weitreichende philosophisch-weltanschauliche Konsequenzen ziehen aus dem Erlebnis nur wenige Autoren. Zu ihnen gehören erklärte Kriegsgegner wie Hermann Hesse (z.B. im Roman *Demian*, 1919) und Stefan Zweig (z.B. im Drama *Patrioten*, 1917). Zu den durch den Krieg Traumatisierten zählen Georg Trakl, Rainer Maria Rilke und Josef Roth. Letzterer meldet sich wegen eingeschränkter Tauglichkeit erst verspätet zum Militärdienst und wird als Augenzeuge des Begräbnisses Kaiser Franz Josefs I. in seinem Schaffen nachhaltig geprägt. Auf der anderen Seite bekehrt sich Richard Dehmel von einem Sänger revolutionärer Erotik zum Kriegsfreiwilligen und patriotischen Barden, der seine Kameraden im Feld noch 1918, kurz vor Kriegsende, zum Durchhalten aufruft. Mit ihm stoßen nicht nur zahlreiche weniger bekannte Lyriker begeistert in die „Heldentuba", auch ein Philosoph wie Ludwig Wittgenstein erweist sich als glühender Patriot, der an der Ostfront zahlreiche Tapferkeitsmedaillen einheimst.[17] Ein Heer von Wissenschaftlern und Kulturschaffenden erhebt 1914 seine Stimme, um Krieg und Gewalt zu glorifizieren. Das sogenannte „Manifest der 93", das unter dem Titel

---

[15] Vgl. Fernando Orlandi (Hg.): Robert Musil: La guerra parallela. Rovereto 2003. (Der Bd. erschien in seiner 1. Auflage im Verlag Biblioteca Reverdito 1987.)

[16] Vgl. dazu nochmals den bereits zitierten programmatischen Essay von Claudio Magris „Der habsburgische Mythos" von 1966 bzw. 2000.

[17] Vgl. Ludwig Wittgenstein: Geheime Tagebücher, 1914-1916. Hg. von Wilhelm Baum. Wien 1991.

An die Kulturwelt! Ein Aufruf im Oktober 1914 in vielen deutschen Zeitungen veröffentlicht wird, exponiert die deutsche (und auch Teile der österreichischen) Intelligenz als Kriegsbefürworter und „Bruder" des Preußischen Militarismus, der zum wahren Beschützer von Kunst und Kultur stilisiert wird.[18] Ebenso meldet sich ein Chor begeisterter vaterländischer Künstler auf der Seite Österreich-Ungarns zu Wort, Kirchenvertreter rufen landesweit von der Kanzel zum Kampf auf und die deutschsprachige Presse zeigt unter dem Motto des „Zusammenstehens" patriotisch Flagge.[19] Ein Hermann Hesse, der auf das Glaubensbekenntnis der intellektuellen Kollegen mit dem Essay *O Freunde, nicht diese Töne* reagiert, wird von diesen teilweise angefeindet.[20] Er selbst hatte sich zunächst freiwillig an die Front gemeldet, war aber als untauglich eingestuft worden und wurde der deutschen Kriegsgefangenenfürsorge zugeteilt, eine Funktion, die das Sammeln und Verschicken von Büchern an Inhaftierte und die Mitherausgabe zweier Zeitungen, der *Deutschen Interniertenzeitung* (1916/17) und des *Sonntagsboten für die deutschen Kriegsgefangenen* (1916–1919) mit einschließt.

Die Zeitungspropaganda der kriegführenden Staaten nimmt zu diesem Zeitpunkt breits Dimensionen an, die vor dem Krieg nicht vorstellbar waren, wobei der britischen Presse hier eine Vorreiterrolle zufällt, auf deren innen- und außenpolitischen Einfluss die „Mittelmächte" erst mit Verspätung reagieren. Das Bedürfnis nach einer strategisch geschickt geführten Propagandaschlacht, vor allem in Hinblick auf neutrale Staaten, führt zu einer gesteigerten Nachfrage nach dem gedruckten Wort. Allein das deutsche Heer gibt während des Krieges 110 Feldzeitungen heraus.[21] Die von Musil 1916 übernommene *Tiroler Soldaten-Zeitung* zählt mit einer Auflage von zwischendurch 24 000 Exemplaren (vor der Übernahme 3 400 Exemplare) zu den führenden Militärblättern des deutschen Sprachraums.[22]

---

[18] Vgl. z.B.: „Ohne den deutschen Militarismus wäre die deutsche Kultur längst vom Erdboden getilgt." Zitiert nach: http://www.nernst.de/kulturwelt.htm (abgerufen am 30. 4. 2013, 19 Uhr).

[19] Z.B. Reichspost, Simplicissimus, Die Neue Rundschau usw.

[20] Hermann Hesse: O Freunde, nicht diese Töne. - In: Neue Züricher Zeitung, 3. November 1914. Vgl. auch Hugo Ball: Hermann Hesse. Sein Leben und sein Werk (1927), Kap. 14 „Demian", in: http://gutenberg.spiegel.de/buch/4679/14 (abgerufen am 30. 4. 2013, 18:30 Uhr).

[21] Vgl. Peter Sprengel: Geschichte der deutschsprachigen Literatur 1900-1918. Von der Jahrhundertwende bis zum Ende des Ersten Weltkriegs. München, 2004 (= Newald/de Boor: Geschichte der deutschen Literatur, Bd, IX,2), S. 671 ff.

Wie fügt sich aber Musils propagandistisches Engagement in seine schriftstellerische und weltanschauliche Entwicklung und seine seltsame Metamorphose vom „konservative[n] Anarchist[en]"[23] zum Kriegsbegeisterten von 1914, zum politischen Wortführer und Volkspädagogen der Jahre 1916 bis 1918, zum Beinahe-Sozialdemokraten nach der Novemberrevolution von 1918 und zuletzt zum nüchternen Analytiker sämtlicher politischer und weltanschaulicher Befangenheiten? Seinen patriotischen „Fieberanfall" im Jahr 1914 bewerten viele Germanisten als peinlichen, doch angesichts allgemeiner Verwirrung entschuldbaren Fauxpas – seine anschließende Propagandaschlacht als Chefredakteur zweier Soldatenzeitungen wird durch den pazifistisch orientierten westlichen *homo academicus*,[24] der Musils Werk längst als sein Eigentum betrachtet, durch philologische Argumente und Autorschaftsdiskussionen bagatellisiert, die den Forscher unweigerlich auf Sand laufen lassen.

Im Unterschied zu Stefan Zweig, der zunächst vollmundig verkündet, freiwillig in den Krieg zu ziehen, wenig später alle möglichen Entschuldigungen findet, es noch nicht getan zu haben und sich die Sache schließlich ganz überlegt, um sich als „Titularfeldwebel" in der Pressestelle des Kriegsarchivs am sogenannten „Heldenfrisieren" zu beteiligen,[25] meldet sich Musil tatsächlich stehenden Fußes und freiwillig an die Front. Als Reserveoffizier mit offenen Armen empfangen, rückt er am 20. August 1914 zum Landsturmbezirkskommando nach Linz ein und übernimmt als Leutnant die 1. Kompanie des 24. Landsturm-Marschbatallions. Einen Monat später begibt er sich zur Grenzsicherung nach Südtirol in den Raum Spondinig/Dreisprachenspitze/Eisenpass, wenig später wird er zum Oberleutnant befördert. Zwischen 10. Oktober und 13. Januar 1915 ist Musil in Sulden/Trafoi und im nahe gelegenen Gomagoi stationiert, wo er als Kommandant

---

[22] Die Auflage der Soldaten-Zeitung entsprach dem Durchschnitt der bedeutendsten Kriegszeitungen Deutschlands. Die ebenfalls sehr beliebte Karnisch-Julischen Kriegszeitung brachte es maximal auf 10 000 Stück Auflage. Vgl. Roman Urbaner: „... daran zugrunde gegangen, daß sie Tagespolitik treiben wollte"? Die „(Tiroler) Soldaten-Zeitung" 1915–1917, in: eForum zeitGeschichte 3/4 (2001), http://www.eforum-zeitgeschichte.at/3_01a8.html (abgerufen am 30. 3. 2013, 17 Uhr), Fn. 50.

[23] KA / Bd. 12 / Essays 1908–1914, Politisches Bekenntnis eines jungen Mannes. Ein Fragment.

[24] Vgl. Pierre Bourdieu: Homo academicus. Frankfurt a.M.: Suhrkamp 1988.

[25] Vgl. Peter Sprengel: Geschichte der deutschsprachigen Literatur 1900–1918. Von der Jahrhundertwende bis zum Ende des Ersten Weltkriegs. München: Beck 2004 (= de Boor/Newald: Geschichte der deutschen Literatur, Bd. IX/2), S. 784.

der selbständigen 24. Landsturm-Marsch-Kompanie und Abschnittskommandant fungiert. Die Mobilisierung im Sommer 1914, die er als Redakteur der *Neuen Rundschau* in Berlin erlebt, wird von Musil nachträglich als „Rausch", „anderer Zustand", und „Inversion von Todesunbehagen zu Lebenshingabe" beschrieben.[26] Auch im Roman *Der Mann ohne Eigenschaften*, dessen Handlung am Vorabend des Kriegsausbruchs spielt, zeichnet er die Veränderungen nach, die ein Umschwung des Zeitgeistes im Planungskomitee der Parallelaktion hervorruft. Diotima wechselt ihre Lektüre, und von allen Seiten wird die „Parole der Tat" ausgegeben. Man ersetzt die Suche nach „Geist", „Seele" und „großen Ideen" durch ein noch unbestimmtes Bekenntnis zur „Tat", auch wenn diese zunächst nur die Gestalt einer Militärparade und eines Aufmarsches der Tiroler Standschützen annimmt.[27] Als ahnungsvoller Realist entpuppt sich der Kriegsminister, der im Hintergrund längst militärische Lösungen vorbereitet.

Was eine Dekade später im Spiegel der Ironie betrachtet und erzählerisch aufgearbeitet wird, erfährt Musil als Beteiligter in elementarer, unmittelbarer Weise. In seinem Tagebuch, das niemals zur Veröffentlichung bestimmt war, auf dessen Aufzeichnungen er als Schreibender jedoch wiederholt zurückgreift, beschreibt er den Krieg als „religiöses Erlebnis", das er plant, auch im „zweiten Teil" seines Romans „ohne Kritik" darzustellen. Der erste Teil des damals titellosen Epos sollte – wie es auch biografisch vom Autor belegt ist – mit der „partiellen Mobilisierung gegen Serbien" und dem „Einlenken [des Protagonisten] in das Gemeinsame" enden. Der Held geht „in den Krieg", allerdings, wie Musil 1936 schreibt, „durchaus nicht mit Überzeugung".[28] In einem Fortsetzungs-Teil des Romans wollte Musil auch „den Krieg behandeln [...] Das ‚große Erlebnis' [...]; den Rausch. Etwas, das Gott nahebringt, das Gefühl, einen Goethe und und und zu verteidigen [...]."[29] Was der Autor zunächst für den Roman vorsieht, gelangt bekanntlich

---

[26] KA / Heft II, S. 52.

[27] KA / Bd. 3 / Der Mann ohne Eigenschaften – Die Fortsetzung / Zwischenfortsetzung 1937–1939, Druckfahnenkapitel, Kap. 49: General Stumm läßt eine Bombe fallen. Weltfriedenskongreß.

[28] KA / Mappe II/7, S. 122. In einer parallelen „Studie zur Schlußsitzung" von 1936 heißt es: „Was ist also die Antwort, die ihn bewegt, in den Krieg zu gehn? [...] Ausklang der Utopien. Das ist aber noch nicht alles. [...] Die Weltabkehr hat keinen Zweck. Das geht schon daraus hervor, daß sie sich stets Gott zum Ziel setzte, etwas Irreales und Unerreichbares. Ich befinde mich in einem vollkommen wehrlosen Zustand. [...] Unlösbare Lage des Theoretikers [...]". In: KA / MappeII/7, S. 120.

angesichts seines überraschenden Todes (1942) und der Ereignisse des Zweiten Weltkriegs nicht mehr zur Ausführung. Das transzendentale Erleben kann er gerade noch am Beispiel der Geschwisterliebe analysieren, eines „anderen Zustands", der eine ähnliche „Inversion von Todesunbehagen zu Lebenshingabe" bewirkt wie der Krieg.[30] Auch hier vollzieht sich bereits das geplante „Einlenken [...] in das Gemeinsame", wenn sich dieses „Wir" im druckfertigen Teil des Romans zunächst nur auf die Zweisamkeit des Geschwisterpaares Ulrich und Agathe bezieht.[31] Das Problem des Krieges wird noch in den späten Studienblättern als allgemeiner Fluchtpunkt des Romans bezeichnet:

„Umfassendes Problem: Krieg (Die [Parallelaktion] führt zum Krieg!) Seinesgleichen führt zum Krieg. Krieg als: Wie ein großes Ereignis entsteht. Alle Linien münden in den Krieg. Jeder begrüßt ihn auf seine Weise. Das religiöse Element im Kriegsausbruch. Tat, Gefühl, u[nd] a[nderer] Z[ustand] fallen in eins. Jemand bemerkt: das war es, was die [Parallelaktion] immer gesucht hat. Es ist die gefundene große Idee[.]"[32]

Noch direkter bezieht sich der Autor auf das Grenzerlebnis des Krieges in seinem seit November 1919 geführten Nachkriegsheft mit dem Titel „Kehraus", in dem er mit dem nötigen Abstand über den „Ausnahmezustand" Bilanz zieht. Immer wieder stellt er die Frage, was hier eigentlich geschehen ist und welche Konsequenzen aus der beobachteten Tatsache der Veränderbarkeit menschlicher und gesellschaftlicher „Aggregatzustände" zu ziehen sei:

„Es war ganz richtig, was man anfangs gestammelt hat und später zur Phrase entarten ließ: der Krieg war ein religiöses Erlebnis. Wie immer bleibt dann der leere Nimbus des Worts. Man muß das religiöse Erlebnis durch den Krieg verstehn, nicht umgekehrt. Das Irrationale, Unvernünftige des Kriegs. Das Aufreißen des Problems der Existenz. Ich jammere nicht darüber, daß der Krieg zu lang gedauert hat um das zu bewahren; die nachträglichen Auslegungsversuche hätten es auch zerstört. Mir selbst ist es bald verloren gegangen; warum? Es blieb nur, wo man allein mit dem Tod, dem unsichtbaren Gegner und der Natur war."[33]

---

[29] Robert Musil Anfang 1918 zum Stichwort „Roman". In: KA / Heft II, S. 52.

[30] Ebd.

[31] Ebd.

[32] KA / Mappe II/2, S. 15.

[33] KA / Heft 19, S. 20. Vgl. auch: Das Ende des Krieges (1918). In: KA / Heft 19 bzw. Mappe IV/3/S. 492–497.

Im „Kehraus", den Musil nach seinem Schock über den Friedensvertrag von Saint-Germain im Herbst 1919 als Autor unternimmt, setzt er sich zum Ziel, im Gegensatz zum individuellen Erlebnis anhand von Statistiken und Zeitanalysen „den wirklichen Hintergrund" auszuleuchten.[34] Und er wird Zeit seines Lebens dem Phänomen quasi-religiöser Gefühlszustände nachspüren, denen er das eine Mal als 19-Jähriger in der ersten Liebe zur Sängerin Valerie Hilpert (sog. „Valerie-Erlebnis") und das andere Mal als Kriegsteilnehmer begegnet, wenn es ihm auch, wie er schreibt, nach seiner Versetzung ins Hinterland „bald verloren gegangen" sei.[35]

„Tagelang, […] lag es über vielen Geistern noch wie ein Traum", heißt es in seinem Essay mit dem Titel *„Europäertum, Krieg, Deutschtum"* von August 1914 – einer Publikation, zu der er als Redakteur der *Neuen Rundschau* aufgefordert worden war, in der er jedoch keinesfalls als bedingungsloser Jasager auftritt. Er analysiert das aktuelle Geschehen durchaus kritisch, und stellt sich damit in eine gewisse Opposition zum „bequemen Patriotismus" seiner Zeitgenossen.[36] Der Redakteur von September 1914 hält in seiner ersten essayistischen Reaktion auf die allgemeine Mobilisierung in Kürze fest: „Kaum einer, der sein Weltbild, sein inneres Gleichgewicht, seine Vorstellung von menschlichen Dingen nicht irgendwo entwertet fühlte."[37] Er spricht nicht, wie sein Kollege Thomas Mann, von einem Akt der „Reinigung, Befreiung

---

[34] KA / Heft 19, S. 1.

[35] KA / Heft 19, S. 20. Vgl. auch: „Das Ende des Krieges" (1918). In: KA / Heft 19 bzw. Mappe IV/3/S. 492–497.

[36] Vgl. dazu den Musil mit großer Sicherheit zugeschriebenen Beitrag „Vermächtnis", Soldaten-Zeitung 3/45 (15. 4. 1917), S. 4: „[Wir mußten] uns allerdings jenen bequemen Patriotismus, der in jedem Land der Welt – wo er gerade zu Hause ist – den Himmel blauer findet als in der Fremde, versagen, zugunsten eines kritischen Patriotismus, der sich weniger an das Gefühl als an Verstand und Willen wendet. Und diesem Patriotismus soll unser letztes Wort gelten. Der kritische Patriotismus soll gewiß nicht die gläubige Heimatsliebe verdrängen, welche einfach an die Heimat glaubt, weil sie sie liebt; sie bleibt eine der köstlichsten und stärksten Gesundquellen. Leider ist die Gefahr viel größer, daß gedankenlose Menschen im Namen dieser Heimatsliebe ihn totzuschlagen suchen. Das Vorurteil, welches beständig den Festredner für den Patrioten hält und keine andere Haltung denn seine als patriotisch erkennt, ist eine der größten Gefahren für den Patriotismus, nämlich die Gefahr innerer Verödung. „Was Du ererbt von Deinen Vätern hast, erwirb es, um es zu besitzen"; das gilt nicht zuletzt auch für die großen Grundgefühle des Menschendaseins. Sie müssen von jeder Generation neu erarbeitet werden und mit neuem Inhalt gefüllt, oder sie verlieren die Lebenskraft."

[37] KA / Bd. 12 / Essays 1918-1926 / Europäertum, Krieg, Deutschtum.

[…] und eine[r] ungeheure[n] Hoffnung“[38], sondern warnt davor, dass man die „Erschütterung, die sich jedem so deutlich einprägte [...] nicht überschätzen“ sollte. Dennoch sei sie mit einem Mal da, eine quasireligiöse Bewegung, die „in unser moralisches Leben von allen Seiten umändernd eingreift“.[39] Für Musil ist die veränderte Realität des Krieges und die Möglichkeit des bevorstehenden Todes, ein Moment des „Ernstes“, der danach verlange, sein „geistiges Testament in Ordnung zu bringen“.

„Treue, Mut, Unterordnung, Pflichterfüllung, Schlichtheit, – Tugenden dieses Umkreises sind es, die uns heute stark, weil auf den ersten Anruf bereit machen zu kämpfen. Wir wollen nicht leugnen, daß diese Tugenden einen Begriff von Heldenhaftigkeit umschreiben, der in unsrer Kunst und unsren Wünschen eine geringe Rolle gespielt hat.“[40]

– Und von nun an ein Rolle spielen sollten, lässt sich hier ergänzen. Die plötzlich „entwerteten“ Ideale der Vorkriegszeit sind einem bereits verloren geglaubten Kodex der „Heldenhaftigkeit“ gewichen, dem sich Musil jetzt offenbar mit Leib und Seele verpflichtet. Die von ihm angeführten soldatischen Tugenden wie Treue, Mut, Unterordnung, Pflichterfüllung und Schlichtheit, bilden auch sein Credo als Propagandaredakteur im Ersten Weltkrieg – eines Redakteurs, der, wie man ergänzen muss, auch Weisungen seiner militärischen Vorgesetzten auszuführen hat. Dies tut er jedoch, wie aus Berichten des Kriegsarchivs hervorgeht, im Rahmen größtmöglicher Entscheidungsfreiheit als Chefredakteur und – wie die Soldatenzeitungs-Beiträge zeigen – in sehr souveräner, auffallend engagierter Weise.[41] „Ungeachtet des Fehlens von Eigenschaften benimmt sich Ulrich tatkräftig und feurig“, wird über den Romanhelden später zu lesen sein.[42]

Nach einer Zeit beim Landsturm-Infanterie-Bataillon Nr. 169 in Levico/Trient und dem Kriegseintritt Italiens am 23. Mai 1915, von dem Musil als Adjutant im Grenzabschnitt Palai im Fersental/Val Sugana/ Lavarone erfährt, wird er zunehmend Zeuge blutiger Nahkämpfe im

---

[38] Zit. bei Eberhard Sauermann: Literarische Kriegsfürsorge. Österreichische Dichter und Publizisten im Ersten Weltkrieg. Wien, Köln, Weimar: Böhlau 2000 (= Literaturgeschichte in Studien und Quellen 4), S. 361.

[39] KA / Bd. 12 / Essays 1918–1926 / Europäertum, Krieg, Deutschtum.

[40] Ebd.

[41] Vgl. Urbaner: „... daran zugrunde gegangen“, S. 18 (Fn. 150).

[42] KA / Bd. 1 / Der Mann ohne Eigenschaften 2, Kap. 20.

Südtiroler Hochgebirge. Wenn diese Details zur Biografie erwähnt werden, geschieht es nicht mit der Absicht, Musil zum Kriegshelden zu stilisieren. Es wird ihm allerdings (mit einer Ausnahme)[43] bescheinigt, seinen Dienst „zur vollsten Zufriedenheit seiner Vorgesetzten" ausgeführt zu haben, ein Lob, das sich vor allem auf seine politisch-strategische Propagandatätigkeit bezieht.[44] Nach fast eindreiviertel Jahren Soldatenleben, in denen er Lawinenabgänge und den Einschlag eines Fliegerpfeils miterlebt, und zuletzt mit einer schweren Mund- und Rachenschleimhaut-Erkrankung für mehrere Wochen in Reservespitälern behandelt wird, zeigt der Autor nach wie vor keinerlei Anzeichen eines Defätismus. Allerdings stellt er im April 1916 aufgrund seiner angegriffenen Gesundheit ein Gesuch um Verwendung im Kanzleidienst und wird in dieser Funktion wenig später der Auszeichnungsgruppe des *Heeresgruppenkommandos Erzherzog Eugen* in Bozen zugeteilt. Ab 18. Juni 1916 arbeitet der Autor in der Redaktion der *Tiroler Soldaten-Zeitung* mit, die einen Monat später von Trient nach Bozen verlegt wird. Musil wird dabei als Schriftleiter eingesetzt. Militärisch untersteht er zu diesem Zeitpunkt noch seinem Brünner Jugendfreund, dem Oberstleutnant des Generalstabs Maximilian Becher und dessen Referenten Major-Auditor Dr. Albin Schager, den er jeweils um das Imprimatur für die wöchentlich erscheinende Soldatenzeitung zu bitten hat. Die Vorgänge in der Bozener Kommandozentrale, die Musil allwöchentlich aufsucht, verarbeitet er in dem bereits erwähnten satirischen Dramenentwurf *Der kleine Napoleon*, in dem sowohl Becher als auch Schager namentlich vorkommen. Trotz kritisch-ironischer Töne kann aus diesen Entwürfen kein pazifistischer Hintergrund herausgelesen werden. Anfang Oktober wird der Militärjurist Schager in Zusammenhang mit einem, möglicherweise von Musil verfassten Irredenta-Artikel seines Postens als verantwortlicher Redakteur enthoben.[45] Diese Personalrochade ist jedoch, wie der Historiker Roman Urbaner dokumentert, lediglich als äußere Geste zu verstehen, die verschiedene Kritiker ziviler und militärischer Kontroll-

---

[43] Nur ein einziges Mal, nämlich im Februar 1915, wird Musil wegen Differenzen mit einem pedantischen Vorgesetzten unter dem Vorwand „organisatorischer Unzulänglichkeiten" von seinem Posten abgelöst und als Adjutant von Franz Graf Alberti beim neu gaufgestellten Landsturm-Infanterie-Bataillon Nr. 169 in Levico nach Trient transferiert. Vgl. Karl Corino: Robert Musil: Leben und Werk in Bildern und Texten. Sonderausgabe. Reinbek bei Hamburg: Rowohlt 1992. S. 222–225.

[44] Vgl. Urbaner: „... daran zugrunde gegangen", S. 10.

[45] Vgl. Corino 2003, S. 563–564 bzw. Urbaner: „... daran zugrunde gegangen", S. 17 ff.

stellen zum Schweigen bringen sollte.[46] Die Entfernung Schagers aus der militärischen Kommandozentrale bereitet das Feld für die redaktionelle „Alleinherrschaft" des Landsturm-Hauptmanns Musil, der aus einer Soldatenzeitung ein Militärorgan und aus dem Militärorgan ein politisch-programmatisches und volkserzieherisches Blatt macht. Die Frage, welche Beiträge der österreichischen *Soldaten-Zeitung* aus Musils Feder stammen und welche nicht, kann unter dem Aspekt seiner freien redaktionellen Verfügungsgewalt als zweitrangig erachtet werden.

Der Dienst Musils in Bozen ist jedoch auch durch einen äußerst interessanten und bisher kaum entsprechend beleuchteten Umstand geprägt, nämlich die Beziehung des Redakteurs Musil zum Generalstabschef und Bozener Kommandanten Alfred Krauß (1862–1938). Die Zeit, in der Krauß in Bozen das Kommando innehat, deckt sich zeitlich mit Musils Verantwortung als Chefredakteur. Allein wenn man nach der militärdienstlichen „Rückendeckung" fragt, die Musil in den neun Monaten des Erscheinens der Wochenzeitung zuteil wird, und die Beantragung seiner höchsten Kriegsdekoration heranzieht, rückt der Kommandant der *Heeres-Gruppe Feldmarschall Erzherzog Eugen* unweigerlich ins Blickfeld.

Alfred Krauß, der nach einer Kommandantur bei der 29. Infanteriedivision in Serbien und einer Berufung zum Generalstabschef der Balkanstreitkräfte im Mai 1915 zum Chef des Generalstabs der Südwestfront ernannt und von Juli 1916 bis März 1917 dem HGK in Bozen zugeteilt ist, steigt bald darauf zum General der Infanterie auf und erhält im Mai 1918 sogar das Oberkommando über die 2. Österreichische Armee. Mit dem Weggang des hochrangigen Militärchefs Ende März 1917 verschwindet auch die schützende und treibende Kraft hinter der *Soldaten-Zeitung*, sodass deren weiteres Bestehen nicht mehr gewährleistet ist.[47] Betrachtet man Krauß' persönlichen und ideologischen Werdegang, so fällt auf, dass der zunächst als „hervorragender Lehrer und kritischer Militärdenker" bekannte k.u.k.-General „nach dem Weltkrieg [...] immer mehr in ein rechtsradikales, antiösterreichisches Fahrwasser [geriet], das ihn sowohl von seinen Offizierskameraden isolierte als auch von der Seite gemäßigt deutsch-nationaler

---

[46] Ebd.

[47] Vgl. Urbaner: „... daran zugrunde gegangen", S. 21–23.

österreichischer Historiker abgelehnt wurde."[48] Die Wandlung vom Österreich-Patrioten zum späteren NSDAP-Minister und SA-Führer erfolgte offensichtlich aufgrund von Verstimmungen des streitbaren Feldherren mit den österreichischen Behörden nach 1918. Krauß hatte sich wiederholt – und vergeblich – betreffend einer angeblichen Fehleinschätzung seines Anteils an den siegreich geführten Schlachten des Ersten Weltkriegs beschwert und möglicherweise aus Verbitterung, weil ihm in dieser Sache eine entsprechende Genugtuung verweigert wurde, vielleicht aber auch wegen seiner Unzufriedenheit mit der politischen Lösung eines „Restösterreich", die Seite gewechselt.[49] Ab 1920 schreibt Krauß außerdem eine Reihe historisch-theoretischer Darstellungen, in denen er die militärische Niederlage der Donaumonarchie aus seiner Warte als Feldherr analysiert.[50]

Die kritische Hinterfragung der österreichischen Innenpolitik und vor allem das Brandmarken irredentistischer Tendenzen auf der Basis von Gerichts- und Polizeitakten war, wie aus entsprechenden Protokollen hervorgeht, von der militärischen Leitung verordnet, wenn auch die Umsetzung dieser Order offensichtlich Musil selbst überlassen blieb. Das Schreiben Alfred Krauß' an das Tiroler Landesverteidigungskommando und die 5., 10. und 11. Armee vom 18. Juni 1916 bringt zum Ausdruck,

„daß die bisher erschienenen Soldatenzeitungen wohl der harmlosen Freude an der Selbstbetätigung während des Schützengrabenkrieges ihre Existenz verdanken, aber zu nützlicheren Zwecken zu gebrauchen seien, nämlich den Leser „zum Verständnis der Lebensfragen des Staates und der Armee" zu erziehen."[51]

---

[48] Peter Broucek (Hg.): Ein General im Zwielicht. Die Erinnerungen Edmund Glaises von Horstenau. Bd. 3: Deutscher bevollmächtigter General in Kroatien und Zeuge des Untergangs des „Tausendjährigen Reiches". Wien, Graz, Köln: Böhlau 1988 (= Veröffentlichungen der Kommission für Neuere Geschichte Österreichs 76), S. 191–192 (Fn. 148).

[49] Vgl.: Broucek: Ein General im Zwielicht, S. 434–435 (Fn. 476). Vgl. auch W. Drofenik: General Alfred Krauß. Eine Biographie. Wien: Diss. 1967.

[50] Unser Deutschtum! (1920), Die Ursache unserer Niederlage (1920), Die Wesenseinheit von Politik und Krieg als Ausgangspunkt einer deutschen Staatslehre (1921), Die Bedeutung Österreichs für die Zukunft des deutschen Volkes (1923).

[51] Karl Dinklage: Musils Herkunft und Lebensgeschichte, in: Karl Dinklage (Hg.): Leben – Werk – Wirkung. Reinbek b. Hamburg 1960, S. 228.

Konkret geht es der Führung des HGKs um grundlegende innerstaatliche Reformen und deren Verankerung in der „Masse“ des Volkes:

„Um die Bestrebungen des HGKmdos für eine Besserung der innenpolitischen Verhältnisse zu unterstützen, wäre es zweckmäßig, wenn die [...] Soldatenzeitungen in jeder Ausgabe kurze, geschickt verfaßte, populäre Aufsätze über den Irredentismus (sein Wesen, seinen Zusammenhang mit dem Kriege, Teilnahme von Beamten, Lehrern und Geistlichen, Vereine usw. und über seine Bekämpfung in Haus, Schule und Amt) bringen wird. Es müßte die Notwendigkeit von Reformen bis zum letzten Mann bekannt werden, damit auf diese Weise die anzustrebenden Ziele eine Förderung durch die Masse erfahren.“[52]

Die auf diesen „Befehl“ hin in Bozen geschriebenen Zeitungsartikel können somit als konkrete und „gehorsame“ Verwirklichung der Vorstellungen des Kommandanten betrachtet werden, der Musil bald darauf für seine Verdienste um die Führung der *Soldaten-Zeitung* für die Verleihung des Ritterkreuzes des Franz-Josef-Ordens vorschlägt. In der Begründung wird der Erfolg des Blattes als persönliche Leistung Musils hingestellt:

„Robert Musil [...] hat sich unter den schwierigsten Verhältnissen bereit erklärt, diese Zeitung fortzuführen. Er hat sie durch unermüdlichen Fleiß, besonderes Taktgefühl und außerordentliche Begabung auf eine solche Höhe gebracht, daß sie heute alle übrigen Soldatenzeitungen weit überragt und an der Front nicht allein durch ihre unterhaltenden, sondern insbesondere durch ihre belehrenden Aufsätze von ganz besonders patriotischem Einfluß ist. Dieser Einfluß wurde auch vom Armeekommando anerkannt; es hat dem Heeresgruppenkommando mit Op. Nr. 36771 vom 29. Jänner 1917 mitgeteilt, daß die Zeitung ‚sehr gut und geschickt geführt ist‘, daß sie [,]eine Resonanz zu erreichen wußte, die in Österreich-Ungarn bei einem militärischen Blatt einzigartig dasteht‘. Da diese Leistungen lediglich dem Landsturm-Oberleutnant Dr. Musil zuzuschreiben sind, halte ich ihn für eine neuerliche allerhöchste Auszeichnung für besonders würdig.“[53]

[452] Zit. bei Urbaner: „... daran zugrunde gegangen“, S. 10.

[53] Zit. in: Dinklage: Musils Herkunft und Lebensgeschichte, S. 230–231.

Die Umgestaltung der *Tiroler Soldaten-Zeitung* zum allgemeinen militärischen Propaganda- und politischen Erziehungsinstrument unter der Leitung Musils beschäftigt und beunruhigt die öffentlichen Stellen in einer Weise, die die Nerven des *kakanischen* Beamtenapparats bloßlegt, ohne dass letztlich „etwas geschieht". Bevor in den amtlich verschickten Anfragen und Berichten einzelner Kanzleien entschieden wird, wer nun für die unerhörten Vorfälle im österreichischen Kriegszeitungswald zuständig sei und ob die Zensur in diesem Fall einschreiten sollte, wird Alfred Krauß versetzt und das Blatt hört auf zu existieren.

Die als „tagespolitisch" und teilweise zu kritisch, nämlich„zweifelnd und verneinend", empfundenen Artikel aus Bozen werden von der Redaktion des Presseorgans weder entschuldigt noch zurückgenommen, sondern durch selbstbewusste, ironische Seitenblicke bis zuletzt gerechtfertigt. Sie bewegen die Schriftleitung auch nicht zu einem neuerlichen Linienwechsel oder gar Alfred Krauß zu einem Ordnungsruf innerhalb seiner Kommandostelle. Noch in Musils „Vermächtnis", seinem Nachwort als Schriftleiter, verteidigt er die Blattlinie mit Nachdruck als politisch-erzieherische Notwendigkeit:

„Die öffentliche Meinung ist dermaßen befangen in Gedankenlosigkeit – sei es patriotische oder oppositionelle und kennt so wenig die wahren Verhältnisse, – daß sie die Sprache des unbefangenen Wahrheitswillens kaum mehr versteht und sich ihn unwillkürlich in ihrer Weise, das heißt wieder als eine Parteinahme, zurechtlegt. Aus diesem Grunde waren wir auch verurteilt, vorwiegend zweifelnd und verneinend zu erscheinen, indem wir zuerst auf die Hindernisse hinweisen mußten, die sich im Charakter des Österreichers einer an das Wesen greifenden und energischen Behandlung aller dieser Probleme entgegenstellen."[54]

In zahlreichen vorhergegangenen Artikeln, die stilistisch mit dieser Musil mit großer Sicherheit zugeschriebenen Abschiedsadresse übereinstimmen und thematisch-motivisch miteinander verflochten sind, geht es um eine neue Moral, wie der Krieg sie vom wehrhaften Bürger fordere, um die Aufdeckung von Missständen und um Erkenntnisse, denen mit „unbefangene[m] Wahrheitswillen" Ausdruck verliehen wurde. Es genügt der neuen *Soldaten-Zeitung* unter Musils Leitung

[54] Soldaten-Zeitung 3/45, (15. April 1917), S. 3–4.

nicht, in ereignisnahen Texten und großformatigen Fotografien Realität und Alltag der Südfront wiederzugeben. Sie setzt sich auch vor allem das Ziel, dem Leser – und das sind nicht nur Soldaten, sondern auch immer mehr Abonnenten im Hinterland – im Sinne eines preußischen Pflichtbewusstseins zu erziehen.

Vor dem Krieg äußert sich der Autor in zwei Essays zu politischen Fragen. Seine Bilanz zur *Politik in Österreich* vom Dezember 1912 beleuchtet bereits kritisch, doch noch etwas vage, die Missstände des österreichischen Parlamentarismus, der Parteien und des Verwaltungsapparates und moniert als Hauptproblem das Fehlen einer Idee:

Es muß irgendwo in diesem Staat ein Geheimnis stecken, eine Idee. Aber sie ist nicht festzustellen. Es ist nicht die Idee des Staates, nicht die dynastische Idee, nicht die einer kulturellen Symbiose verschiedener Völker (Österreich könnte ein Weltexperiment sein), – wahrscheinlich ist das Ganze wirklich nur Bewegung zufolge Mangels einer treibenden Idee, wie das Torkeln eines Radfahrers, der nicht vorwärtstritt.[55]

Im *Politischen Bekenntnis eines jungen Mannes* vom November 1913 bezeichnet er sich als „ein[en] konservative[en] Anarchist[en]“, der soziale Ungerechtigkeiten, Missstände und Unzulänglichkeit des Parteiensystems hinnehme, so lange sie ihn nicht persönlich tangierten. Doch da es gelte, für die Erneuerung von Kunst und Wissenschaften den Boden zu bereiten, sei es notwendig, den Menschen selbst und die Gesellschaft zu verbessern. Dafür sei „ein wirtschaftliches Programm [notwendig], das die Durchführung einer reinen, beschwingenden Demokratie gewährleisten soll“, eine reformierte Staatsform, die „noch größere Massen [geistig] heraufzieht“.[56] Das hier noch recht

---

[55] KA / Bd. 12 / Essays 1908–1914, Politik in Österreich.

[56] Robert Musil: Politisches Bekenntnis eines jungen Mannes. In: KA / Bd. 12 / Essays 1908-1914: „Ich habe mich nie früher für Politik interessiert. Der politisierende Mensch, Abgeordneter oder Minister, erschien mir wie ein Dienstbote in meinem Haus, der für die gleichgültigen Dinge des Lebens zu sorgen hat […]. Er erfüllt seine Pflicht natürlich so schlecht wie alle Dienstboten, aber solange es angeht, mischt man sich nicht ein. Las ich zuweilen das Programm einer politischen Partei oder die Reden des Parlaments, so wurde ich in der Ansicht nur bestärkt, daß es sich hier um eine ganz untergeordnete menschliche Tätigkeit handle, der nicht im geringsten erlaubt werden dürfe uns innerlich zu bewegen. […] Den Gedanken, durch den sich das änderte, wird man vielleicht lächerlich finden. Er ist kurz und einfach: Du selbst bist schon – sagte er mir – in dem, was du willst, ein Geschöpf der Demokratie und die Zukunft ist nur durch eine

allgemein formulierte politische Anliegen des Vorkriegsautors wird in den Artikeln der *Soldaten-Zeitung* sozusagen im Detail ausgeführt und unter der Staats-experimentellen Leitidee eines „neuen Österreich" pädagogisch umgesetzt. Es liegt Musils eigenen politischen Interessen also gar nicht so fern, wenn er von seiner Redaktionsstube aus die Tugenden einer soldatischen (zum Teil preußischen) Tüchtigkeit und eines „Ameisenstaates" propagiert und während des Krieges das Ziel eines moralisch gesunden, geistig „wehrhaften"/kritischen Volkskörpers vertritt und das Ideal eines Kunst und Kultur fördernden Neu-*Kakaniens* auf seine Fahnen heftet.

In zwei, durch Karl Corino Musil zugeschriebenen Artikeln der *Soldaten-Zeitung* zum Thema „Bauernleben" wird der Bauer der Monarchie als Träger wertvoller Staatstugenden gepriesen, sofern er sich mit Hilfe eines reformierten Volksschulwesens und staatlich organisierter Büchereien und Fortbildungskurse weiter erziehen lasse. Er sei „Holz, aus dem sich ein ganzer Mensch schnitzen lässt", heißt es in dem Artikel, in dem gleichzeitig auf den Lebensstil des Städters eingegangen wird, der „die Gewohnheiten seines Geldes angenommen" habe. Das „fortwährende Sichverwandeln des Geldes" mache sein „Leben bunter, zierlicher, reinlicher und abwechslungsreicher […]. Tiefer wird es nicht. Die Oberflächlichkeit, die Vergnügungssucht, die friedlose Unruhe des Lebens" sei „Gegenstand der kaufmännischen Vermittlung geworden" und werde

von ihrer unruhigen Hast nach Neuigkeiten und Abwechslung ergriffen. Am deutlichsten zeigt sich das dort, wo das Leben des Städters noch scheinbar am geistigsten ist: wenn er liest. Fast zu neun Zehnteln hängt sein Leben am bedruckten Papier. Seine Augen verschlingen täglich mindestens vier Quaderatmeter davon, als Zeitung. […].[57]

---

gesteigerte und reinere Demokratie erreichbar. […] Und meine Überzeugung zwingt mich seither zu etwas, wovon mein Gefühl nichts wissen will. Ich mache die theoretischen Vorstudien, die mir ermöglichen sollen, meinen Willen einzusetzen. Ich suche ein wirtschaftliches Programm, das die Durchführung einer reinen, beschwingenden Demokratie gewährleisten soll, das noch größere Massen heraufzieht. Gewiß, ich werde bis dahin sozialdemokratisch oder liberal, je nachdem es die Umstände fordern, wählen, aber es ist klar, daß wir etwas brauchen, das uns aus der Flachheit der heutigen Parteien hinausführt, und zu jeder solchen Idee gehört ein wirtschaftliches Programm als Durchführungsvorschrift."

[57] „Bauernleben", in: Soldaten-Zeitung, Nr. 17 (1. 10. 1916), S. 3–4.

Der Artikel fährt fort, die Lesegewohnheiten des Städters zu hinterfragen und ihnen die des Landvolkes gegenüber zu stellen:

Der Bauer aber liest außer Kalender, Gebetbuch und einem kleinen Blattl überhaupt nichts. Doch das liest er langsam und bedächtig. Er vertraut dem Gelesenen und der Inhalt bleibt ihm stark haften. Es fehlen ihm natürlich manche Begriffe, von denen der Städter schon reden gehört hat; wo er aber die Voraussetzungen beherrscht, dort ist sein Denken klar und richtig. [58]

Aber letztlich gehe es nicht um diesen Gegensatz von „Stadtvolk und Landvolk", sondern darum, aus beiden Gruppen Staatsbürger eines „neuen Österreich" zu machen. Nebenbei schlägt der Schreiber des Leitartikels vor, der Staat könnte sich, während er das Bildungsniveau des Volkes hebt, auch vermehrt um „Privatdozenten, Dichter, Maler, Komponisten" kümmern, die sich ohne öffentliche Unterstützung durchs Leben schlagen müssen. *„Mit geringen Mitteln ließen sie sich aber zeitweilig in seinen Dienst stellen und zweifach Gutes würde damit gestiftet."* [59]

Nahezu in jedem Leitartikel des Militärblattes geht es um das Ideal einer Staats- und Gesellschaftsform, die in ihren Grundlagen an Aristoteles erinnert. Wie der antike Philosoph der Polis betont Musil als Propagandaredakteur die Notwendigkeit eines zentral regierten, starken und hierarchisch gegliederten Staates, der mit Hilfe einer erfolgreichen Armee durch einen Stab der Weisen regiert werden sollte, die zugleich eine moralische Vorbildfunktion gegenüber dem einfachen Volk einzunehmen hätten. Wie Aristoteles war Musil von der Lernbarkeit erwünschter Charaktermerkmale überzeugt und sah deren Aneignung als langwierigen mimetischen Prozess, als Folge von Disziplin und Training, wobei sowohl der biografische als auch der Autor Musil sportliche und geistige Ertüchtigung eng mit einander verknüpften.[60] Als ideales Umfeld für die Entwicklung eines sittlich

---

[58] Ebd.

[59] „Noch einmal Bauernleben", in: Soldaten-Zeitung, Nr. 21 (29. 10. 1916), S. 4-5.

[60] Vgl. im Anhang zu diesem Aufsatz das Faksimile eines Fitnessplans Musils aus den frühen 1920er-Jahren mit Übungsskizzen (KA / Mappe IV/2, S. 490). An den rechten Rand des Blattes schrieb er zwei Gedichtentwürfe.

einwandfreien Charakters und entsprechender, dem Menschen nicht in die Wiege gelegter Tugenden gilt Aristoteles ein klar strukturierter Staat, die von den „Besten", Tüchtigsten regierte Polis.[61] Auch in dieser politisch-ethischen Frage stimmt Musils *Soldaten-Zeitung* mit dem antiken Philosophen überein, wenn es ihr um breite Volkserziehung im Hinblick auf die Schaffung eines starken, wehrhaften Staatswesens geht. Sogar bis in den Begriff einzelner Tugenden folgen die Leitartikel der *Soldaten-Zeitung* Aristoteles: sie treten zum Beispiel für Mäßigung ein, für Tapferkeit als die „goldene Mitte" zwischen Feigheit und Tollkühnheit, für Freigebigkeit anstelle von Geiz oder Verschwendung usw. Musil hat im Krieg tatsächlich bei Aristoteles angefangen, wie er dies im Programm seines Protagonisten von 1920 vermerkt![62] Dieser philosophische Neuanfang des späteren *Mannes ohne Eigenschaften* steht im Zusammenhang mit dessen erklärter Absicht, die Gesellschaft möglichst auf allen Ebenen zu reformieren.

Das zweite große Thema der *Soldaten-Zeitung*, das mit der „Erziehung zum [neuen] Staat" eng verknüpft wird, ist der „künftige Friede".[63] Auf die Zurückweisung von Friedensangeboten der Mittelmächte durch die Entente im Winter 1916/1917, die russischen Massendemonstrationen im Frühjahr 1917, die zunehmende Geldnot des kriegsführenden Österreich und die damit zusammenhängende Lebensmittelknappheit der Bevölkerung antwortete die Bozener Redaktion mit sachlichen Informationen, militärischen Analysen, praktischen und erzieherischen Ratschlägen, aber auch mit flammenden Aufrufen, die sich gegen einen „Frieden um jeden Preis" aussprachen: „Wichtig ist, daß der Frieden bald kommt", heißt es im Artikel „Der Frieden und die Zukunft",

aber noch wichtiger ist, daß wir siegen, und daß wir und unsere Verbündeten ihre Kriegsziele erreichen. Wenn man schon einmal gezwungen war, Opfer zu bringen, wenn diese Opfer aber vergeblich gebracht wurden, so ist man hinterher mehr dadurch gekränkt, daß man keinen Erfolg sieht, als durch den Verlust selbst, und anderseits, wenn schließlich etwas erreicht wurde, so ist die Menschennatur im allgemeinen geneigt, sich über große Opfer schnell zu trösten, ohne viel nachzurechnen, ob der Preis des Erreichten viel zu hoch war. Wir haben daher in diesem Kriege, als Nahrung und Stärkung unserer geistigen Kraft, jene Belehrungen, die

---

[61] Aristoteles: Politeia. Hg. u. übers. von Olof Gigon. 10. Aufl. München: Deutscher Taschenbuch-Verlag 2006, VII. und VIII. Buch.

[62] KA / Heft 8, S. 83.

[63] „Die Erziehung zum Staat", in: Soldaten-Zeitung Nr. (?)

uns auf den Lohn unseres Ringens verweisen, ebenso nötig, wie die Bedürfnisse unseres leiblichen Lebens. Der Krieg soll nicht bloß wie ein hartes, düsteres Schicksal auf uns lasten, etwa wie eine schwere Krankheit, von der man je eher, je lieber, befreit sein will, sondern er ist die gewaltige Prüfung für die Zukunft, die wir bestehen müssen, wenn wir einen Rang unter den Völkern und Staaten behaupten wollen, der unserer Anlagen und unserer Vergangenheit würdig ist. Oder man kann auch sagen, der Krieg sei eine furchtbar schwere und gefahrvolle Arbeit, die aber einmal getan sein muß, wenn unser Volk, insbesondere die Zeit unserer Kinder und Enkel, in Ruhe und Sicherheit den Aufgaben des Friedens und der Kultur leben will. Wer könnte da so kurzsichtig und kleinmütig sein, zu wünschen und zu fordern, daß die Prüfung unter allen Umständen abgebrochen werden müsse, ehe ihr Zweck erreicht ist, daß die Arbeit aufgegeben werden müsse, ehe sie dem angestrebten Ziel nahegekommen ist?[64]

Keinesfalls hält der Schreiber des Artikels eine „Rückkehr zu den Zuständen vor dem Kriege" für wünschenswert:

[…] es werden sich ganz andere Gestaltungen, ganz andere Verbindungen herausbilden, als man jemals geahnt hat. Der noch folgende Teil des Krieges muß von dem höchsten Aufgebote von Denkkraft der Geister begleitet, er darf nicht ein bloß mechanisches Kämpfen und Ertragen sein. Es ist heute nötiger als je, zu wissen, was denn eigentlich werden muß. Die volle Einsicht in die ungeheure Tragweite unserer Aufgabe und in die Verantwortlichkeiten unseres Geschlechtes für die Gestaltung der Zukunft muss uns alle ergreifen und bis ins Innerste aufrütteln, die Krieger wie die ehrlich Arbeitenden und Ertragenden im Hinterlande.[65]

Auch vor Ausbruch des Krieges herrschte, der *Soldaten-Zeitung* zufolge, kein wirklicher Friede: „War das Friede: Marokkokrise, Konferenz von Algeciras, Annexionskrise, Irredenta, Obstruktion, Einkreisungspolitik? Das war ein fauler, finsterer, flegelhafter, fadendünner Frieden, ein Gespenst von einem Frieden."[66] Die Bozener Redaktion malt das Bild des unehrenhaften Friedens eines Kriegsverlieres an die Wand und betont, dass die Erreichung der Kriegsziele einer dauerhaften Sicherung der Grenzen und einer Stärkung Österreichs in Europa unerläss-

---

[64] Soldaten-Zeitung, Nr. 43 (1. April 1917), S. 2.

[65] Ebd., S. 2–3.

[66] „Heilige Zeit", in: Soldaten-Zeitung, Nr. 30 (31. 12. 1916), S. 3.

lich seien, andernfalls sei der nächste Krieg bereits vorprogrammiert.[67] Auch im Umkreis der aktivistischen Zeitschrift *Der Friede* wird Musil im Frühjahr 1918 nicht nur einen Beitrag publizieren,[68] sondern auch mit deren pazifistisch eingestellten Mitarbeitern im Kaffeehaus über solche Themen diskutieren. Die verschiedenen politischen, wirtschaftlichen und kulturellen Faktoren eines künftigen, dauerhaften *kakanischen* Friedens beschäftigen Musil jedoch schon in Bozen, wo er den einzelnen österreichischen Bürger noch, so lange der Ausnahmezustand des Krieges andauert, nach Kräften für den künftigen Frieden

[67] Vgl. dazu den Leitartikel „Den Frieden versprochen". Die betreffende Stelle sei ausführlicher zitiert: „Wenn man nur erst einmal aus dem Krieg herauskäme – was dann die weitere Folge sein wird, scheint die Öffentlichkeit nicht im Geringsten zu bekümmern. Höchstens etwa der Übergang zur Friedenswirtschaft und die Sorge um die Handelsverträge und um ein Ausfuhrgebiet; aber die Lehre des Weltkrieges (siehe Deutschland!), daß die schönsten wirtschaftlichen Verhältnisse nicht von Dauer sind, wenn der Kriegsgefahr nicht vorgebeugt wird, diese Lehre hat bei uns offenbar noch nicht Wurzel gefaßt. Nichts ist aber sicherer als die eine Tatsache, daß über den nächsten Weltkrieg schon bei dem bevorstehenden Friedensschlusse und bei der Durchführung unserer inneren staatlichen Einrichtung entschieden wird; versäumen wir es, uns die nötigen Sicherstellungen gegen eine nochmalige Bedrohung zu verschaffen, dann werden wir den Krieg in allerkürzester Zeit wieder auf dem Halse haben, denn unser Hauptfeind Rußland wird sich ganz bestimmt schneller erholt haben, als wir, und es wird ganz bestimmt sein Ziel auch in Zukunft nicht aus den Augen lassen, weil der ganze Gang seiner Entwicklung in innerer Logik es immer gegen uns herantreibt. Und Italien wird sich wenigstens nicht langsamer erholen als wir, und wird Rußlands ständiger Mitläufer bleiben, denn nur an der Seite Rußlands und niemals durch uns, kann es seine Ziele: die Gebiete an seiner Nordostgrenze und ein Kolonialgebiet in Kleinasien erwerben. Zwischen Rußland und Italien eingeschlossen, haben wir in diesem Friedensschlusse zu erreichen, daß keiner der beiden Feinde je wieder ein Einbruchstor gegen uns zur Verfügung habe. Dieser Forderung kann nur auf einem einzigen Wege und nur durch die Verwirklichung eines ganz bestimmten Kriegszieles entsprochen werden. Die Nichterreichung dieses Zieles würde uns zum Opfer einer fortgesetzten Kriegspolitik Rußlands und Italiens machen. In dieser Hinsicht also ist uns eine ganz bestimmte Marschroute für die Beschreitung der Friedensverhandlungen gegeben. Ebenso notwendig aber ist auf der andern Seite, daß wir innere Verhältnisse schaffen, deren straffe Festigkeit und wohlorganisierte Ordnung jede Hoffnung der Feinde auf ihre Erschütterung ausschließt. Die innere Organisation muß die sparsamste und engste Zusammenfassung aller Kräfte ermöglichen, damit wir möglichst bald die Kriegsschäden ausgeglichen haben, und finanziell und militärisch wieder vollkommen bereit sind. Nur dann werden wir tatsächlich Frieden und eine gesunde wirtschaftliche Entwicklung haben. Fehlt es aber an der Sicherung nach außen und an der Ordnung im Innern, so werden wir überhaupt gar nicht zum Genusse des Friedens kommen, sondern in dauernder Gefahr schweben und die Zeit nach dem Weltkriege wird ganz derjenigen gleichen, die ihm voranging, oder sie wird vermöge des Druckes der finanziellen Lasten noch unerträglicher werden." In: Soldaten-Zeitung, Nr. 41 (18. März 1917), S. 2–3.

[68] Es handelt sich um eine Hommage an den erklärten Pazifisten Franz Blei. Vgl. KA / Band 12 / Essays.

zu „rüsten“ sucht, indem er ihm die Leviten liest. „Es bedarf nicht viel Optimismus für die Überzeugung“, heißt es im Artikel „Der Nörgler und der neue Österreicher“,

> *„daß es gelingen wird, und daß die Berufsnörgler, die sich unter dem Wort Kompromiß nur das Wort Fortwursteln denken können, Unrecht haben werden. Die Zeit und alle Bedingungen sind dafür; der große Krieg hat für Staatsmänner von Einsicht und Tatkraft Atem- und Ellenbogenfreiheit geschaffen. Und den Schwung eines großen Gedankens fühlen wir alle in uns schon lebendig und werdend, wenn er auch noch nicht Form gewinnen konnte: der österreichische Staatsgedanke, das Staatsbewußtsein, das durch diese ernste Zeit in uns wachgerüttelt wurde.*[69]

Im 54. Kapitel des *Mann ohne Eigenschaften* wird „die österreichische Staatsphilosophie des Fortwurstelns“ näher beschrieben.[70] All diese Beiträge, von denen bisher nur ein Bruchteil näher untersucht worden ist, sind durch ein dichtes Netz sprachlicher und stilistischer Merkmale miteinander verbunden.[71] Viele spätere Musilsche Wendungen und Begriffe finden sich zunächst in der *Soldaten-Zeitung*, in der seine Ideen sich mit den aktuellen strategischen Absichten der Militärführung vereinen. Musil schrieb und redigierte, um es verkürzend zu sagen, hoch offiziell für das HGK und seinen Kommandanten Alfred Krauß, verband mit dieser Pflicht jedoch offensichtlich auch seine ganz persönliche Note, eine Utopie, eine Weltanschauung und kulturpolitische Interessen. Es war für den Autor eine praktikable Gelegenheit, schreibend Ideen umzusetzen, der Gesellschaft einen Spiegel vorzuhalten und sie zu kritischem Denken und moralischer Verantwortung zu erziehen.

---

[69] „Der Nörgler und der neue Österreicher“, in: Soldaten-Zeitung, Nr. 28 (17.12.1916), S. 3–4.

[70] KA / Bd. 1 / Der Mann ohne Eigenschaften, Kap. 54.

[71] Regina Schaunig: Viribus unitits. Robert Musils Schreiben n kollektiver Anonymität. In: Musil-Studien 31. Hg. von Norbert Christian Wolf und Rosmarie Zeller. Berlin 2011, S. 203–223. Vgl. auch Elena Giovannini: Robert Musils Beiträge in der „Soldatenzeitung“. Dissertation Universität Pescara, S. 41f. Eine Kurzfassung der Dissertation erschien im Musil-Forum: Elena Giovannini: Der Parallel-Krieg. Zu Musils Arbeit in der „Soldatenzeitung“, in: Musil-Forum 13/14 (1987/88), S. 88–99. Giovannini differenziert in ihrer Dissertation zwischen „gesellschaftlich-politischen Anschauungen“ und Propagandaformulierungen Musils. Die pädagogische Ausrichtung der dem Autor zugeschriebenen Texte und die Verwendung damals allgegenwärtiger Phrasen wird von ihr nicht gewertet und mit dem Hinweis auf das Publikationsorgan („Musil schreibt so, wie es in einer solchen Zeitung [einem Agitationsblatt] angebracht ist“) und eine ähnliche Position Franz Grillparzers entschuldigt, der ebenfalls während der Revolution von 1848 eine Auflösung der Habsburger-Monarchie befürchtet hatte (vgl. S. 50 bzw. 141).

Ehe Redakteur Hauptmann Musil zur Form seiner politischen Leitartikel findet, verfasst er gleichsam als „Einstandstext" einen kriegsverherrlichenden Prosatext, den die germanistische Forschung zwar kennt, doch ungern zitiert. Dass die kleine „Heldenerzählung" *„Aus der Geschichte eines Regiments"* tatsächlich von Musil stammt, hat Karl Corino durch Tagebuchstellen eindeutig belegt.[72] Um einen Eindruck von diesem Text zu geben, sollen hier zwei Absätze zitiert werden:

Diese Nacht war zum Schneiden dunkel; wer zwischen den Häusern hintastete, stieß mit den Augen an Finsternis wie Holz. [...] Dort wanderten manchmal langsam schwarze Büsche in Mulden und Furchen oder standen unförmig still; Patrouillen. Kleine Zettel krochen zurück oder liefen im Dorf ein, vom Tuten des Feldtelephons gemeldet, das so melancholisch ist, wie der Pfiff nächtlich einfahrender Dampfer. Dort setzte sich das Mosaik kleiner, oft widerspruchsvoller Meldungen zusammen und aus der Nacht wuchs bei Kerzenschein der Gegner, wie er längs der großen Straße nördlich des Berges stand, mit den Flügeln sich an stark befestigte Höhen lehnte und mit fieberhafter Eile an der Ausgestaltung seiner Stellungen arbeitete.

Für den nächsten Tag wurde der Angriff festgesetzt. In dieser Nacht aber meldeten die Patrouillen, daß Nebel eingefallen sei. Dann Regen. Wie mit nassen Fetzen wischte der Wind durch die Gräben und Mulden; dann zogen die Schwaden zwischen den Häusern durch, dann der Regen; dann blieb er zwischen den Häusern stehen.[73]

Die gespenstische Szene weicht schließlich einem Nahkampf, den der Autor nicht nur in seinem blutigen Naturalismus schildert, sondern auch mit entsprechendem Heldenpathos untermalt. „Mörderisches Infanteriefeuer" des Feindes, schreibt er, wirke

wie Erlösung, wie ein Bad, das man nach staubiger Wanderung erblickt. Die Leute sind nicht mehr zu halten; so wie einer sich auskleidet, fliegen die Rucksäcke zu Boden und ein ungestümes Vorarbeiten beginnt. Von Baum zu Baum, Deckung zu Deckung; Offiziere voran. In einem Nu liegen sie vor den starken Drahthindernissen und drängen sich freiwillig zum aufopferungsvollsten Heldendienste: im feindlichen Nahfeuer den

---

[72] Karl Corino: Robert Musil, Aus der Geschichte eines Regiments, in: Studi Germanici 11 (1973), S. 109–115.

[73] Soldaten-Zeitung, 26. 7. 1916 (Literarische Beilage).

Weg durch die Hindernisse mit Drahtscheren freizulegen. Die erste Reihe wird vom Hieb der Maschinengewehre niedergemäht, neue stürzen hervor. Einer sinkt von einem Brustschuß getroffen in die Knie und arbeitet weiter, bis er den tödlichen Kopfschuß erhält; ein dritter mit dem Spaten. Die übrigen tun, was sie nur können, den Gegner niederzuhalten. Auch die eigenen Maschinengewehre sind inzwischen nachgekommen und beginnen zu spielen. Das Gefecht stockt auf Minuten. Wahnsinniges Feuer des Gegners reißt Löcher mit blutenden Rändern in die Masse. Die Reserve der ersten Linie wird eingesetzt. Ein unwiderstehlicher Antrieb schleudert die erste Menschenwoge in die Stellung. [...][74]

Wie Musil dazu kommt, diesen Text zu schreiben, erklärt der Aufruf, den er als Schriftleiter der *Tiroler Soldaten-Zeitung* vom 6. August 1916 an die „Kameraden" im Feld ausschickt. Indem er um Beiträge aus dem Schützengraben bittet, erläutert er die Aufgabe eines „Dichters" im Krieg: Es gehe darum, „die seltsame und große Gegenwart fest[zu]halten", was man „an Gefahr alles mitgemacht" hat, „das Lebendige, niemals Erdenkbare" darzustellen, das den Soldaten „in jeder Minute umgibt".[75] Der einfache Soldat wird aufgefordert, „Vorbeiblitzendes, mit Jägeraugen Erhaschtes" festzuhalten. Musil entwickelt in dem Aufruf zugleich eine Art Poetik des „anderen Zustands" und gelangt zu einer Umwertung bisheriger ästhetischer Kategorien: „Der Mann, der täglich Gefahr und Entbehrung erträgt, schreibt anders als einer, der sich das bloß vorstellt!" Und dieser einfache, der Unbill kriegerischer „Reality" ausgesetzte Mensch wird nun zum Dichteramt berufen: „Man muß nicht Verse machen können, um ein Dichter zu sein: ein Dichter sieht die Dinge wie zum ersten Mal; jeder Soldat, der sich unbefangen von dem Rechenschaft gibt, was er sieht, wird ein Dichter", schreibt die Redaktion. Die Forderung, dass ein Autor möglichst nahe an den Tatsachen und unter dem Eindruck unmittelbarer Erlebnisse schreiben sollte, setzt Musil auch in seiner „zivilen" poetischen Methode um.[76] In diesem Sinne bildet der Krieg für den Autor (und seine „Mitarbeiter an der Front") gewissermaßen eine einmalige Gelegenheit, „das Lebendige, niemals Erdenkbare" schreibend festzuhalten: „Denn – ohne Übertreibung – ist doch das, was man an der Front seit zwei Jahren erlebt hat, rein als Erlebnis betrachtet, das noch nicht da war, etwas

---

[74] Ebd.

[75] „Kameraden, arbeitet mit!", in: Tiroler Soldaten-Zeitung, Nr. 9, (6. 8. 1916), S. 3.

[76] Vgl. Michiko Mae: Motivation und Liebe: Zum Strukturprinzip der Vereinigung bei Robert Musil. München: Fink 1988 (= Musil-Studien 16).

Ungeheures." Die Schriftleitung (und damit Robert Musil) fordert für eine „Kriegszeitung" und teilweise für das gesamte Schreiben in Kriegszeiten einen anderen Stil: „Es muß anders aus ihr klingen, als man es sonst in den Zeitungen liest! Das Leben in unmittelbarer Nähe des Gegners muß es sein, das aus der Kriegszeitung spricht!" Diesen neuen „Klang" treffe nur jemand, „der täglich Gefahr und Entbehrung erträgt", nicht aber die „Hinterlandsdichter", *deren Phantasie ein Leibschaden vor der Berührung mit Dreck und Herrlichkeit des Lebens in der vordersten Linie schützt. Die auch den Etappenraum mit seinen bunten Wundern nicht sehen können, weil ihn nur der begreift, der ihn nach wochenlangen Entbehrungen zum ersten Mal wie ein Märchen von Üppigkeit und Bequemlichkeit widersteht. Diese Zivildichter werden sehr gute Dichtungen schreiben, die alle den Krieg behandeln werden; aber das, was die an ihm geliebt haben, die mit offenen Augen schweigen, das wird dahin sein, wenn wir es nicht festhalten.*[77]

Der französische Sozialphilosoph Pierre Bourdieu schlägt in ähnlichem Sinn als Methode der Geisteswissenschaften eine konkrete Verbindung von Theorie und Empirie vor. Er kritisiert, dass viele wissenschaftliche Darstellungen dem „Blick des Generals" vom Feldherrnhügel entsprechen, einer Überschau aus der Ferne des Geschehens, wo einem nicht „die Kugeln um die Ohren fliegen" wie Stendhals Helden Fabrizio im Roman *Die Kartause von Parma*: „Tatsächlich genügt es", räsoniert Bourdieu in einem seiner Interviews, „sich einmal an die vorderste Linie zu begeben, damit der Blick auf die Gesellschaft ein grundlegend anderer wird."[78] Die Forderung, sich als Autor an Erlebtes und an die „Tatsachen" zu halten, übernimmt Musil aus dem Programm des literarischen Naturalismus und vom wissenschaftlichen Postivismus, insbesondere der experimentellen Psychologie.

Im Leitartikel „Der Nörgler und der neue Österreicher", der mit großer Wahrscheinlichkeit Musil zugeschrieben wurde, spricht die Schriftleitung von einer neuen „weltweite[n] Wirklichkeit", in die der Krieg den Menschen „hineingerissen" habe. „Wir ballen nicht mehr die Faust im Sack oder in der Luft, sondern um den Gewehrschaft."[79]

---

77 „Kameraden, arbeitet mit!", in Tiroler Soldaten-Zeitung, Nr. 9 (6. 8. 1916), S. 4.

78 Pierre Bourdieu – Der feine Unterschied. Eine Dokumentation des Hessischen Rundfunks aus dem Jahr 1981. In: http://www.youtube.com/watch?feature=player_detailpage&v=gQSYewA03BU (abgerufen am 20. 5. 2013, 10 Uhr).

79 „Der Nörgler und der neue Österreicher", in: Soldaten-Zeitung, Nr. 28 (17.12.1916), S. 3–4.

Zum Weihnachtsfest 1916 erscheint ein Beitrag mit dem Titel „Heilige Zeit", der ebenfalls mit hoher Wahrscheinlichkeit Musil zugeschrieben wird. Hier ist zu lesen:

Statt Christbaumkerzen Leuchtkugeln. Statt Watteflocken auf geputzten Bäumchen drei Meter Schnee, aus dem kaum die grünen Spitzen herausragen. Willst Du Blei gießen und eine Frage an das Schicksal stellen, so geh hin, wo vorn bei den Posten im Dunkel da und dort ein Gewehreinschlag aufspritzt. Statt Engelchören zieht von Zeit zu Zeit eine Granate singend durch die Luft. So feiern die Schützengräben Weihnacht und Jahreswende.[80]

Nirgends sonst in seinem Werk spricht Musil so pragmatisch direkt – man könnte sagen volkstümlich – und mit einer ähnlichen pädagogischen Tendenz über Themen der Kulturpolitik, des Schulwesens, der Moral, des Beamtentums, der Wirtschaft, des Nationalismus, der Innen- und Außenpolitik wie als „Kriegsjournalist". Die „Schriftleitung" der Soldatenzeitung wird zur leidenschaftlichen Aufklärerin, Erzieherin und Kritikerin im Interesse der Erneuerung Österreichs – aus dem Krieg.[81] Der pädagogische Auftrag wird in vielen Fällen recht humorig umgesetzt, wie ein Zitat aus dem Leitartikel „Opportunität" veranschaulichen soll:

Es gibt sieben Todsünden; eine achte aber gibt es in Österreich. Die österreichische Todsünde heißt die Opportunität. Opportunität ist ein herrliches und herrschaftliches Wort! es hat ein tu nit in der Mitten. Es ist ein Wort, das braucht kein Wissen und kein Gewissen, denn es hat ein tu nit in der Mitten. Es macht nicht viel Sorgen, Nachdenken, Aufregung und Anstrengung, denn tu nit, tu nit, scheucht wie eine Zauberwurzel jede Unbequemlichkeit fort.[…] Aber eins glaub' nicht; wenn Du das und das folgende liest, glaub nicht, lieber Leser: Du nit.[82]

Es sind Predigten, die allwöchentlich die Druckerpresse in Bozen verlassen. Korrekt und fehlerfrei in der Orthografie, zuweilen Lutherisch scharf im Ton, wenn das Verhalten von Beamten, Ministern und Parteien aufs Korn genommen wird, und durchwegs von einem lei-

[80] „Heilige Zeit", in: Soldaten-Zeitung, Nr. 30 (31. 12. 1916), S. 3.

[81] Das Heraklit-Zitat „Der Krieg ist der Vater aller Dinge" steht in Musils nachgelassenen Überlegungen neben der Formel Panta rhei.

[82] „Opportunität", in: Soldaten-Zeitung, Nr. 23 (12. 11. 1916), S. 2–3.

denschaftlichen, fast revolutionären politischen Veränderungs- und Wahrheitswillen getragen. Hinter den für zivile und militärische Beobachter etwas sonderbar anmutenden Feldzügen gegen Parteienmissbrauch, Parlamentarismus, Föderalismus, Pazifismus und Irredentismus könnte es sich durchaus um einen von Krauß angezettelten Privatkrieg handeln, den er – unter Benützung des „willigen Werkzeugs“ eines begabten Schriftführers – um mehr politischen Einfluss innerhalb der Armee und der österreichischen Innenpolitik führte. Der politischen Vor- und Querdenker Alfred Krauß kommt zudem auch als Vorbild für die Figur des Generals Stumm von Bordwehr im *Mann ohne Eigenschaften* in Frage, zumal Musil an ihn noch im Frühjahr 1938 ein persönliches Schreiben richtet, in dem er ihn um Intervention im Zusammenhang mit einem Pensionsansuchen bittet.[83] Auch in seinem Brief an Ministerialrat Karl Schönauer erwähnt Musil den Kommandanten des Bozener HGKs als Gewährsmann.[84]

Das strategische Zusammenwirken des Kommandanten und seines pflichtbewussten Redakteurs und der politische „Marschbefehl“, unter den Musil gestellt war, liefert einen zusätzlichen Erklärungshintergrund für die eingangs erwähnte Wandlung des Schriftstellers durch

[83] Musil schreibt hier u.a.: „Euer Exzellenz sehr geehrter Herr General der Infanterie! Der Aufruf Eurer Exzellenz, daß sich Kriegsteilnehmer, die in Not geraten sind, an Sie wenden mögen, entschuldigt dieses Schreiben. Ich habe als Landsturmoffizier unter Ihnen sowohl an der Front gedient als auch beim Kommando der Heeresgruppe Erzherzog Eugen, wo ich Herausgeber der ‚Soldaten Zeitung‘ gewesen bin, die immer in einer sehr freimütigen Weise und, wenn ich nicht irre, in Ihrem Sinne für den engsten Anschluß an Deutschland eingetreten ist. Ich bin für diese Dienstleistung als Oberleutnant mit dem Ritterkreuz des Franz Josef Ordens ausgezeichnet worden und vorher für tapferes Verhalten vor dem Feinde mit dem Signum laudis. Sollten sich Euer Exzellenz aus dieser Zeit an mich und vornehmlich an die ‚Soldaten Zeitung‘ erinnern, so wäre mir eine Bestätigung dessen unter Umständen von großem Vorteil, denn ich befinde mich in einer meines Namens als Dichter unwürdigen Lage und habe ein Gesuch an die Regierung um Zuerkennung einer Pension gerichtet. [...]“ KA / Bd. 19 / Wiener und Berliner Korrspondenz 1919–1938.

[84] Vgl. Robert Musil an Karl Schönauer am 18. Mai 1938: „[Es] erscheint es mir als gegeben, darauf hinzuweisen, daß ich auch schon während des Krieges, und zwar nach einer meinen Frontdienst beendenden schweren Erkrankung, als Herausgeber und Schriftleiter der ‚Soldatenzeitung‘, die beim Heeresgruppenkommando Erzherzog Eugen erschienen ist, auf die engste Einheit zwischen den beiden Reichen, die damals zu fordern möglich war, hingewirkt habe. Das ist, soviel ich weiß, nach den Intentionen des Herrn Generals der Infanterie Alfred Krauss geschehen, der damals Generalstabschef dieses Kommandos gewesen ist und sich meiner Tätigkeit vielleicht noch erinnern dürfte.“ In: KA / Bd. 19 / Wiener und Berliner Korrspondenz 1919–1938.

den Krieg. Musil tat als verantwortlicher Schriftleiter freilich noch weit mehr als die zentralistischen Staatsphantasien seines Vorgesetzten auszubreiten. Denn er begnügt sich nicht mit dem Predigen von Heldenmut und Patriotismus, sondern geht, mitunter etwas spitzfindig, auf die Feinheiten des österreichischen Charakters ein, die es da und dort zu korrigieren oder zu erlernen gelte und betreibt ganz nebenbei auch Kulturpolitik in eigener Sache.

Nach Auflösung der *Tiroler Soldaten-Zeitung* im April 1917 wird Musil dem Kommando des „Löwen vom Isonzo", General Boroević von Bojna unterstellt und im Kanzleidienst in Adelsberg und Marburg eingesetzt. Von den letzten drei Isonzoschlachten (12. Mai–27. Oktober 1917) ist er als Soldat nicht mehr unmittelbar betroffen. Ab März 1918 wird der inzwischen dekorierte und auf Betreiben seines Vaters in den Adelsstand versetzte Autor für eine Sonderaufgabe im Kriegspressequartier (KPQ) in Wien vorgesehen. Man bestellt ihn neuerlich zum Chefredakteur und offiziellen „Eigentümer" eines Soldatenblattes, der *Heimat*, die ab 7. März erscheint. Die *Heimat* gibt es bald auch in einer tschechischen und ungarischen Ausgabe. In Wiener KPQ steht Musil ein illustrer Kreis von Autoren als Mitarbeiter zur Verfügung, darunter Franz Blei, Alexander Roda Roda, Albert Paris Gütersloh und Egon Erwin Kisch. Von dem Soldatenblatt, das bis 24. Oktober 1918 produziert wird, sind heute nur mehr die Hälfte der Nummern erhalten.

Auch wenn Musil in der Wiener Redaktion keinen Feldherrn wie Krauß zum Vorgesetzten hat, setzt er, in etwas abgeschwächter Form, mit der *Heimat* im Wesentlichen die Linie der erfolgreichen *Soldaten-Zeitung* fort. Wieder ist das Blatt formal und inhaltlich straff durchorganisiert und bietet eine Mischung aus politischen Leitartikeln, Informationen, Leserdienst und Feuilleton. Musil fügt auch bald eine literarische Beilage mit dem Titel *Der Heimkehrer* hinzu, die sich gleichfalls nicht erhalten hat. Politische Richtung, Stil und „Zweck" des Propagandaorgans werden auf einem Flugblatt zur ersten Ausgabe im Detail erläutert:

Jenen Einflüssen, die verwirrend auf die Front wirken, entgegenzuarbeiten [...]. Österreichs Vaterlandskenntnis und Vaterlandsliebe in geeigneter Methode durch Aufklärungen aus Gegenwart und Geschichte zu vertiefen. Die wichtigsten Fragen des Krieges in überzeugender Form mit Daten und Zahlen zu behandeln. [...] Jede Polemik, alle Parteistreitigkeiten müssen fern bleiben, Politik darf nur in jenem Maße behandelt werden, als es das Staatsinteresse und militärische Rücksichten erfordern. [...] Die Zeitung soll durch sich selbst aufklärend und überzeugend wirken.[85]

Leicht lesbar und informativ, enthält die Berichterstattung Zahlen und Fakten in sorgsam ausgewählter, interpretierter (und zensurierter) Form. Über Leitartikeln, Kommentaren und Feuilletonbeiträgen walten unverhohlen pädagogisch-propagandistische Absichten. Der innerpolitische „Privatkrieg", die „Polemik" gegen einzelne Parteien, staatliche Misswirtschaft und das moralische „Kanzelpredigen" haben aufgehört. Aus Briefen seiner Frau Martha Musil geht hervor, dass den Autor die Arbeit in seiner *Heimat*-Redaktion zuweilen langweile, dass er jedoch nach wie vor selbst zur Feder greift, um patriotische Leitartikel zu verfassen.[86] Im offiziellen KPQ-Bericht vom 15. August 1918 wird der Erfolg des Militärblattes mit den Worten zusammengefasst: „Die Heimat ist der Feindespropaganda energisch entgegengetreten und versucht das allgemeine Vertrauen in die Kraft der Monarchie zu festigen."[87]

Auch Zeitlos-Liebenswürdiges findet sich in Musils *Heimat*, wie der für diesen Beitrag titelgebende Text „Zeit der Ellenbogen". Darin ist zu lesen:

Es war einmal ... Es gab eine Zeit, in der braves Zurücktreten, bescheidenes Platzmachen, liebenswürdiges Entgegenkommen zu den höchsten Tugenden, wenigstens im Verkehr auf Straße und Straßenbahn, im Kaufladen und Wirtshaus, galt. [...] Gestern traf es sich, daß ich neben eine barmherzige Schwester in die Tramway einzusteigen kam; die Tramway war natürlich voll besetzt und eine Menge Leute drängten sich an der Haltestelle an sie heran. Bisher, auch schon in Friedenszeiten, [...] wo es nie besondere Kunst ist, hatte ich es noch immer zustande gebracht, meinen Platz zu erobern; ich kam immer hinauf, wenn ich richtig wollte. Nun wollte ich, weil ich es ausnahmsweise nicht gerade besonders eilig hatte, diesmal der Barmherzigen den Vortritt lassen. Aber was geschah? Sie war natürlich zimperlich, ließ sich zurückdrängen, von einem Feldwebel zunächst, dann

---

85 Titellose Ankündigung auf einem Flugblatt, das der ersten Nummer der Heimat vom 1. Juli 1918 beigelegt war.

86 „Robert hat einen politischen Artikel zu machen, der ihn furchtbar langweilt." KA / Bd. 18 Vorkriegs- und Kriegskorrespondenz 1895–1918 / Martha Musil an Annina Marcovaldi, 7. April 1918.

87 K.u.k. KPQ-Bericht über die Propagandatätigkeit vom 15. August 1918, S. 2.

von zwei Kindern, dann von einer jungen schönen Dame, schließlich von einem im Laufschritt daherkommenden Packträger; ich stand, soweit es möglich war, in respektvoller Entfernung hinter ihr und konnte so die Eindringlinge nicht abwehren. Und zum Schluß fuhr die Tramway davon und wir zwei standen schön da und hatten das Nachsehen.

Jetzt nahm ich mir aber die Freiheit, der Barmherzigen, indem ich die Rolle des Weltlichen mit dem Geistlichen vertauschte, eine Predigt zu halten. Und sie handelte vom Ellenbogen. [...] wenn wieder schönere Zeiten kommen, dann meinetwegen kann man wieder fein bescheiden sein und „bitte schön" sagen, aber ein bißl muß die Erfahrung des Krieges weiterwirken.[88]

Auf die zahlreichen feuilletonistischen bis politischen und populärwissenschaftlichen Beiträge der Wiener Militärzeitung kann hier aus Platzgründen nicht eingegangen werden. Die Bozener friedenspolitische Utopie eines „neuen Österreich" wird im Heimatblatt weiter propagiert, wenn auch ohne die kritischen Seitenhiebe gegen Politiker, Beamtenschaft und Parteien.

Der von Beginn an dem Kriegspressequartier zugeteilte Stefan Zweig verliert den Glauben an die sogenannte „guten Sache" bereits nach kurzer Zeit. Während er noch zusammen mit dem Militärhistoriker Alois Veltzé die Zeitschrift *„Donauland"* herausgibt, nützt er seine Reiseerlaubnis in die neutrale Schweiz, um sich dort 1917 im Rahmen der Aufführung seines Dramas *„Patrioten"* erstmals öffentlich als Pazifist zu bekennen. In ähnlicher Weise macht sich auch bei den übrigen Dichtern und Intellektuellen der Mittelmächte nach ein bis zwei Kriegsjahren Ernüchterung breit. Ohne dies in irgendeiner Weise werten zu wollen, kann man von Musil sagen, dass er in seiner politischen und vorsichtig bellizistischen Haltung während der Kriegsjahre und ebenso danach beharrt, indem er eine konsequente Linie verfolgt, wenngleich er dies ab 1918 mit gemischten Gefühlen tut. Doch leugnet oder beschönigt er das sog. „Sommererlebnis" von 1914 nicht und schreckt auch nicht – wie es von ihm als Militärzögling erwartet wurde – angesichts des immer grausamer und aussichtsloser werdenden Kriegsgeschehens zurück. Er hält als Schriftleiter seiner beiden Soldatenzeitungen bis zuletzt „die Stellung", sucht jedoch, wie die unter seiner Leitung geschriebenen Artikel zeigen, nüchtern und ganz gezielt von Anfang an nach möglichen Lösungen für einen ehrenhaften, politisch und volkswirtschaftlich vertretbaren Frieden.

---

[88] Heimat, Nr. 14 (6. 6. 1918), S. 3.

Auch wenn Pierre Bourdeaus Begriffspaar „Hexis“ und „Habitus“ nicht so unmittelbar auf die Haltung eines Autors übertragen werden können und nicht unbedingt zur Interpretation literarischer und Autor-biografischer Kontexte entwickelt wurden, bietet sich die Zuhilfenahme soziologischer Betrachtungsweisen für Musils Verhalten im Krieg geradezu an. Wie allgemein bekannt, sehen bereits seine Eltern für ihn die militärische Laufbahn vor, einen zur damaliger Zeit sozial und habituell eindeutig vorprogrammierten Weg. Nach der Volksschule tritt er in die in der Monarchie gehobenen Ständen vorbehaltenen Militärerziehungsanstalten in Eisenstadt und Mährisch-Weißkirchen ein. Sein Jugendfreund Gustav Donath berichtet: „Als Musil die Militärschule besuchte, [...] kam er [stets] nach Hause mit den goldenen Streifen am Kragen, denn Musil hat fast [...] alle seine Prüfungen und Studien mit Auszeichnung abgeschlossen.“[89] In seiner autobiografischen „Vorarbeit zum Roman“ erwähnt der Autor die auf die militärische Männlichkeit des militärischen Berufes gab ihm eine Überlegenheit gegen Gustl, der noch ganz Gymnasiast war.“[90] Er verfüge im Gegensatz zu dem Älteren, jedoch Schwächeren, nicht nur über einen durchtrainierten Körper, sondern sei allgemein „über die Jahre entwickelt“ gewesen. Dennoch wurden die Erwartungen des Militärzöglings „Robert“ enttäuscht: „Der enge kameradschaftliche und disziplinierte Geist war ihm zuwider geworden. Die Abenteuer verlockten nicht mehr, seit er sie nicht frei erleben konnte. Das Fatalistische eines hierarchischen Berufes schreckte ihn.“[91] Seine weitere Laufbahn führt ihn zur Literatur und zur Philosophie, Stationen, die bereits Ulrichs „drei Versuchen, ein bedeutender Mann zu werden“ ähneln.[92] Auch als Ingenieur und „Privatdozent der Philosophie“ eignet sich Musils Protagonist nach Pierre Bourdieu „kulturelles Kapital“ an. Ebenso bestehen Musils zivile akademische Titel „Ing.“ und „Dr. phil.“ parallel zu seinem mit 1. Januar 1903 erlangten militärischen Rang eines k.u.k. Leutnants der Reserve. Seine ökonomischen und „symbolischen“ Ressourcen – worunter Bourdieu soziale Anerkennung, Prestige und ‚Beziehungen‘ versteht – können mit denen seines Jugendfreundes Gustav Donath nicht schritthalten. Dessen Vater Eduard Donath springt wiederholt für Familie Musil ein, wenn es um die Vermittlung einer Stelle oder eines Stipendiums für den Autor geht. In der Person sei-

[89] KA / Dokumente – 1891: Musil-Donath.

[90] KA / Band 16 / Heft 4 / Vorarbeit zum Roman: Ein Romananfang.

[91] Ebd.

[92] KA / Band 1 / Der Mann ohne Eigenschaften 1, Kap. 9.

nes ängstlich-angepassten Vaters findet der junge Musil offensichtlich auch keine männliche Vorbildfigur, als solche dient ihm eher einer der „bedeutenden Männer“ der Geschichte, von denen er wiederholt Alexander den Großen und Napoleon erwähnt. Gleichsam als ‚Anschauungsmaterial‘ für das Bild des ‚Helden‘ stehen dem Militärzögling allerdings hochrangige Offiziere zur Verfügung, deren Haltung, Posen, Gang, Sprechweise und weitere äußere Gruppenmerkmale, die schon Aristoteles „Hexis“ nennt, er sich in ähnlicher Weise angeeignet haben könnte, wie Bourdieu dies beschreibt:

In allen Gesellschaften zeigen Kinder für die Gesten und Posituren, die in ihren Augen den richtigen Erwachsenen ausmachen, außerordentliche Aufmerksamkeit: also für ein bestimmtes Gehen, eine spezifische Kopfhaltung, ein Verziehen des Gesichts für die jeweiligen Arten, sich zu setzen, mit Instrumenten umzugehen […] verbunden mit einem jeweiligen Ton der Stimme, einer Redeweise […] ohne im Bewußtsein thematisiert oder erklärt werden zu müssen.[93]

Über die Nachahmung äußerer Verhaltensweisen übernimmt der Heranwachsende schließlich auch „Werte, Tugenden und Kompetenzen“, die ihn prägen und für ihn als Person konstitutiv werden – Bourdieu spricht davon, dass dem Betreffenden habituelle Merkmale „auf den Leib“ geschrieben werden.[94] Durch wiederholtes mimetisches Lesen der ihn umgebenden Körper seiner Habitus-Gruppe werden nach Bourdieu feine Unterschiede „unmerklich inkorporiert“.[95] Die als gruppentypisch erkennbaren äußeren Eigenschaften müssen ihren Träger jedoch nicht unbedingt in seiner geistigen und moralischen Handlungsfreiheit einengen, denn

[d]ie körperliche Hexis“ sei vor allem „eine ständige, unauschlöschliche Gedächtnisstütze, in der sich auf sichtbare und fühlbare Weise all die möglichen Gedanken und Handlungen, all die praktischen Möglichkeiten und Unmöglichkeiten eingeschrieben finden, die einen Habitus definieren.[96]

Die militärische Erziehung scheint Musils Haltung nachhaltig geprägt haben. Zu den wenigen lyrischen Versuchen, die sich in seinem Nach-

---

93 Pierre Bourdieu: Entwurf einer Theorie der Praxis. Frankfurt/Main 1979, S. 190.

94 Pierre Bourdieu: Sozialer Sinn. Frankfurt/Main 1987, S. 141.

95 Pierre Bourdieu: Die feinen Unterschiede, a.a.O., S. 138.

96 Pierre Bourdieu 1997: Die männliche Herrschaft, in: Irene Dölling, Beate Kreis (Hg.): Ein alltägliches Spiel. Frankfurt/Main 1997, S. 153–217, hier: S. 178.

lass erhalten haben, zählen auch Paarreime, wie sie in fröhlichen Soldatenrunden vorgetragen wurden. Unter anderem schrieb er:

Quält Dich der civilistsche Geist
Reiß aus ihn - es gelingt zumeist.
Wirf in Extas' das Aug nach oben
Zumeist wird man dafür Dich loben.
Wird Dir des Dienstes Mass' betrüblich
Zerreiß Dich nicht das ist nicht üblich [97]

Seinen Zeitgenossen fielen in seinem äußeren Verhalten durchaus altmodisch zu nennende „ritterliche Tugenden" auf, wie sie auch im Verhaltenskodex des *kakanischen* Soldaten festgelegt waren. Die Uniform, in die er sich bis zu den letzten Kriegstagen gesteckt sieht, wird ihm auch nach dem Zusammenbruch der Monarchie nicht zum einengenden ‚Panzer', er trägt sie, wie Karl Otten berichtet, zumindest noch im Januar 1919 in Form eines langen, wärmenden Mantels und einer Offizierskappe. Seine Art zu Sprechen, nämlich im „nasal-österreichischen Offizierston", bildet zeitlebens Musils Markenzeichen.[98] Soma Morgenstern gegenüber bekennt der Autor Anfang der 1920er-Jahre, dass er „stolz" sei auf seinen militärischen Rang und seine Teilnahme am Ersten Weltkrieg, und – er sei auch ganz allgemein „für Krieg". Morgenstern, ebenfalls Kriegsteilnehmer, doch grundsätzlich Pazifist, übte an dieser Einstellung Musils offen Kritik, was den mehr als zehn Jahre älteren Schriftstellerkollegen „bis in die Haarwurzeln" erröten ließ. „Es stellte sich heraus, daß er [Musil] für den Krieg war, weil er im Krieg ‚das große Erlebnis des Todes' erfahren hatte."[99]

---

[97] „Closet", lyrisches Fragment aus der Zeit von Musils Einjährig-Freiwilligenjahr in Brünn, 1901–1902, in: KA / Heft 4, Beilage 17.

[98] „Im Januar 1919, in Wien, an einem bitter kalten, von Schnee durchwehten Hungermorgen, durchwandere ich auf der Jagd nach etwas Eßbarem einen außerhalb unserer Domäne gelegenen Bezirk. Wahrscheinlich wärmte ich mich an irgendwelchen Illusionen vom Siege der Revolution, um meinen Hunger und das Gefühl der Einöde zu überwinden, als mir jemand den Weg vertrat. Erschrocken blickte ich auf - es war Musil, der, eine große Aktentasche unter den Arm geklemmt, hier auf die Trambahn wartete. „Ich bin mit dem Buchladen des Dichters unterwegs", knurrte er in seinem nasal-österreichischen Offizierston, der zu dem langen Offiziersmantel und der Kappe, die er immer noch trug, paßte. „Ich habe soeben das ‚Fliegenpapier' zum x-ten Male verkauft." KA / Dokumente: 1918 – Musils Nachkriegssituation.

[99] Soma Morgenstern: Musils Bellizismus in den frühen 1920er Jahren, in: Karl Corino (Hg.): Erinnerungen an Robert Musil. Wädenswil: Nimbus 2010 (= En face – Texte von Augenzeugen 2), S. 113. – Das Erlebnis des Krieges hat Musil unter anderem in seiner Erzählung „Die Amsel" dargestellt (vgl. KA / Band 8 / Nachlass zu Lebzeiten).

Nachdem der Autor die Uniform wieder mit Zivilkleidung vertauscht hat, wird er sich immer noch stets auffallend korrekt adjustieren, nämlich mit weißem Hemd, Schlips und Sakko. Und was seine Zeitgenossen noch mehr verwunderte, war, dass er diese ‚Uniform' auch den ganzen Tag über anbehielt, so dass er nie ohne Schlips am Schreibtisch saß und arbeitete. Verreisten er und seine Frau, so hatte Martha Musil stets dafür zu sorgen, dass seine Anzüge, auf Kosten der eigenen Garderobe, im Kasten links und rechts genügend Freiraum hatten, um nicht zu zerknittern. Die tadellose äußere Erscheinung Musils besitzt viel von einer „Gedächtnisstütze", die mithalf, ein intellektuelles, wissenschaftliches und literarisches Niveau oder ‚Berufsethos' über die Jahre aufrecht zu erhalten.

Musils soziales Umfeld, in das er eingepasst wurde und sich eingepasst hat – war also neben der Wissenschaft das Militär! Er suchte außerhalb der exakten Wissenschaft und des Militärs ähnlich klare Strukturen, so etwa in der Dichtung, deren vage Gefühlssprache er der Regie „ratioïder" „Tatsachen" überantwortet haben wollte.[100] Auf „Ordnung"-Suche geht er nicht nur in Angelegenheiten der Seele, sondern auch des ‚zivilen' Geistes und des menschlichen Charakters, wie in zahlreichen Studienblättern zum *Mann ohne Eigenschaften* nachzulesen ist.[101] Musil selbst entfernt sich als Autor in dieser Beziehung nicht weit von der von ihm ausgesprochen sympathisch gezeichneten Figur des Generals Stumm von Bordwehr, der sich in Kapitel 85 des Ersten Buches bemüht, „Ordnung in den Zivilverstand zu bringen".[102] Schon Musils penibel durchorganisierte Suche nach „O." (seine Abkürzung für „Ordnung") in seinen Romanstudien erweckt den Eindruck, hier marschiere eine Ein-Mann-Armee nach genauem strategischen Plänen, um sich das Gebiet der ‚Zivilseele' zu unterwerfen. Er war ein Autor „im Dienst" eines positivistischen Dichtungsbegriffs, er hat sein Werk quasi in ‚Uniform', der Uniform eines Gelehrten, eines ‚Beamten', geschrieben. Militärische Eigenschaften waren jedoch zweifellos in seinem Habitus gespeichert, beeinflussten sein soziales Aktionsfeld und bestimmten den Raum seiner Lebensspiele respektive seines Schreibens. Wenn Musil versucht, den Charakter des Österreichers neu zu ‚erfinden', so geht es ihm auch in späteren Jahren ähnlich wie damals

[100] Vgl. KA / Band 8 / „Skizze zur Erkenntnis des Dichters", S. 167.

[101] Die Ordnung des Geistigen (und gleichzeitig der den Roman aufbauenden Ideen) verfolgt Musil etwa in seinen „Ideen-Einzelblättern" der späten 1920er-Jahre (vgl. KA / Mappe I/1), aber auch in verschiedenen früheren und späteren Studienblättern des Nachlasses.

[102] KA / Band 1 / Der Mann ohne Eigenschaften, S. 589–607.

als Bozener Chefredakteur: er konstruiert weniger eine Gesellschaft als ein (ideales) Staatswesen, er konstruiert weniger ein „Feld" sozialer Strukturen[103] als eine Ethik, und: er konstruiert einen intellektuellen und literarischen Habitus, der, aus der Grundhaltung des wehrhaften Soldaten heraus, die Tugenden des großbürgerlichen Gelehrten, Ingenieurs, Mystikers und Abenteurers in sich vereint.[104]

Musil leitet aus den historischen Ereignissen, dem großen, vor seinen Augen durchgeführten moralischen „Gesellschaftsexperiment", philosophische Thesen ab, die auf den Lehren Ernst Machs und der Berliner Gestaltpsychologie gründen. „[D]ie Seele des Menschen ist eine hauchähnliche Masse," führt er in einem Kapitelentwurf zum *Mann ohne Eigenschaften* aus, „die sich an festen Berührungsflächen niederschlägt und selbst fest wird. Dieses Wesen ist ebenso leicht des höchsten sittlichen Aufschwungs fähig wie der Menschenfresserei."[105] Als Ausgangspunkt für das „Theorem der menschlichen Gestaltlosigkeit", eines Hilfsgedankens, den er ab 1920 auch in mehreren Essays behandelt[106] und den er im Fragment „Der deutsche Mensch als Symptom" wissenschaftlich zu formulieren versucht,[107] wird wiederholt

[103] Vgl. Pierre Bourdieu nennt seinen Begriff des sozialen „Feldes" „nur eine Metapher für soziale Kräfteverhältnisse". In P.B.: Die feinen Unterschiede, Dokumentation 1981.

[104] In diesem Zusammenhang fällt auch der Lebensstil des Protagonisten des Mann ohne Eigenschaften auf. Für Ulrich gehört das Wohnen in „einem Jagd- oder Liebesschlösschen vergangener Zeiten" zum „Inventar" seines Auftretens und seiner Klassenzugehörgkeit. (Vgl. KA / Band 1 / Der Mann ohne Eigenschaften / Kap. 2.) 26 Jahre davor beklagt der Held „Robert", dass er, obwohl bereits Student, in seinem Elternhaus ein Subklasse-Zimmer zugewiesen bekam: „Robert […] mußte sich [...] mit dem ehemaligen Kinderzimmer begnügen, auf einem ausrangierten Speisetisch seine Arbeiten ausbreiten und die großen Kleider- und Wäscheschränke in seinem Zimmer dulden, zu denen alle Augenblicke jemand kam, aufsperrte, Lärm verursachte und ohne viel Rücksichtnahme die Türen wieder schloß. Auf diese Weise wuchs etwas Ängstliches, Ungemütliches, Verfolgtes mit Robert groß. Zwischen diesem Zimmer, in dem er den größten Teil von zwanzig Jahren verbracht hatte, und ihm stellte sich kein haltbares Verhältnis her. Das Zimmer war groß, hatte zwei Fenster gegen den Garten und lag infolge der großen Bäume fast stets im Schatten. Über den größten Teil des Parkettfußbodens war ein Linoleumteppich gespannt, mit ganz abgetretenem Muster. Diesen Teppich mit den Fingern zu berühren, sich darauf hinzukauern oder sich zu wälzen war Robert unmöglich. Ein Gefühl des Unbehagens und Widerwillens sträubte sich dagegen. Er ging nicht einmal gerne darauf hin und her, gleichsam veranlaßt seine Berührung – selbst mit den Füßen – auf ein Mindestmaß einzuschränken." (KA / Heft 4, S. 91.) Die Passage erinnert an Bourdieus Beschreibung, wie durch unbewusste körperlich-sinnliche Erfahrungen habituelle Prägungen stattfinden. Er spricht vom „beruhigenden und diskreten Gleiten über den beigefarbenen Teppichboden ebenso wie dem kalten, nüchternen Kontakt mit grellfarbenem Linoleum, dem durchdringenden, scharfbeißenden Geruch von Putzmitteln wie dem unmerklichen Duft von Parfum." (Bourdieu: Die feinen Unterschiede, S. 137.)

[105] KA / Mappe II/1, S. 131.

die Erfahrung des Krieges herangezogen. Über aller Unsicherheit der Erkenntnis und allem Heraklitischen „Fließen" der Erscheinungswelt bewahrt sich Musil als biografische Person ebenso wie als Autor eine Konstante: die Haltung, den Habitus, dem nicht nur die Klassenzugehörigkeit zum gehobenen Bürgertum, sondern auch das Offiziersmäßige, Militärische eingeschrieben bleibt.

Musils Interesse am moralischen Experiment, das sich im Roman *Der Mann ohne Eigenschaften* und in kleineren, satirisch-utopischen Werkprojekten widerspiegelt, seine Forderung, die Wirklichkeit vorübergehend abzuschaffen, um sie anschließend durch einen wohl organisierten Stab von Weisen neu zu erfinden, seine These vom Möglichkeitssinn, den es im Interesse intellektueller und moralischer Fortschritte des Menschen zu erwecken gelte, verweisen unter anderem auf die Erfahrung des „Ausnahmezustands" des Ersten Weltkrieges, in dem die mitteleuropäische Lebensrealität tatsächlich „unvorbereitet. Alle Voraussetzungen umstürzend",[108] wie er sagt, abgeschafft wurde und einer neuen Wirklichkeit Platz gemacht hat. Der „Seismograph" Robert Musil[109] war als damals Mittdreißiger bereit, sowohl als Reserveoffizier als auch als Schriftsteller den völlig veränderten Tatsachen Rechnung zu tragen.

Die neu konstituierte österreichische Republik würdigt seine Loyalität, seinen Einsatz im Feld und als Redakteur nicht nur durch militärische Auszeichnungen, sondern auch in Form einer Anstellung im Staatsamt für Äußeres, dem späteren Bundesministerium für äußere Angelegenheiten und einer Weiterbeschäftigung als Fachbeirat im Staatsamt für Heereswesen, dem Vorläufer des heutigen Bundesministeriums für Landesverteidigung. Im Curriculum wird notiert:

1914–1918 als Offizier im Felde an der italienischen Front, zuletzt Landsturmhauptmann; Ritterkreuz des Franz-Josef-Ordens, Militär-Verdienst-Medaille mit den Schwertern, Kaiser-Karl-Truppenkreuz. Ende

---

[106] Vgl. KA / Band 12 / Essays / „Die Nation als Ideal und als Wirklichkeit" (1921), „Das hilflose Europa oder die Reise vom hundertsten ins tausendste" (1922), sowie KA / Band 14 / Essayistische Fragmente / „Der deutsche Mensch als Symptom" (unvollendet, ab 1923).

[107] KA / Mappe VII/11, S. 15 und S. 36–39.

[108] Das Ende des Krieges (1918). In: KA / Heft 19 bzw. Mappe IV/3/492–497.

[109] Die Empfänglichkeit Musils für Veränderungen des ‚Zeitgeistes' spiegeln sich vor allem in den Brüchen und wechselnden Konzeptionen seines großen Romans. – Vgl. Regina Schaunig: „Das Unfertige und das Ungeratene. Musils Vorstufen zum Mann ohne Eigenschaften in digitaler Edition. In: R. Nutt-Kofoth, B. Plachta, W. Wiesler (Hg.): editio. Internationales Jahrbuch für Editionswissenschaft. Tübingen: Niemeyer 2009, S. 109–146.

1918 bis Frühling 1920 als Vertragsbeamter im Staatsamt des Äußeren tätig gewesen. Herbst 1920 bis Ende 1922 als Vertragsbeamter, Fachbeirat, (zuletzt mit den Bezügen eines Obersten) im Staatsamt bzw. Bundesministerium für Heereswesen tätig gewesen.[110]

Als Musil mit Ende Februar 1923 als Fachbeirat gekündigt wird, legt er gegen die Kündigung Berufung ein, obwohl er in der Zeit vor dem Krieg ernstliche Schwierigkeiten mit jeder Art ‚außerschriftstellerischer' Büroarbeit hatte und 1913 wegen „hochgradiger körperlicher und psychischer Ermüdbarkeit" für mehr als ein halbes Jahr von seinem Posten als Bibliothekar beurlaubt werden musste.[111] Was damit gesagt werden soll, ist, dass er sich außerhalb seiner Tätigkeit als Schriftsteller offensichtlich am ehesten in einen militärisch strukturierten Brotberuf einzuordnen wusste.

Obwohl Musil in den Bozener und Wiener Redaktionsstuben zwischen 1916 und 1918 gleichzeitig Schriftsteller und militärischer Befehlsempfänger war, scheint er dies mit Engagement und Leidenschaft gewesen zu sein. Seine Identität als Autor erleidet in dieser Zeit keinen Bruch. Die Zusammenhänge zwischen seinen papierenen „Feldreden" und, wenn man so sagen darf, dem zivilen Teil seines Werkes sind unübersehbar und nur durch seine Einstellung auf ein wechselndes Publikum[112] und wechselnde historische Verhältnisse zu erklären. Der Schriftsteller Robert Musil war, wenn auch vorübergehend in einer politisch-ideologischen „Doppelrolle", vier Jahre seines Lebens Kriegsteilnehmer, Militärzeitungs-Redakteur, „Tendenzschriftsteller", Weltverbesserer, Demagoge, Sozialforscher, Empiriker, Aktivist – wie immer man es betrachten will, bevor – und wodurch – er zum Autor des *Mann ohne Eigenschaften* wurde. Über all seinen literarisch-ästhetischen Metamorphosen bewahrt er sich jedoch seine moralisch uniformierte Haltung.

---

[110] KA / Mappe III/3/, S. 1 (Curriculum vitae, Schreiber: Martha Musil).

[111] Ärztliches Attest Dr. Pötzls, am 3. April 1913: „Herr Dr. Robert Musil, K. k. Bibliothekar, wohnhaft III. Unt. Weissgerberstrasse 61, wurde mehrmals von mir ärztlich untersucht. / Derselbe leidet an den Erscheinungen einer schweren Herzneurose: Anfälle von Herzklopfen mit jagendem Puls, Palpitationen beim Einschlafen, Verdauungsstörungen verbunden mit den entsprechenden psychischen Erscheinungen: Depressionszuständen und mit hochgradiger körperlicher und psychischer Ermüdbarkeit." – Zitiert in: KA / Dokumente – 1913: Ärztliche Atteste.

[112] Karl Corino spricht davon, dass Musil sich während des Krieges teilweise in einem Umfeld bewegt, wo man weder lesen noch schreiben konnte und so schrieb auch er seine Beiträge „für ein ausdrücklich nicht-intellektuelles Klientel." – K.C.: Profil einer Soldatenzeitung, S. 79.

Walter Fanta

Irgendwie geht Ordnung in das Bedürfnis nach Totschlag über

General Stumm von Bordwehrs militärwissenschaftliche Konzepte

I. Aufmarschpläne

In Kapitel 85 von *Der Mann ohne Eigenschaften* legt General Stumm von Bordwehr Ulrich, seinem Freund und Berater bei der „Bemühung, Ordnung in den Zivilverstand zu bringen“, „eine ganze Anzahl loser, mit sonderbaren Aufzeichnungen und Strichen bedeckter Blätter“ vor, einen „Aufmarschplan“ des „mitteleuropäischen Ideenvorrats“:

„Ulrich betrachtete das Blatt mit Staunen. Es war nach der Art eines Meldezettels oder eben der militärischen Verzeichnisse durch Kreuz- und Querlinien in Felder geteilt, deren Eintragungen aus Worten bestanden, die einer solchen Anlage einigermaßen widerstrebten, denn er las in ärarischer Schönschrift die Namen Jesus Christus; Buddha, Gautama auch Siddharta; Laotse; Luther, Martin; Goethe, Wolfgang; Ganghofer, Ludwig; Chamberlain und viele weitere, die offenbar noch auf einem anderen Blatt ihre Fortsetzung fanden; sodann in einer zweiten Spalte die Worte Christentum, Imperialismus, Jahrhundert des Verkehrs und so weiter, an die sich in anderen Spalten andere Wortsäulen schlossen.“[1]

In entstehungsgeschichtlicher Ironie finden sich zwei doppelt beschriebene Blätter in Musils Nachlass,[2] welche diesem „regelrechten Generalstabselaborat“[3] mehr oder weniger die konkrete Anschauung liefern, zugeschrieben aber noch Stumms Vorgängerfigur, dem Rittmeister von Horn. Musil legte diese Zeichnungen 1921 oder 1922 an,

---

[1] Robert Musil: Klagenfurter Ausgabe (KA). Kommentierte Edition sämtlicher Werke, Briefe und nachgelassener Schriften. Mit Transkriptionen und Faksimiles aller Handschriften. Hg.v. Walter Fanta, Klaus Amann und Karl Corino. Unter Mitwirkung von Rosmarie Zeller. Klagenfurt: Robert Musil-Institut der Alpen-Adria Universität 2009 (DVD-Edition), Lesetext Band 1, Der Mann ohne Eigenschaften, Erstes Buch, S. 593. (Im weiteren zitiert als KA).

[2] KA, Nachlass, Mappe VII/1, S. 203–205. Siehe Anhang, Abbildung 1–3.

[3] KA, Lesetext Bd. 1, S. 597.

als der Roman noch den Titel *Der Erlöser* tragen sollte.[4] Gemeint ist mit diesem Titel in allerdings ironischer Weise auch die Erlösung der Welt durch das Militär bzw. den Militär. Davon später mehr. Zu der Figur des Rittmeisters Horn notiert sich Musil auf dem Manuskriptblatt vor den Zeichnungen folgendes:

„Er ist – schlechter Reiter und Abneigung gegen Reitkult – bei der Infanterie zur Dienstleistung zugeteilt. Hat ein Kabinett bei Anders, wofür sein Bursche zweiter Diener ist. Sein Sammel-Idealismus und später Liebe zu Agathe bewegen ihn dazu, Assistent Anders in Parallelaktion zu werden. Er hatte sich schon lange vorgenommen, einmal sich gründlich zu bilden. Er geht es systematisch an. Ihn zum Träger der Satire auf die Geistigen und den geistigen Inhalt der Zeit machen. Er entwirft zuerst eine Landkarte. Läßt sich die geistige Welt erklären. Die geistigen Hauptrichtungen (Lager) sind Länder: Sozialismus, Aristokratismus. Große Persönlichkeiten Berge darin. Marx – Engels - ihre Fortsetzer. Politische Parteien zeichnet er als Städte ein. Sie liegen auf einem Kamm oder dazwischen. Neutrale geistige Persönlichkeiten, die überall hinwirken und nicht Zentren der Parteibildung sind, trägt er als Flüsse und Seen ein.“[5]

Ich verzichte darauf, den Rest der vier Manuskriptseiten auszubuchstabieren. Die Intention dürfte deutlich genug geworden sein: der intellektuelle Horizont dieser liebenswerten, aber naiven Militärperson wird karikiert, das Ordnungsdenken des Militärs parodiert. Entstanden sind die Zeichnungen, während Musil im Staatsamt bzw. Bundesministerium für Heerwesen als Fachbeirat angestellt war und die Aufgabe hatte, das Offizierskorps in den Methoden der Geistes- und Arbeitsausbildung zu unterrichten. Wahrscheinlich fertigte er die Zeichnungen in der Dienstzeit an, die er intensiv für die Romanarbeit zu nutzen pflegte. Jedenfalls verwendete er auch das Papier des Ministeriums für Heerwesen dafür.[6]

Für die Entwürfe der Frühstufe des Romans ist charakteristisch, dass Anders, wie die Hauptfigur im ‚Erlöser'-Projekt noch heißt, bei den Bemühungen Horns, die Verhältnisse im Zivilgeist in Aufmarschplänen abzubilden, selbst Hand anlegt, auch er ist ja in militärischer

---

[4] Zur textgenetischen Interpretation dieser Skizzen in Musils Nachlass vgl. Sabine Mainberger: Ordnungen des Gehens. Überlegungen zu Diagrammen und moderner Literatur. Mit Beispielen von Claude Simon, Robert Musil u.a., in: Poetica 39 (2007), H. 1/2, S. 211–241.

[5] KA, Nachlass, Mappe VII/1, S. 202.

[6] Vgl. Nachlass, Mappe VII/1, S. 206. Siehe Anhang, Abbildung 4.

Logistik ausgebildet. Hier leuchtet ein gerüttelt Maß an Selbstironie durch: die Ideen-Aufstellungen, welche der Rittmeister mit Anders´ Hilfe produziert, sehen den Blättern zum Verwechseln ähnlich, die Musil selbst zur literarischen Ideen-Verwaltung beider Arbeit an seinem Roman produziert. Er entwirft auf Blättern, die er mit ‚L' (= Linien) signiert, von 1923 an ähnliche Aufmarschpläne, in denen er seine Romanfiguren verschiebt.[7]

II. Unvereinbare Logiken

Worin besteht eigentlich der Witz dieser pseudo-militärwissenschaftlichen Zugehensweise des Rittmeisters bzw. des Generals auf den „Zivilverstand"[8] mit Hilfe der Aufmarschpläne? In Notizen von 1927 legt Musil fest, dass Anders' epistemologische Kritik am Apparat der Wissenschaft zur Erkenntnis führt: „Die höchste Ordnung ist eine rein formale"[9]. Aus der Konfrontation mit dem ärarischen Ordnungsdenken des Rittmeisters ergibt sich der satirische Effekt. Meines Erachtens besteht er darin, dass das Ordnungsdenken des Militärs einer Logik gehorcht, die von völlig anderen Prämissen ausgeht als die Logik von Zivilisten, also zum Beispiel von Forschern in unterschiedlichen Wissenschaftsbereichen, oder von Kunst- und Kulturschaffenden, wie sie als Vertreter des Zivilverstandes in Diotimas Salon erscheinen. Die Logik des Militärs ist auf einen Zweck gerichtet, auf den Ernstfall, den Krieg, die gewaltsame Auseinandersetzung, ihre positive (siegreiche) Bewältigung. Die wissenschaftlichen Logiken der Zivilisten sind zwar teilweise auch auf einen Zweck gerichtet, zum Beispiel die der Medizin auf Heilung. Doch sie haben eine andere, nicht auf einen fertigen Zweck gerichtete Seite, mit dem Instrument der Induktion Wirklichkeit, im Fall der Medizin den menschlichen Körper, erfahrbar zu machen. Die Logik in der zivilen Ordnung von Wissenschaft, Philosophie, Kunst und Kultur erscheint dem Rittmeister bzw. General unverständlich, fremd, ja als feindliches Terrain. Doch das ist auch umgekehrt der Fall. Als der General Stumm von Bordwehr bei der Salonnière Diotima, der Hauptpräsentantin der Zivilisation in dem Roman, seine Aufwartung macht, löst er geradezu einen Schock aus:

---

7 Vgl. z.B. KA, Nachlass, VII/12/8. Siehe Anhang, Abbildung 5.

8 Titel des Kapitels 85: „85. General Stumms Bemühung, Ordnung in den Zivilverstand zu bringen" (KA, Lesetext Bd. 1, S. 589).

9 KA, Nachlass, Mappe VII/1, S. 144.

„Dieser liebenswürdige General versetzte Diotima in tödlichen Schreck. Es gab damals in Kakanien Familien, wo Offiziere verkehrten, weil ihre Töchter Offiziere heirateten, und Familien, deren Töchter Offiziere nicht heirateten, entweder weil kein Geld für die Heiratskaution vorhanden war oder aus Grundsatz, so daß dort auch keine Offiziere verkehrten; Diotimas Familie hatte aus beiden Gründen zu der zweiten Sorte gehört, und die Folge war, daß die gewissenhaft schöne Frau eine Vorstellung vom Militär mit ins Leben nahm, ungefähr so wie die Vorstellung eines mit bunten Lappen behängten Todes.“[10]

Es scheint, dass die beiden Ordnungen, die des Militärs und die der zivilen Gesellschaft, völlig unverbunden nebeneinander existieren, wie zwei getrennte Kreislaufsysteme in einem Organismus, also zum Beispiel das Blut- und das Lymph-Kreislaufsystem im menschlichen Körper. Verbunden sind sie durch das tertium comparationis im vergleichenden Diskurs zwischen dem General und Ulrich, dem Begriff der ‚Ordnung', und dem Begriff der ‚Logik', der in Musils Schreiben in eine merkwürdige, ironische Verbindung mit dem der ‚Logistik' tritt, repräsentiert durch die Hauptfigur des Romans. Ulrich in der Endfassung von *Der Mann ohne Eigenschaften* ist ja Mathematiker von Beruf. Seine Vorgänger Achilles und Anders in den diversen Vorstufen des Romans aber sind Dozenten der Philosophie, Spezialgebiet Logik, noch genauer Logistik. Nun sage ich nichts Neues, wenn ich auf die Doppelbedeutung des Begriffes Logistik verweise: „Die Logistik sorgt für die Sicherstellung der Verfügbarkeit insbesondere von Gütern, Ressourcen und Informationen“[11]. Heute wird der Begriff vor allem in der Wirtschaft angewendet, („Logistik ist Steuerung des Warenflusses“[12]), damals, zu Musils Zeit, war Logistik vor allem ein wichtiger ärarischer Begriff. Heute noch definiert sich militärische Logistik als „Lehre von der Planung, der Bereitstellung und vom Einsatz der für militärische Zwecke erforderlichen Mittel und Dienstleistungen zur Unterstützung der Streitkräfte und/oder die Anwendung dieser Lehre“[13]. In ihrer Ableitung von Logik bezeichnete Logistik in der Philosophie oder Wissenschaftstheorie aber – zu Musils Zeit, heute nicht mehr – auch das praktische Instrument der Wissenschaftslogik, wie in der Sprachphilosophie von Rudolf Carnap grundgelegt, etwa in dem Buch *Abriss*

[10] KA, Lesetext Bd. 1, S. 426.

[11] http://www.factbook.org/wikipedia/de/l/lo/logistik.html (Stand: 31. 1. 2014).

[12] http://logistik.at/ (Stand: 31. 1. 2014).

[13] http://www.wirtschaftslexikon24.com/d/militärische-logistik/militärische-logistik.htm.

der Logistik (1929), welches Musil sorgfältig studierte.[14] Musil selbst hatte also mit beiden Logistiken zu tun gehabt, mit der militärischen als Offizier im Krieg, und mit der zivilistischen in seinen philosophischen Studien. Das Gemeinsame der beiden Logistik-Begriffe liegt in der Deduzierung der Logik auf einen praktischen Zweck innerhalb eines kohärenten Ordnungsgefüges, im Militär auf die Erfordernisse des Krieges, in der Philosophie auf die Erfordernisse des Denkens. Mit dem ihm eigenen Sinn für die ironische Ausleuchtung von Doppelbedeutungen und mit autobiographischer Ironie überschreibt er den ambivalenten Logistik-Begriff auf die Romanfigur Ulrich, von der es heißt:

„Er gehörte zu jenen, Logistiker genannten, Mathematikern, die überhaupt nichts richtig fanden und eine neue Fundamentallehre aufbauten. Aber er hielt auch die Logik der Logistiker nicht für ganz richtig. Hätte er weitergearbeitet, er würde nochmals auf Aristoteles zurückgegriffen haben; er hatte darüber seine eigenen Ansichten.“[15]

Wir kehren nun zurück zu General Stumm. Diesen bringt der Logistiker Ulrich mit seinen Umkehrschlüssen völlig durcheinander. Ulrich beharrt auf der Wesensähnlichkeit der zivilen und militärischen Logik, er vertauscht aber die Charakteristiken der beiden Ordnungen.

„Und du meinst also, wenn ich dich recht verstanden habe, daß wir Militärs ganz ordentlich denken; daß der Zivilverstand – also daß wir sein Vorbild sein sollen, das muß ich ablehnen, das ist wohl nur ein Witz von dir!– aber daß wir den gleichen Verstand haben, […]

»Ich habe vorhin erstens gesagt, und das hast du vergessen; ich habe erstens gesagt, daß der Geist beim Militär zu Hause ist, und nun sage ich zweitens: beim Zivil das Körperliche –«

»Aber das ist doch Unsinn?« lehnte sich Stumm mißtrauisch auf. Die körperliche Überlegenheit des Militärs war ein Dogma genau so wie die Überzeugung, daß der Stand des Offiziers dem Thron am nächsten stehe; und wenn sich Stumm auch nie für einen Athleten gehalten hatte, so meldete sich in dem Augenblick, wo man daran zu zweifeln schien, doch die Gewißheit, daß ein Zivilbauch, bei gleichem Vorhandensein, noch um einiges weicher sein müsse als der seine.“[16]

---

[16] KA, Lesetext Bd 1, S. 604f.

[14] Vgl. KA, Lesetext Bd. 19, Robert Musil an Otto Pächt, 20. 9. 1935.

[15] KA, Lesetext Bd 1, S. 322.

General Stumm von Bordwehr scheint sich als lernfähig zu erweisen. Musil bezeichnet in einer Notiz zur Fortsetzung des Romans in den 1930er-Jahren den Lernprozess sogar einmal „ironischer Bildungsroman des Generals“ [17]. Welchen Erkenntnisprozess der General gegen Ende des Ersten Buchs von *Der Mann ohne Eigenschaften* in Überwindung seiner naiven Ordnungskonzepte á la Aufmarschpläne bereits durchgemacht hat, kommt in Kapitel 108 zur Sprache.

„Stumm von Bordwehr hatte das Zivilistische schon ein wenig satt. Er hatte die Erfahrung gemacht, daß die Bibliotheksdiener die einzigen Menschen sind, die einen verläßlichen Überblick über den Zivilverstand besitzen. Er hatte die Paradoxie des Übermaßes der Ordnung entdeckt, daß ihre Vollendung unvermeidlicherweise Untätigkeit nach sich ziehen müßte. Er hatte etwas Komisches im Gefühl, wie eine Erklärung dafür, warum beim Militär die größte Ordnung und gleichzeitig die Bereitschaft zur Lebenshingabe zu finden sei. Er hatte herausbekommen, daß durch irgendeinen unaussprechlichen Zusammenhang Ordnung zu einem Bedürfnis nach Totschlag führe.“ [18]

Dass gerade der bildungshungrige General den Kausalzusammenhang zwischen ‚Ordnung‘ und ‚Totschlag‘ entdeckt, gilt als eine der großen Ironien des Romans. Eine vordergründig pazifistische Lektüre, dass der Krieg aus dem Vorhandensein militärischer Logistik resultiere, greift entschieden zu kurz.[19] Die Herkunft des Bedürfnisses nach Totschlag, also nach gewaltsamen, militärischen Konfliktlösungen, beschreibt der Roman gerade nicht als Konsequenz der Präsenz einer militärischen Ordnung, sondern als Folge eines gefährlichen Mangels im Zivilverstand. Die zivilistische „geistige Ordnung“ manifestiert sich im Roman vorrangig im Wissenschaftsbetrieb. Die Satire auf den Zurechnungsfähigkeitsdiskurs am Fall des Frauenmörders Moosbrugger zum Beispiel versteigt sich bis in Anmerkungen und Abkürzungen in rechtswissenschaftlichen Abhandlungen, um zu zeigen, wie sich die Apparatur verselbständigt, was am Ende die Exekution des Lustmörders zur Folge haben wird:

---

[17] KA, Nachlass, Mappe II/8, S. 155.

[18] KA, Lesetext Bd. 1, S. 834.

[19] Zur Frage pazifistischer bzw. militaristischer Tendenzen im Werk Musils vgl. Walter Fanta: Pazifistische Diskurse in den Texten Robert Musils. In: Alexander W. Belobratow: Österreichische Literatur: Robert Musil und mehr (Jahrbuch der Österreich-Bibliothek in St. Petersburg 9). Petersburg: Verlag „PETERSBURG. XXI VEK“ 2011, S. 68–90.

„Und wenn man Moosbruggers Fall alles individuell Romantischen entkleidete, das nur ihn und die paar Menschen anging, die er ermordet hatte, so blieb von ihm nicht mehr als ungefähr das übrig, was sich in dem Verzeichnis von zitierten Schriften ausdrückte, das Ulrichs Vater einer jüngsten Zuschrift an seinen Sohn beigelegt hatte. Ein solches Verzeichnis sieht folgendermaßen aus: AH. – AMP. – AAC. – AKA. – AP. – ASZ. – BKL. – BGK. – BUD. – CN. – DTJ. – DJZ. – FBgM. – GA. – GS. – JKV. – KBSA. – MMW. – NG. – PNW. – R. – VSgM. – WMW. – ZGS. – ZMB. – ZP. – ZSS. – Addickes a. a. O. – Aschaffenburg a. a. O. – Beling a. a. O. usw. usw. – oder in Worte übersetzt: Annales d'Hygiène Publique et de Médicine légale, hgb. v. Brouardel, Paris; Annales Médico-Psychologiques, hgb. v. Ritti.. usw. usw. in kürzesten Abkürzungen eine Seite lang. Die Wahrheit ist eben kein Kristall, den man in die Tasche stecken kann, sondern eine unendliche Flüssigkeit, in die man hineinfällt. Man denke sich an jede dieser Abkürzungen einige Hundert oder Dutzend Druckseiten geknüpft, an jede Seite einen Mann mit zehn Fingern, der sie schreibt, an jeden Finger zehn Schüler und zehn Gegner, an jeden Schüler und Gegner zehn Finger, und an jeden Finger den zehnten Teil einer persönlichen Idee, so gewinnt man eine kleine Vorstellung von ihr."[20]

Der ‚pazifistische General' hat sich redlich bemüht, die ‚Größte Friedensidee' zu finden, um sie seiner Muse Diotima für die Große Vaterländische Aktion zu präsentieren; am Ende des berühmten ‚Bibliotheks-Kapitels' resigniert er, nachdem er die ‚Bibliographie der Bibliographien' als die höchste Quintessenz der Logik des Zivilverstands kennen gelernt hat und ihm klar geworden ist, dass das Wissensbegehren der Zivilisten in ein gefährliches Vakuum führt:

„Aber ich will eigentlich nichts mehr lesen. Ich habe so etwas Komisches im Gefühl: ein Verständnis dafür, warum wir beim Militär, die wir die größte Ordnung haben, gleichzeitig bereit sein müssen, in jedem Augenblick unser Leben hinzugeben. Ich kann nicht ausdrücken, warum. Irgendwie geht Ordnung in das Bedürfnis nach Totschlag über. Und ich bin jetzt ehrlich besorgt, daß deine Kusine mit ihren Bestrebungen am Ende noch etwas anrichtet, das ihr sehr schaden kann, während ich ihr weniger helfen kann als je! Kannst du mir folgen?"[21]

---

[20] KA, Lesetext Bd. 1, S. 854.

[21] KA, Lesetext Bd. 1, S. 742.

III. Der General wird ein General

Um zu verstehen, welche Funktion Musil dem Militärischen in seinem Roman zuweist, zahlt es sich aus, die Metamorphosen der Generalsfigur näher zu betrachten.

Ein General als Vertreter des Kriegsministeriums erscheint bereits in den Nachkriegsnotizen für das Romanprojekt unter den Repräsentanten „des feineren militärischen Typs“[22]. Vorbild ist Oberstleutnant Max Becher, ein Vorgesetzter Musils im Kanzleidienst im Heeresgruppenkommando in Bozen, der als der „kleine Napoleon“[23] die Hauptfigur im gnadenlosen armee-satirischen Dramenprojekt ‚Panama‘ von 1918 bildet.[24] Ein weiteres Modell für den Feldmarschallleutnant Stumm von Bordsprung im ‚Spion‘-Projekt ist General Pflanzer-Baltin, den Musil im Krieg an der Isonzo-Front kennenlernte und mit dem er 1920 Kontakt hatte. Er, „wie ich höre, einer der ärgsten Blutgeneräle, bestellt friedlich seine Gemüsebeete. Macht der Verhältnisse“[25] notiert Musil „ad Pflanzer-Baltin: Bei aller Männlichkeit ist das eigentlich das Gesicht einer Frau [...] wenig mit dem Verstand erlebt, viel rein menschlich“[26]. Musil interessiert die (In)Kompatibilität von militärischen und zivilen, sogenannten menschlichen Komponenten; die zentrale Festlegung für den ‚Erlöser‘-Roman lautet: „Der Militarismus als Resultante der ungerichteten Kräfte. [...] Der General, den alle als dummen Menschen behandeln, Typ Boroevic, setzt das schließlich ganz mühelos durch. Man muß zeigen, wie einleuchtend seine Auffassung ist!“[27] (Unter General Boroevic diente Musil 1917 an der Isonzo-Front.) Die Generalsfigur ist von Anfang an Teilnehmer der Parallelaktion: „Frühzeitig tritt Stumm v. Bordsprung auf. Alle verlachen ihn. Der General mit Gymnasialanhängseln. Krieg als Anachronismus.“[28] Für das ‚Zwillingsschwester‘-Projekt (1923/24) bleibt die Generals-Figur im Dispositionsfonds, und zwar der „dumme Ge-

[22] KA, Nachlass, Heft 9/32.

[23] KA, Nachlass, Heft 8/19.

[24] KA, Nachlass, Mappe III/1,2; die Mappe enthält einen Typoskript-Entwurf dieses Fragments eines Kriegsdramas Musils.

[25] KA, Nachlass, Heft 8/42.

[26] KA, Nachlass, Heft 8/39.

[27] KA, Nachlass, Mappe I/6, S. 1.

[28] KA, Nachlass, Mappe II/1, S. 243.

neral als dritter Erlöser"[29]. „General wird Erlöser" und der „Offizier als Exekutor"[30] in den Maximen für den Roman, welche Musil 1923 unter der Bezeichnung ‚Linien' aufstellte. Den „Entschluß gefaßt, aus ihm eine Figur zu machen"[31] hat Musil erst 1929 bei der Reinschrift des Ersten Buches: Der General soll nicht bloß eine starre Skulptur (wie Graf Stallburg) abgeben. Dies kommt im gleichzeitigen Namenswechsel von ‚Bordsprung' zu ‚Bordwehr' zum Ausdruck.[32] Im Zweiten Buch schließlich tritt der Kriegsminister selbst gesondert im Roman auf, er führt die Rolle der leeren Uniform fort, die bei Stumm schon mit ‚Eigenschaften' aufgefüllt ist.

In seinem soziologischen und sozialpsychologischen Habitus erweist sich General Stumm ambivalent. Dies hat Norbert C. Wolf in seiner umfangreichen Studie zum *Mann ohne Eigenschaften* mit den Mitteln der Bordieu'schen Sozio-Analyse mittlerweile einlässlich analysiert.[33] Dabei spielt eine wichtige Rolle, dass General Stumm 1929 aus zwei Figuren der Vorstufen fusioniert ist, dem General und dem besagten Rittmeister Horn, der die ‚naive Militärperson' repräsentiert. Im Spion ist diese Figur noch als pensionierter Offizier vorgesehen. 1920 plant Musil: „Stand der Philosophie, eventuell auch der Literatur, durch einen zeichnen, der Fähnchen steckt"[34]. Die Figur ist folgend charakterisiert: „Rittmeister Baron Horn sammelte Messer – Einziger Offizier mit Vollbart im Regiment – Kommandant sagt, bringt Regiment nicht aus Kaserntor – Älter als Anders, hat er ein gewisses Aufblicken zu dem Einfallreichen. Sitzt bei Anders, […] bloß, wenn er spricht, eine gewisse Ausdünstung, die man unter der Wohlerzogenheit nicht merkt, wenn man sie nicht, wie Anders, gut kennt."[35]

Indem Musil die Generals-Scheme und die Buffo-Rolle Horn zusammen führt, entsteht eine komplexe Figur, ein „Pufferraum für alles nicht Untergebrachte"[36]. Vor allem ist der General der Endfassung als

---

[29] KA, Nachlass, Mappe VII/1, S. 124.

[30] KA, Nachlass, Mappe VII/12, S. 8.

[31] KA, Nachlass, Mappe VII/1, S. 148.

[32] Vgl. Alexander Honold: „Diese neue Eigenschaft der Trennbarkeit": Eigennamen bei Robert Musil. In: Poetica 27 (1995), H. 1/2. S. 149–186.

[33] Vgl. Norbert Christian Wolf: Kakanien als Gesellschaftskontruktion. Robert Musils Sozioanalyse des 20. Jahrhunderts. Wien 2011, S. 523ff.

[34] KA, Nachlass, Mappe VII/3, S. 4.

[35] KA, Nachlass, Mappe VII/8, S. 32.

[36] KA, Nachlass, Mappe VII/1, S. 148.

Komplettierung Ulrichs aufzufassen. Die Eigenschaften und die Laufbahn des Generals fixiert Musil für den ersten Auftritt des Generals im Ersten Buch so, dass sie ein Spiegelbild zu Ulrich abgeben.[37] Das Kapitel endet damit, dass der General am Konzil, zu dem er uneingeladen-eingeladen erschienen ist, in Ulrich einen einstigen jungen Leutnant seiner ehemaligen Schwadron wiedererkennt und sich, angesichts der Entstehungsgeschichte der Figur beziehungsreich, denkt: „Ein ähnlicher Mensch wie ich!“[38] In seinen Notizen sucht Musil zu begründen, wie es kommen kann, dass Ulrich, der Diotima zunächst noch geraten hat, den Vertreter des Kriegsministeriums fernzuhalten, freundschaftliche Gefühle für den General fasst, und welche Möglichkeiten sich daraus ergeben: „Möglichkeit a. Ulrich. Sympathie für die Drolligkeiten des Generals von denen er unmöglich annehmen konnte, daß sie ganz ohne einen Schimmer von Selbstironie gemeint sein könnten.“[39] Durch sein Vertrauensverhältnis zum General erfährt Ulrich selbst eine Aufwertung. Während er in der Frühfassung dem Rittmeister ein Kabinett in seinem Schlösschen zur Verfügung stellt und die beiden eine Soldaten-Kumpanei verbindet (sie teilen sich auch den Offiziersburschen), rückt das Verhältnis Ulrich-General in der Spätfassung auf eine gesellschaftlich höhere Ebene. Der General ist immerhin der offizielle Vertreter des Kriegsministeriums, es bedeutet für Ulrich eine Auszeichnung, dass er gerade ihn, den viel jüngeren, zum Mentor beim Versuch, den Zivilverstand zu ergründen, erwählt. Möglichkeit b (anknüpfend an ‚a‘ im Zitat) bezieht sich auf die Feststellung des Generals: „Glaubst du, ich hätte nicht bemerkt, daß du auch Diotima bewunderst?“[40] Während sich erotische Bedeutungskomponenten im Figuren-Duplex Ulrich/General des Endtextes bloß in Spuren finden – der in den Entwürfen explizit sexuelle Gehalt der Gespräche von Ulrich und dem General über Diotima ist im Endtext zu einem Reden über „Körperkultur“[41] mutiert –, setzt sich der Ordnungs- und Kriegsdiskurs, den der General mit Ulrich und anderen Figuren führt, im Zweiten Buch fort.

---

36 KA, Nachlass, Mappe VII/1, S. 148.

37 Vgl. Kapitel 80, KA, Lesetext Bd 1, S. 542ff.

38 KA, Lesetext Bd 1, S. 552.

39 KA, Nachlass, Mappe VII/1, S. 156.

40 KA, Nachlass, Mappe VII/1, S. 156.

41 KA, Lesetext Bd 1, S. 606 und Kapitel 93 („Dem Zivilverstand ist auch auf dem Weg der Körperkultur schwer beizukommen“).

In der besagten Studie stellt Norbert C. Wolf dar, wie Musil mit dem Roman als Instrument eine Sozio-Analyse der kakanischen Gesellschaft betreibt, was in dem Roman dargestellt wird, erlaubt einen Blick hinter die Kulissen der gesellschaftlichen Ordnung, mit den Mitteln der Literatur, also genauer als etwa Historiker dies zu tun vermögen. Musils Sozio-Analyse entlarvt den General als ein „trojanisches Pferd des Militärs"[42] in der kakanischen Vorkriegsgesellschaft, Musil verfolge mit „subtilem konzeptionellen Kalkül" das Darstellungsziel, wie einer wie Stumm, ein scheinbar harmloser, ja sogar durch und durch liebenswerter, am Parkett der Parallelaktion sich absolut amikal gebärdender General, „subkutan dem Weltkrieg den Boden bereitet"[43], so Wolf, und dieser bemerkt dabei, „dass Stumm mit seiner ostentativen Behäbigkeit eine ganz bestimmte Taktik verfolgt" und„an die Funktion der traditionellen Romanfigur des Tölpels bzw. des Schelms oder Pikaros erinnert"[44]. „Stumms plakative Tölpelhaftigkeit ist Teil einer geschickten politischen Taktik"[45], analysiert Wolf und kommt zum Schluss, Musils Romanfigur verkörpere damit „recht plastisch den abstrakten Übergang vom ‚personalen' zum effizienteren ‚strukturellen Herrschaftsmodus'"[46] im Sinne von Pierre Bordieu und auch im Sinne von Michel Foucaults Machttypen. Ich zitiere N. C. Wolfs Zusammenfassung zur Figur Stumm von Bordwehr in Extenso:

„Die umsichtige literarische Gestaltung eines ‚zivilen Habitus' sowie das damit einher gehende tölpelhafte Auftreten des ‚unmilitärischen' Generals, der als Vertreter der ‚Pastoralmacht' im Romankontext eine figurale Verkörperung des auch das Militär zunehmend erfassenden ‚strukturellen Herrschaftsmodus' der Moderne darstellt, ermöglichen Stumm von Bordwehrs Funktion als ‚tätiges Werkzeug' des kakanischen Militarismus bzw. als Vertreter der ‚auf den Krieg hinarbeitenden gesellschaftlichen Kräfte'. Mit dieser subtilen literarischen Habitusgestaltung gelingt Musil nicht allein eine erzählerisch überzeugende Motivierung des geplanten romanesken Handlungsverlaufs, sondern zudem eine bestechende Analyse maßgeblicher gesellschaftlicher Entwicklungstendenzen des 20. Jahrhunderts."[47]

---

[42] Wolf (= Anm. 31), S. 523, 541.

[43] Wolf (= Anm. 31), S. 537.

[44] Wolf (= Anm. 31), S. 538.

[45] Wolf (= Anm. 31), S. 540.

[46] Wolf (= Anm. 31), S. 543.

[47] Wolf (= Anm. 31), S. 548.

Wie sehr dieses Urteil, das Norbert C. Wolfs Lektüre entspringt, den vom Autor selbst öffentlich deklarierten Intentionen entspricht, geht aus dem Interview hervor, das Musil 1926 dem Schriftsteller Oskar Maurus Fontana für die Zeitschrift ‚Die Literarische Welt' über sein Romanprojekt gab. Musil erklärt darin: „Daß Krieg wurde, werden mußte, ist die Summe all der widerstrebenden Strömungen und Einflüsse und Bewegungen, die ich zeige."[48] Und er charakterisiert die Rolle des Generals folgendermaßen:

„Die Geschehnisse spitzen sich zu einem Kampf zwischen dem Alumnen eines neuen Geistes und dem Wirtschaftsästheten zu. Ich schildere da eine große Sitzung, aber keiner von beiden erhält das Geld, das zu vergeben ist, sondern ein General, Vertreter des Kriegsministeriums, das ohne Einladung einen Delegierten entsandte. Das Geld wird für Rüstungen aufgewandt. Was gar nicht so dumm ist, wie man gewöhnlich glaubt, weil alles Gescheite sich gegenseitig aufhebt."

Am Ende also hebt sich alles im Sinne des Generals auf, in der Mobilmachung für den Ersten Weltkrieg. Mit dieser endet der Roman. Musil hat das Finale zwar nie ausgeschrieben, aber in einem detaillierten Plan, der auf Frühjahr 1936 zu datieren ist, genau festgelegt, und Notizen und Entwurfsskizzen dazu angefertigt. Am Ende geht das Bedürfnis nach Ordnung wirklich in Totschlag über, die „Staatsmaschine geht durch"[49], so notiert Musil. Eine „spätere Wandlung" befördert das für ihn bisher unerreichbare ‚eigentliche' Ziel seiner „Surrogatbefriedigungen"[50] (Messersammeln, Besuche im Theater und Museum, Besuche in Diotimas Salon) wieder an den Tag. „der General wird ein General", „Nun verwandelte sich der General allmählig in einen General zurück"[51] steht in den Notizen Musils. Er räumt mit dem pazifistischen Lyriker Feuermaul auf, der sich in die Parallelaktion eingeschlichen hat, verhindert einen Weltfriedenskongress, den man abhalten will, und setzt sich für das „Prinzip der Eingeistigkeit" ein, mit dem Musil auf die nationalsozialistische Gleichschaltung der Jahre 1933 und 1934 im Deutschen Reich anspielt. Die Wendung des Generals vom Anhänger des Zivilgeists zum offenen Vertreter einer gewaltsamen Ordnungsvision sollte nach Musils Aufstellung von 1936 in Stumms seltsame Ruhe angesichts der militärischen Mobilisierung münden.

---

[48] KA, Bd 14 Selbstkommentare, Was arbeiten Sie? Gespräch mit Robert Musil.

[49] KA, Nachlass, Mappe II/2, S. 15.

[50] KA, Nachlass, Mappe VI/1, S. 144.

[51] KA, Nachlass, Mappe II/1, S. 163.

Während Ulrich den General „in atemberaubender Tätigkeit" wähnt, hat dieser plötzlich „unendlich viel Zeit"[52]. Die unendliche Muße, mit der er den Mann ohne Eigenschaften bei Kriegsausbruch überrascht, ist Teil einer nur scheinbar paradoxen Struktur. Stumms Funktion am Ende des Romans besteht nicht in Geschäftigkeit. Dies verweist wieder auf die unpersönlichen Triebkräfte, die in der Geschichte walten, die aus dem Menschen eine „kolloidartige Masse"[53] machen, auf das „Theorem der menschlichen Gestaltlosigkeit"[54], das nach Musil die tiefere Ursache für den Krieg bildet. Am Ende muss sich herausstellen, dass unendlich viele, auch vermeintlich gegenläufige Kräfte, am Entstehen des ‚großen Ereignisses' gewirkt haben, auf das alle gewartet haben, als das sich am Ende der Krieg erweist. Da es anbricht, ist auch nichts mehr dafür zu tun. Die Untätigkeit des Generals in der letzten Einstellung, in der er im Roman gezeigt würde, ließe ihm die Aura von Unschuld, die während der gesamten Erzählung an ihm haftet. Der letzte Anblick, den der General böte, zeigte noch einmal seinen paradoxen Bezug zum Krieg: Kriegshysterie ist nicht Sache des Militärs, sondern des Zivilverstands. Auch darin liegt eine Umkehrung. Es lässt sich über das Militär nachdenken, das in Funktion treten muss, einfach weil es da ist und ‚stumm' sein Daseinsrecht einfordert.[55]

---

[52] KA, Nachlass, Mappe II/1, S. 189.

[53] KA, Nachlass, Mappe VII/1, S. 198.

[54] KA, Nachlass, Mappe VII/11, S. 15ff. Das Theorem der Gestaltlosigkeit bildet ein Element des Essay-Fragments ‚Der deutsche Mensch als Symptom (1923).

[55] Vgl. dazu: Walter Fanta: Aus dem apokryphen Finale des Mann ohne Eigenschaften. Die Totalinversion der Nebenfiguren. In: Pierre Béhar, Marie-Louise Roth (Hg.): Musil an der Schwelle zum 21. Jahrhundert. Internationales Kolloquium – Saarbrücken 2001. (Musiliana Bd. 10). Bern: Peter Lang 2005, S. 225–250.

Andreas Stupka

Musils Kakanien

Eine Interpretation aus staatsphilosophischer Sicht – mit kritischen Bemerkungen zur aktuellen Politik

Die Österreichisch-Ungarische Monarchie war ein Staat in Zentraleuropa mit einer Gesamtfläche von rund 676 000 Quadratkilometern und einer Bevölkerungszahl am Beginn des Ersten Weltkrieges von rund 53 Millionen Menschen[1]; in diesem Staatsgebilde lebten zahlreiche Völkerschaften, unter denen die Deutschen, die Magyaren und die Slawen die stärksten Volksgruppen waren. Dieser Vielvölkerstaat war 1918 zusammen mit seinem Kaiser und König untergegangen. Eine Reihe namhafter zeitgenössischer Schriftsteller, wie beispielsweise Franz Theodor Czokor, hat sich mit dem Untergang der Monarchie befasst, vor allem auch mit der dem Krieg vorangegangenen Epoche. Mit Trübsal belegt berichten sie meist über jenes Gemeinwesen, das Joseph Roth in seiner *Kapuzinergruft* als „unser Reich, etwas Größeres, Weiteres, Erhabeneres als nur ein Vaterland" bezeichnete. Für viele war diese Katastrophe kaum erträglich, eine nicht geringe Zahl ist daran zerbrochen. Stefan Zweig zeichnet in der *Welt von gestern* wunderbare Bilder der alten Monarchie. Sie lassen diese Zeit des Kaisers in einem wärmeren Licht erstrahlen, als das republikanische Danach dies zugeben konnte, um nur ja nicht wieder zurückzufallen in jene Epoche, die den neuen Herren im Lande nun als verabscheuungswürdig zu gelten hatte.

Musil war also nicht allein in seinem Streben, der alten Monarchie zu huldigen und sie hinaufzuheben als den „fortschrittlichsten Staat". Es war das Zeitalter seiner Jugend gewesen und er war für seinen Kaiser und König in den Krieg gezogen, als Reservist zu den Waffen geeilt für sein geliebtes Kakanien. Er war somit ein Teil der k. k. Landwehr, die zusammen mit den Truppen der k. u. k. Armee an der italienischen Front stand. Diese Bezeichnungen folgten zwar einer stringenten Logik, die den gesamten Staatsapparat umfasste, für den einzelnen Bür-

[1] Zum Vergleich: lt. Eurostat leben dzt. in Deutschland 82 Mio Einwohner auf 357 000 km^2, in Frankreich 66 Mio auf 549 000 km^2 und in der Türkei 75 Mio auf 784 000 km^2.

ger und für die ausländischen Geheimdienste war diese Logik jedoch nur schwer nachvollziehbar, wie Musil zugibt:

Es war zum Beispiel kaiserlich-königlich und war kaiserlich und königlich; eines der beiden Zeichen k. k. oder k. u. k. trug dort jede Sache und Person, aber es bedurfte trotzdem einer Geheimwissenschaft, um immer sicher unterscheiden zu können, welche Einrichtungen und Menschen k. k. und welche k. u. k. zu rufen waren.

Wenn nun Musils Kakanien zur Sprache gebracht werden soll, dann nicht, um die alte Geschichte erneut aufzurollen, oder gar die Absicht zu verfolgen, das Wesen der Donaumonarchie in ein neues Licht zu rücken. Zu diesem Thema füllen bereits Bände Bibliotheken. Vielmehr soll es sich hier um den Staat im Allgemeinen drehen, denn dieses schmale achte Kapitelchen aus dem *Mann ohne Eigenschaften* hat viel bemerkenswert Staatstheoretisches an sich, das aufzufalten sich lohnt. Da der Staat an sich nur ein hohler Torso der allgemeinen Ordnung ist, gehören auch die Menschen dazu – bewusst im Plural gefasst – als Gesellschaft. Und so birgt dieser kurze Text soziologische Erkenntnisse, die sich jedoch sofort und unvermittelt auf den Staat und dessen Gefüge auswirken. Musil blickt mit einem Abstand von 20 Jahren zurück, wobei die Aufgabe der Dichter es ist, mit ihrer Erzähl- und Ausdrucksweise die Dinge auf den Punkt zu bringen. Vor allem auch politische Angelegenheiten, und mit diesem Streifzug durch Kakanien, so interpretiere ich das, hat Musil seine Vorstellungen eines funktionierenden Staates auf brillante Weise kundgetan. Also gehen wir in medias res.

Ein Konzept gegen den Wachstums-Wahn

Immer größer, höher, weiter ist das erstrebenswerte Ziel unserer Zeit. Es gilt ein ständiges Wachstum zu erzeugen und beizubehalten, das ist die Doktrin, von der keinen Millimeter abgewichen werden darf. Daher sprechen wir von Nullwachstum, wenn die Bezeichnung Stillstand angebracht wäre, ja sogar von Minuswachstum, wenn das Wachsen einmal rückläufig ist und Verluste geschrieben werden. Das ganze Leben der zivilisierten Menschen ist auf dieses Dogma hin ausgerichtet, denn dieses ständige Wachsen, Anhäufen, Zugewinnen, Heranraffen scheint der wahre Weg zum Glücklichsein. Dass die Menschen im Sog der Gewinnmaximierung ihr Glück auch tatsächlich finden, darf angezweifelt werden. Musil geht von einem Ist-Zustand aus, der sich in unseren Tagen des Neoliberalismus ähnlich bis zur Unerträglichkeit gesteigert hat, wie damals Ende der 1920er-Jahre:

Eine solche soziale Zwangsvorstellung ist nun schon seit langem eine Art überamerikanische Stadt, wo alles mit der Stoppuhr in der Hand eilt oder stillsteht. Luft und Erde bilden einen Ameisenbau, von den Stockwerken der Verkehrsstraßen durchzogen. [...] Fragen und Antworten klinken ineinander wie Maschinenglieder, jeder Mensch hat nur ganz bestimmte Aufgaben, die Berufe sind an bestimmten Orten in Gruppen zusammengezogen, man ißt während der Bewegung, die Vergnügungen sind in andern Stadtteilen zusammengezogen, und wieder anderswo stehen die Türme, wo man Frau, Familie, Grammophon und Seele findet. Spannung und Abspannung, Tätigkeit und Liebe werden zeitlich genau getrennt und nach gründlicher Laboratoriumserfahrung ausgewogen. [...] Die Ziele sind kurz gesteckt; aber auch das Leben ist kurz, man gewinnt ihm so ein Maximum des Erreichens ab, und mehr braucht der Mensch nicht zu seinem Glück, denn was man erreicht, formt die Seele, während das, was man ohne Erfüllung will, sie nur verbiegt; für das Glück kommt es sehr wenig auf das an, was man will, sondern nur darauf, dass man es erreicht.

Dies betrifft natürlich auch den dazugehörigen Staat. Auch er ist von der Idee des permanenten Wachstums durchwirkt und beseelt. Das muss auch so sein, sind es doch gerade die so beseelten Menschen, die den Staat formen. Es spießt sich lediglich an der Funktionalität des Gemeinwesens. Nach Gewinnmaximierung strebende Utilitaristen kennen nur ihr eigenes Ziel, sie sind Egoisten, jeder auf seine Weise. Das ganze Spektrum handelt so – dazu zwei Extreme: Erstens: Der Vermögen anhäufende Bankmanager bekommt noch immer Bonus-Zahlungen, obwohl er sein Geldinstitut gerade in die Pleite gestürzt hat. Zweitens: Der Schwarzarbeiter bezieht ein zweites Gehalt über das Arbeitslosengeld. Die Sozialausgaben steigen ins Unermessliche. Ein Heer an Greisen muss versorgt werden, Kinder kommen zu wenige nach. Und viele unter diesen wenigen sind nicht leistungswillig, sie wollen ebenso bloß versorgt werden. Der Staat kracht und ächzt, er erkennt Versäumnisse – und er handelt: Er erhöht die Steuern und presst denjenigen, die noch nicht staatlich versorgt werden den Saft aus, bis an die Schmerzgrenze. Das Wichtigste sei der Erhalt des so genannten sozialen Friedens. Er bestraft Sexualverbrechen mit Fußfesseln und Vermögensdelikte mit Gefängnisstrafen. Der oberste Gott bleibt also doch das Geld, die Doktrin zur Gewinnmaximierung ist das dazu veranstaltete Requiem. Aber die Minen sind schon gegraben, die Gesellschaft ist bereits ausgehöhlt. Sie werden gerade mit Pulver gefüllt, der soziale Frieden ist ein trügerischer. Der Zug der Zeit rast Veränderungen entgegen und es bedarf nur eines Funkens, das Pulver zu zünden. Springt eine Mine, gehen die anderen mit, ein Domino-Effekt. Diesen gefährlichen Zug hat Musil vor Augen in der aufgeladenen Zeit zwischen den Kriegen:

[...] es kommt vor, wenn man nach längerer Pause hinaussieht, daß sich die Landschaft geändert hat; was da vorbeifliegt, fliegt vorbei, weil es nicht anders sein kann, aber bei aller Ergebenheit gewinnt ein unangenehmes Gefühl immer mehr Gewalt, als ob man über das Ziel hinausgefahren oder auf eine falsche Strecke geraten wäre. Und eines Tages ist das stürmische Bedürfnis da: Aussteigen! Abspringen! Ein Heimweh nach Aufgehalten werden, Nichtsichentwickeln, Steckenbleiben, Zurückkehren zu einem Punkt, der vor der falschen Abzweigung liegt!

Weg, bevor die Mine springt! Politikverdrossenheit nennen wir dies heute, denn die vermeintliche Aufgabe der Politik wäre es ja, zurückzuführen, was sich im Zuge der Zeit auf Irrwegen verlaufen hat. Ein Trugschluss! Es sind dieselben Menschen, die die Politik bestimmen und den Gewinn zu maximieren suchen: die ganz oben über ihre Einflüsse, die ganz unten über ihre Vielzahl. Der Politiker ist genötigt, sich nach dem Zeitgeist zu orientieren – alle paar Jahre zu den Wahlen eben, sonst war er die längste Zeit Politiker. Politik und Gesellschaft haben sich gleichermaßen auf diese Odyssee des permanenten Wachstums begeben. Viele meinen, dass dieser Zug einem Abgrund entgegenrast, sie meinen aber auch, dass die Politik nicht mehr fähig ist, den Zug anzuhalten. In ihrer Verzweiflung erwählen sie sich neue Führer, die mit Gaukelei und Demagogie mehr am Hut haben denn mit der Politik. Eine gewisse Sehnsucht nach Heimat liegt heute im Gemüt, und um 1930, als Musil dies veröffentlichte, dürfte es ähnlich gewesen sein, bereits damals hatten Gaukler und Demagogen Hochkonjunktur. Er besinnt sich auf längst vergangene Tage und zeigt notwendige Wertmaßstäbe für das politische Gelingen eines Gemeinwesens auf:

Und in der guten alten Zeit, als es das Kaisertum Österreich noch gab, konnte man in einem solchen Falle den Zug der Zeit verlassen, sich in einen gewöhnlichen Zug einer gewöhnlichen Eisenbahn setzen und in die Heimat zurückfahren. Dort, in Kakanien, diesem seither untergegangenen, unverstandenen Staat, der in so vielem ohne Anerkennung vorbildlich gewesen ist, gab es auch Tempo, aber nicht zuviel Tempo.

Heute geben wir Vollgas. Veränderung um jeden Preis, lautet die Devise. Alles muss reformiert werden, um der Gewinnmaximierung entsprechend zu huldigen. Die Politik plant nur kurzfristig, nach Gesetzgebungsperioden. Anpassen durch Veränderung, dem Volk aufs

Maul schauen, den Zeitgeist mittragen, um am Futtertrog bleiben zu können. Werte werden zu Worthülsen. In Kakanien mochte es das durchaus auch gegeben haben, nur nicht zur Maxime erhoben. Dafür stand der Kaiser. Nicht nur als Institution, sondern auch in Fleisch und Blut. Das 70-jährige Regierungsjubiläum ist die Rahmenhandlung von Musils Roman. Franz Joseph regierte 68 Jahre und führte das Land von einer absoluten Herrschaft in eine parlamentarische Monarchie. Maßvolle Anpassung, unter Zugrundelegung von Werten, wie sie im Staatsgrundgesetz von 1867 niedergelegt wurden – dies vermittelt jene Kontinuität und Beständigkeit, die das Symbol des Kaisers verkörpert. Kontinuität in den Werthaltungen gleicht einer Richtschnur, woran sich Politik und Bürger gleichermaßen zu orientieren vermögen. Sie ist daher erste wesentliche Grundlage für die gedeihliche Entwicklung des Gemeinwesens.

Musil geht aber hier noch weiter, denn die Kontinuität alleine wäre zum Gelingen des Staatsganzen zu wenig:

Natürlich rollten auf diesen Straßen auch Automobile; aber nicht zuviel Automobile! Man bereitete die Eroberung der Luft vor, auch hier; aber nicht zu intensiv. Man ließ hie und da ein Schiff nach Südamerika oder Ostasien fahren; aber nicht zu oft. Man hatte keinen Weltwirtschafts- und Weltmachtehrgeiz; man saß im Mittelpunkt Europas, wo die alten Weltachsen sich schneiden; die Worte Kolonie und Übersee hörte man an wie etwas noch gänzlich Unerprobtes und Fernes.

Besonnen dem Zeitgeist widerstehen

In diesem Handeln tritt jene Eigenschaft zu Tage, derer es zur guten Führung des Gemeinwesens bedarf: die Besonnenheit. Nicht dabei sein, um dessen selbst willen. Wir tendieren heute dazu, uns dem vorherrschenden Zeitgeist nur allzu schnell anzupassen, damit wir nichts verpassen, wie wir meinen. Dies drückt sich vor allem in der immer öfter gepflogenen Anlassgesetzgebung aus. Auch der sogenannte Lobbyismus fällt in diese Kategorie, wo man entweder aus einer übertriebenen Hektik heraus oder aus purem Gewinnstreben agiert. Das Staatsganze leidet in der Regel darunter. Gesetze müssen dann wieder korrigiert werden, oder es bedarf neuer Gesetze, um die einmal getroffene schlechte Entscheidung wieder zu relativieren.

Es ging nicht alles so schnell in Kakanien, es war auch nicht immer alles gut, das will Musil nicht sagen, aber das politische System praktizierte jene notwendige Besonnenheit in der Gesetzgebung, die uns heute zum Vorbild gereichen kann. Die Rolle des Politikers selbst wäre zu hinterfragen! Und es sollte zur Kenntnis genommen werden, dass nicht jeder für alles verwendet werden darf. In der heutigen politischen Landschaft wird einer oder eine schnell einmal Minister für dies oder jenes. Und ebenso schnell wird das Ressort dann wieder gewechselt, weil es sich besser ins koalitionäre Bild einfügt. Der Minister selbst, oft ein Berufspolitiker, aber oft ohne politische Bildung, hat sich hochgedient über die Partei, denn Politik, so meint man, kann jeder machen. Grundsätzlich stimmt das, aber es wird die Ebene vergessen, es kann eben nicht jeder überall Politik machen. Er wird so seiner Bestimmung, dem Dienen, nicht gerecht, er kann dem gar nicht gerecht werden, weil er um das Dienen mangels Bildung nicht weiß. Es bedarf also auch der Besonnenheit in der Besetzung aller politischen Ämter, dies wäre an die politischen Parteien gerichtet. Auch daher rührt ein Teil dieser schon angesprochenen Politikverdrossenheit in der Bevölkerung, sie gründet sich auf das mangelnde Vertrauen in die handelnden Personen. Diese Besonnenheit, die Musil einfordert, scheinen die gegenwärtigen Zugführer verlernt zu haben.

Verwaltungsreform: Gestrüpp statt Rosen

Ganz eng damit verknüpft ist die staatliche Ordnung, über die Musil schreibt:

Und verwaltet wurde dieses Land in einer aufgeklärten, wenig fühlbaren, alle Spitzen vorsichtig beschneidenden Weise von der besten Bürokratie Europas, der man nur einen Fehler nachsagen konnte: Sie empfand Genie und geniale Unternehmungssucht an Privatpersonen, die nicht durch hohe Geburt oder einen Staatsauftrag dazu privilegiert waren, als vorlautes Benehmen und Anmaßung. Aber wer ließe sich gerne von Unbefugten dreinreden! Und in Kakanien wurde überdies immer nur ein Genie für einen Lümmel gehalten, aber niemals, wie es anderswo vorkam, schon der Lümmel für ein Genie.

Vielen Bürgern ist heute nicht mehr bewusst, dass es für das Funktionieren eines Gemeinwesens einer Schar an sehr gut ausgebildeten Beamten bedarf. Die integren, treuen Beamten sind die Träger des Staatsganzen. Je weniger wert die Beamten sind, desto weniger wert ist der Staat; Korruption, Faulheit, Privilegienritterschaft und alle diese negativen Attribute schleichen sich ein, der funktionierende, verlässliche Staat mutiert über einen gewissen Zeitraum hin zur Bananenrepublik. Das hat nicht nur eine Ursache, sondern derer viele, die sich gegenseitig bedingen. Im heutigen Österreich fängt es ganz oben an: Je mehr Gesetze erlassen werden, desto mehr Beamte braucht es, um diese zu vollziehen und zu kontrollieren, ansonsten sind sie wirkungslos. Die erwähnte Anlassgesetzgebung verschärft diesen Trend zur totalen Verrechtlichung allen Seins, sodass kaum mehr ein Überblick gewahrt werden kann. Dies begründet zu einem Gutteil die Vielzahl an Beamten. Die Legislative legt falsche Geleise, auf denen unser Zug dahindonnert.

Beamte haben dem Staat zu dienen und die Ordnung zu wahren. Daraus erwächst immer eine gewisse Kluft zwischen den Staatsdienern und der restlichen Bevölkerung. Es umweht sie ein Hauch von Herrschaft, der zum neoliberalen Egoismus nicht passt. Beamtentum sei fortschrittsfeindlich, nach Leistung solle gerichtet werden. Pragmatisierung und Biennalsprünge werden zu Relikten überholter Epochen. Die Beamten gelten als privilegiert, nicht besonders arbeitsam und überbezahlt. Das mag schon für Teilbereiche so seine Richtigkeit haben, aber trotzdem funktioniert Staat ohne herrschaftliche Ordnung nicht – zumindest nicht zum Wohle aller. Das österreichische Beamtentum hat sich über die Zeit verwachsen, Wildwuchs ist aufgekeimt zwischen den Rosen Kakaniens. Die Politik ist aufgefordert, zur Heckenschere zu greifen. Der Zeitgeist tendiert jedoch dazu, das Gestrüpp stehen zu lassen und die Rosen herauszuschneiden – Gleichheit ist hierzu das Leitwort. Gestrüpp ist Anarchie, Willkür und Recht des Stärkeren: Politik ist daher nicht Beliebigkeit des Zeitgeistes, sondern sie trägt Verantwortung für das Gemeinwesen.

Der gute Staat ist ein gepflegter Garten, alles hat seinen Platz, die Ordnung ist im Gleichgewicht, Neues wird erlaubt. Nichts jedoch überwuchert, Schrilles wird vermieden, Besonderes akzentuiert gesetzt, immer mit dem gehörigen Maß an Zurückhaltung, um das Gesamtbild nicht zu stören. Kakanien war sich seiner Stellung in der Welt bewusst und überzog daher die Geflechte nicht, Musil hebt hiermit die Mäßigung hervor:

Man entfaltete Luxus; aber beileibe nicht so überfeinert wie die Franzosen. Man trieb Sport; aber nicht so närrisch wie die Angelsachsen. Auch die Hauptstadt war um einiges kleiner als alle andern größten Städte der Welt, aber doch um ein Erkleckliches größer, als es bloß Großstädte sind.

Erster sein zu wollen, bedeutet vorne sein zu müssen. Die Angst vor dem Zurückbleiben treibt den Ersten weiter. Sie treibt den Staat immer in den Krieg. Alle Ersten haben letztendlich immer Krieg geführt, um sich als Erster zu behaupten – bis sie nicht mehr konnten und das Zepter des Weltgeistes an einen anderen übergeben mussten. So erging es den Makedoniern unter Alexander, den Römern zuerst im Westen, dann tausend Jahre später im Osten, den Spaniern, den Osmanen, den Franzosen unter Ludwig XIV. und Napoleon und so fort bis in unsere Tage, den Blick auf Afghanistan gerichtet.

Kakanien war zwar eine Großmacht, wollte aber nie Erster sein[2]. Ins Bild gerückt wird damit das Maßhalten, wie bereits Platon es nennt und die Mäßigung damit zur obersten seiner Kardinaltugenden erhebt. Neoliberalismus, politischer Fanatismus und alle anderen Ismen, die in unseren Tagen auf den Thron gehoben werden, vertragen sich mit dieser Idee genauso wenig wie übertriebene Toleranz, penetrant geheuchelte Interkulturalität, Quotenregelung und sonstiger Müll des Zeitgeistes. Unmäßigkeit verheißt kein Glücklichsein, denn ohne Zufriedenheit ist es nicht erreichbar. Da diese Tugend beim Individuum beginnt, bei seiner Erziehung, seinem Aufwachsen, dreht sich hier alles um die Prägung, die eben jenes Individuum erfährt. Es ist der Staat, der durch maßvolles politisches Handeln die Prägung der Menschen bestimmt, er hat somit sein eigenes Schicksal in der Hand. Musil unterstreicht die staatliche Mäßigung über die Aufwendungen für das Militär: „Man gab Unsummen für das Heer aus; aber doch nur gerade so viel, dass man sicher die zweitschwächste der Großmächte blieb."

---

[2] Kakanien war nie Erster und wollte auch keinen Krieg. Und dennoch hat der Erste Weltkrieg hier in diesem Kakanien seinen Ausgang genommen. Aber wahrscheinlich gerade deswegen, denn die Großmacht sah sich durch einen Zwerg herausgefordert, die Ermordung des Thronfolgers musste in irgendeiner Weise gesühnt werden. Der Kaiser zögerte lange, stellte ein Ultimatum an Serbien, letztendlich setzen sich die Bellizisten durch – Kriegserklärung. Eine Strafexpedition war geplant, mit einem raschen Feldzug sollte Serbien zur Räson gebracht werden. Die Völker der Monarchie taumelten in den Krieg, aus Pflichtgefühl gegenüber dem alten Kaiser, der diese Ungeheuerlichkeit nicht hinnehmen konnte und aus einer gewissen Verklärtheit heraus. In seiner „Welt von gestern" äußert sich Stefan Zweig dazu als Zeitzeuge: „Und dann, was wussten 1914, nach fast einem halben Jahrhundert des Friedens, die großen Massen vom Kriege? Sie kannten ihn nicht, sie hatten kaum je an ihn gedacht. Er war eine Legende, und gerade die Ferne hatte ihn heroisch und romantisch gemacht. Sie sahen ihn immer noch aus der Perspektive der Schullesebücher und der Bilder in den Galerien: blendende Reiterattacken in blitzblanken Uniformen, der tödliche Schuss jeweils großmütig mitten durchs Herz, der ganze Feldzug, ein schmetternder Siegesmarsch – ‚Weihnachten sind wir wieder zu Hause', riefen im August 1914 die Rekruten lachend den Müttern zu." Niemand vermochte zu diesem Zeitpunkt erkennen, welches Grauen heraufbeschworen wurde, das letztendlich vier Jahre dauern sollte und Kakanien zerriss.

Keine Eroberungskriege waren geplant und keine Kolonialkriege, keine Allüren als Weltpolizist, aber dennoch jederzeit bereit, das eigene Land und das eigene Volk zu schützen vor solchen Ansinnen anderer. Vor allem aber geht es um die Wehrhaftigkeit aller, die mit dem System der allgemeinen Wehrpflicht jenen Willen verkörpert, der das gesamte Staatsvolk bereit sein lässt, seine Werte, seine Kultur und damit sich selbst als Menschen verteidigen zu wollen. Jeder einzelne als Bürger eben dieses Staates ist es, dem es um den Selbsterhalt geht, der aber sonst in Frieden mit allen anderen Völkern leben möchte. Hier haben die österreichischen Bürger Besonnenheit gezeigt, als sie sich am 20. Jänner 2013 für die Beibehaltung des Systems der allgemeinen Wehrpflicht entschieden haben – sie haben dem Zeitgeist und der Boulevard-Presse, die so gern in Anlehnung an die Gewaltenteilung Montesquieus als die vierte Macht bezeichnet wird, die Stirn geboten. Die Informationen im Vorfeld zu dieser Volksbefragung waren bescheiden gewesen und in den meisten Fällen keinesfalls sachlich, sondern geprägt von Polemiken und Untergriffen. Dennoch war hier ein Gefühl vorhanden in den Bürgern, dass es falsch sei, die allgemeine Wehrhaftigkeit aufzugeben. Möglicherweise ist es der maßvolle Geist Kakaniens gewesen.

Der „Weg dazwischen" als Erfolgsrezept

Musil skizziert diesen merkwürdigen Geist in einer seltsam anmutenden Dialektik, deren Synthesis über einen langen Zeitraum hinweg den Zusammenhalt ermöglichte. Es bestand also eine verborgene, eine dunkle Ordnung in Kakanien, die hinter der Staatsordnung stand und diese unsichtbar anleitete und führte:

Es nannte sich schriftlich Österreichisch-Ungarische Monarchie und ließ sich mündlich Österreich rufen; mit einem Namen also, den es mit feierlichem Staatsschwur abgelegt hatte, aber in allen Gefühlsangelegenheiten beibehielt, zum Zeichen, dass Gefühle ebenso wichtig sind wie Staatsrecht, und Vorschriften nicht den wirklichen Lebensernst bedeuten. Es war nach seiner Verfassung liberal, aber es wurde klerikal regiert. Es wurde klerikal regiert, aber man lebte freisinnig. Vor dem Gesetz waren alle Bürger gleich, aber nicht alle waren eben Bürger. Man hatte ein Parlament, welches so gewaltigen Gebrauch von seiner Freiheit machte, dass man es gewöhnlich geschlossen hielt; aber man hatte auch einen Notstandsparagraphen, mit dessen Hilfe man ohne das Parlament auskam, und jedesmal, wenn alles sich schon über den Absolutismus freute, ord-

nete die Krone an, dass nun doch wieder parlamentarisch regiert werden müsse. Solcher Geschehnisse gab es viele in diesem Staat [...]

Der alte Kaiser und König firmierte als apostolische Majestät, aber er schuf ein Staatsgrundgesetz, das in seinem 14. Artikel jedem Einwohner Kakaniens die Freiheit der Religionsausübung gestattet – soweit er sich an die Gesetze hält und nichts anstrebt, das anderen Glaubensgemeinschaften oder gar dem Staat Schaden zufügen könnte. Diesen Weg dazwischen kennen wir nur aus Kakanien, überall anders gilt Schwarz oder Weiß, entweder strenger Laizismus oder eine Staatsreligion. Die Wissenschaft und ihre Lehre sind frei, wurde in Kakanien proklamiert. Damit sich dies nicht zu einem Sophismus auswuchs, wie wir ihn heute kennen, achtete man in den Lehrplänen der Schulen sehr genau darauf, was unterrichtet werden sollte. Bildungspolitik bedarf der sorgfältigen Auswahl von Bildungsinhalten; sie sollte sich nicht durch den Zuruf wissenschaftlichen Zeitgeistes aus einer Sackgasse leiten lassen. In Kakanien liefen die Uhren zwar langsamer, aber dafür mit Bedacht. Und eben dies ist Musils Antrieb, diesen versunkenen Staat über alle anderen hinauszuheben: „Soweit das nun überhaupt allen Augen sichtbar werden kann, war es in Kakanien geschehen, und darin war Kakanien, ohne dass die Welt es schon wusste, der fortgeschrittenste Staat; [...]"

Kakanien war Musils Metapher für ein Ideal, den wahren Staat. Kakanien war unvollkommen, zwiespältig, langsam. Musil hatte erkannt, dass der ideale Staat nicht perfekt sein kann, es nicht darauf ankommt Erster zu sein. Das Genie kennzeichnet nicht das Voranpeitschen des Fortschritts. Der wahre Staat wirkt durch Kontinuität, Besonnenheit, Ordnung und Mäßigung. Damit erreicht er das höchste Glück für den Bürger – für alle Bürger, er ist auf diese Weise genial, wie Musil dies resümiert: „Ja, es war, trotz vielem, was dagegen spricht, Kakanien vielleicht doch ein Land für Genies; und wahrscheinlich ist es daran auch zugrunde gegangen."

Literatur

Alle Zitate zu Musils Kakanien aus:

Musil, Robert: Der Mann ohne Eigenschaften I. (Hrsg. Adolf Frisé), Rowohlt Taschenbuch Verlag, Reinbeck bei Hamburg, 22. Auflage April 2007, S. 31–35

Karl Corino

Draufgänger und Tachinierer

Neue Bilder Robert Musils aus dem I. Weltkrieg

Es gehört zu Robert Musils Klandestinität, dass aus bestimmten Phasen seines Lebens kaum Fotos existieren. Eine solche Phase war beispielsweise die Zeit des I. Weltkriegs. Bis 1988 kannte man lediglich zwei Porträts, die den Leutnant und den Hauptmann Musil zeigten.[1] Dann ließen sich in der portugiesischen Nationalbibliothek Lissabon zwei Aufnahmen finden, die den Offizier Robert Musil irgendwo in Südtirol mit seinem Pferd Pepi abbildeten.[2] Franz Blei hatte sie einst in sein Exemplar des „Mannes ohne Eigenschaften" eingeklebt, und aus dem Nachlass seiner Tochter Billy waren sie in die genannte Bibliothek gelangt. „Ich habe Blei Deine Photographien geschickt", schrieb Martha Musil ihrem Mann am 16. Juli 1915. „Hätte gern die Platten der zwei oder drei besten Bilder, denn es bleiben uns wenige."[3]

Nun wurden im Museo Storico Italiano della Guerra von Rovereto drei weitere Fotografien aufgespürt, die die Szenerie der Novelle „Grigia" aus dem Jahr 1921 und eine längere, bislang nicht angemessen kommentierte Passage seiner späten Tagebücher beleuchten. Vom Beginn des Kriegs zwischen Italien und dem Habsburgerreich (23. Mai 1915) war Musil in einem urtümlichen Dorf namens Palai im Fersental, südöstlich von Trient stationiert. Er war Adjutant des Landsturm-Infanteriebataillons 169 und hatte die Aufgabe, mit unterlegenen österreichischen Kräften den drohenden Angriff der Italiener in seinem Abschnitt abzuwehren. Die Monate bis Ende August in diesem ehemaligen Bergbau-Dorf waren für ihn die abenteuerlichste Zeit des ganzen Weltkriegs: es war die Begegnung mit einer Welt, die in Architektur, Wirtschaftsweise und sozialen Beziehungen fast noch mittelalterlich war.

Seine Tagebücher sind voll von Beobachtungen jenes reizvollen atavistischen Kosmos, und sie bildeten das Material der „Grigia", die er drei

---

1 Karl Corino, Robert Musil. Leben und Werk in Bildern und Texten. Reinbek 1988, S. 222 und 253 (abgekürzt LWBT).

2 Ebda., S. 230 f.

3 Nach dem Original in der Handschriften-Abteilung der ÖNB (Nachlass Robert Musil).

Jahre nach Kriegsende fertigstellte. Er erzählte darin die Geschichte eines Mannes, der bei einem Bergbau-Unternehmen anheuert und sich in einem abgelegenen Alpental in ein ehebrecherisches Verhältnis mit einer Bäuerin einlässt, das ihn schließlich das Leben kostet. Erfunden war darin im Wesentlichen nur das tragische Ende. Ansonsten darf man davon ausgehen: Er schildert das „Pantscherl", das er im Sommer 1915 mit der Palaier Bäuerin Magdalena Lenzi hatte.[4] Die Übereinstimmungen zwischen dem Tagebuch und entsprechenden Passagen in dem scheinbar ganz fiktiven Text sind zahlreich - der wichtigste Kunstgriff war, die Kriegsszenerie zu verwischen und die Handlung in eine nicht näher bestimmte Friedenszeit zu verlegen. Die Offiziersrunde, die sich im Pfarrhaus Palai einquartiert hatte, verwandelte er in eine abenteuerliche menschliche ‚Montan-Union', und was bislang durch die Radierungen von Alfred Zangerl illustriert war,[5] gewinnt nun durch den Fund aus Rovereto die Authentizität eines Schnappschusses.

„Wenn es Abend geworden war, kamen alle im kleinen Pfarrhof zusammen, wo sie ein Zimmer als Kasino gemietet hatten … sobald es dunkel wurde, [kamen alle] mit ihren kleinen Laternen die unsichtbaren Wege dahergestolpert. Denn sie litten noch mehr als als an Fleischvergiftung an Traurigkeit und Öde, trotzdem es so schön war. Sie spülten es mit Wein aus. Eine Stunde nach Beginn lag in dem Pfarrzimmer eine Wolke von Traurigkeit und Tanz. Das Grammophon räderte hindurch wie ein vergoldeter Blechkarren über eine weiche, von wundervollen Sternen besäte Wiese. Sie sprachen nichts mehr miteinander, sondern sie sprachen. Was hätten sie sich sagen sollen, ein Privatgelehrter, ein Unternehmer, ein ehemaliger Strafanstaltsinspektor, ein Bergingenieur, ein pensionierter Major?"[6]

Man wüsste gern, welche Berufe die sechs Männer auf dem Foto neben Musil (dem „Privatgelehrten") im zivilen Leben hatten. Der ursprüngliche militärische Aspekt ist nur noch durch den „pensionierten Major" gegenwärtig und durch die Anspielungen in der Musik, die das Grammophon nudelt. „Rosa, wir fahr'n nach Lodz" war nämlich 1915 – im Unterschied zu der weichgespülten Version der Vicky Leandros - ein aggressives Kampflied. „Ich hätte *sehr* gern auch das Bild bei Tisch,

---

[4] Ihr Porträt LWBT S. 233. Ihre Lebensdaten: 1880–1954.

[5] Die Illustrationen finden sich in der Erstausgabe der Novelle „Grigia", Potsdam 1923, Verlag Müller & Co.

[6] Ebda., S. 25 f.

Abb. 6: Tafelrunde österreichischer Offiziere im Pfarrhaus von Palai, Sommer 1915 (Musil 1. von links)

Abb. 7: Auf der Treppe des Pfarrhauses Palai im Sommer 1915 (Ausschnitt, Musil hintere Reihe, 4. von links mit Zigarette)

(mit den Flaschen)", schrieb Martha Musil am 2. September 1915 ihrem Gatten. „Es ist nicht gut, aber Deine Stirn ist so deutlich." Und weiter: Gräfin Alberti habe ihr noch ein anderes Foto gegeben, eines „vor dem Pfarrhaus".[7] Es hatte eine militärisch Vorgeschichte.

Wenn man genau hinsieht, erkennt man: Musil trägt auf dem Kragenspiegel neben dem obligatorischen Rangabzeichen das Edelweiß der k. k. Gebirgstruppen. Dieses kakanische Emblem wurde 1915 auch dem deutschen Alpenkorps für Hilfe in höchster Not verliehen. Denn bei der Kriegserklärung Italiens war die Südfront der k. u. k. Monarchie von Truppen so entblößt, dass die Generalstäbe einen Durchmarsch des Gegners bis zum Brenner oder gar bis Bayern befürchteten. Der deutsche Bundesgenosse stellte daher rasch eine respektable Hilfstruppe unter Konrad Krafft von Dellmensingen zusammen, in der gebirgserfahrene bayerische Elitetruppen mit preußischen und mecklenburgischen Einheiten kombiniert waren. Da Deutschland noch nicht im Kriegszustand mit Italien war, hatte das Alpenkorps die Anweisung, zunächst nicht auf italienisches Gebiet vorzudringen. Es sollte die militärische Infrastruktur ausbauen helfen und als Reserve bereitstehen.

In seinen Tagebüchern von 1915, die sozusagen mehr impressionistischen Charakter hatten, ging Musil auf die strategische Lage nicht ein. Aber unter dem Datum des 29. Juni 1915 machte er eine kurze Notiz, in der er erstmals ein deutsches Detachement (für Laien: einen Kampfverband verschiedener Waffengattungen unter Divisionsstärke) erwähnt:

„Der deutsche Leutnant kommt mit dem Detachement nach Pontarso; unser Gend.[armerie-]Wachtmeister meldet sich bei ihm und will ihm Aufschlüsse über die gegnerische Situation geben: ‚Schon gut, wir werden sie schon finden' und geht ohne Aufenthalt weiter.

‚Nu wollen wir sie mal ein wenig fricassieren'.- Was im Frieden manchmal Großschnauzigkeit ist, wird jetzt zu einer draufgängerischen Religion."[8]

Es dauerte rund zweieinhalb Jahrzehnte, bis er sich anlässlich eines bislang nicht identifizierten Zeitungsartikels über den Haudegen Rommel in Afrika an die Palaier Situation erinnerte. Die vorher nie erwähnte Verlegung einer deutschen Streifkompanie ins Fersental wurde ihm nun zum Anlass, über unterschiedliche militärische Mentalitäten,

[7] ÖNB (Nachlass Robert Musil)

[8] Robert Musil, Tagebücher. Herausgegeben von Adolf Frisé. Reinbek 1983, S. 307 (abgekürzt T).

über die draufgängerische deutsche und die eher tachinierende österreichische Kampfführung nachzudenken.

„Wir waren nicht feig; mit einem Landsturm-Bataillon und zwei Standschützen-Bataillonen (vorher 2 zu entwaffnenden österreichisch-italienischen Bataillonen) haben wir ca. 30 km Gebirgsfront gegen eine Division gehalten. Aber wir waren bedächtig. Auch wir gingen z. B. vom Lago d'Ezze [einem kleinen Gebirgssee über Palai] in das schluchtartige Tal zu fischen. Aber wie macht man das? Man sichert den waldigen Platz durch ein oder zwei Patrouillen. Man legt an der vom jenseitigen Hang eingesehenen Stelle die Angel aus, klemmt sie ... zwischen Steine, und nimmt selbst Deckung. Erst wenn der Fisch angebissen hat, holt man ihn. Dann marschiert man gesichert zurück.Der Pseudo Rommel [vom Alpenkorps 1915] dagegen: Ich habe Befehl, ihm die Lage zu erklären. Er winkt ab, antwortet: Nu wollen wir sie mal frikassieren, und setzt sich mit seinen Leuten in Bewegung gegen dass uneinsichtige Terrain, von dem man nicht weiß, welche Teile der feindlichen Division und wo es sie verbirgt. Er kehrt auch mit irgendeinem Erfolg zurück."[9]

Der neue Fund in Rovereto erlaubt nun, diese etwas heikle und den stolzen Musil demütigende Episode der deutsch-österreichischen Waffenbrüderschaft etwas genauer zu betrachten. Zwei Fotos zeigen eine Gruppe von Offizieren auf der Treppe des Palaier Pfarrhauses. Die beiden Aufnahmen ähneln einander, - mit dem Unterschied, dass bei der ersten im letzten Augenblick ein Unteroffizier ins Bild geritten kam und die Optik störte. Allerdings trägt dieses Ausschuss-Bild eine wichtige Unterschrift: „Abschied Hallenstein". Sie signalisiert, die Österreicher inklusive Musil bildeten den Hintergrund für das Adieu des deutschen Offiziers Hallenstein, der sich im Vordergrund mehr oder weniger schräg auf die Brüstung der Treppe stützt. Das Foto dürfte im August 1915 entstanden sein, denn bald darauf wurde das Alpenkorps nach Serbien abkommandiert, und auch Musil musste dem Fersental Anfang September Valet sagen, eine neue Stellung beziehen. Am 2. September resümierte Martha Musil, was es für sie bedeute, solche Bilder zu sehen: „Ebbe und Flut, Freude und stärkeres Schmerzgefühl. Du, so im Kreise von Menschen, so fern von mir. Gut = das Konkrete = Reale = zu sehen. Bitte schicke mir *alle* Aufnahmen, auch die schlechten."[10] Und zwei Tage später, ihren Mann bedauernd, der in den Kampfpausen an seinem Drama *Die Schwärmer* weiterzuschreiben versuchte:

---

[9] T S. 996 .

[10] ÖNB (Nachlass Robert Musil)

„Armer Kleiner, kann gar nicht mehr arbeiten. Auf dem Bild vor der Treppe siehst Du ganz bös aus .. Du .. zwischen all diesen tüchtigen Menschen!“[11]

Die Folgezeit bot Musil wie Hallenstein, bei unterschiedlichem Talent dafür, wenig Gelegenheit zum Tachinieren. Musil wurde im November/Dezember 1915 in die vierte Isonzo-Schlacht geworfen und erlebte die brutalen Schrecken der Materialschlacht ähnlich wie sein arroganter deutscher Kollege, der 1916 mit seiner Truppe bei Verdun kämpfte.

Theoretisch könnten sich die ungleichen Brüder noch einmal begegnet sein, und zwar im Herbst 1917, nach der 12. Isonzo-Schlacht, als dem Alpenkorps mittels Giftgases das makabre chemische „Wunder von Karfreit“ gelang - der Stoß durch die italienischen Linien bis zum Tagliamento. Musil war damals Kunstsachverständiger in der Heeresgruppe Boroevic und hatte die erbeuteten Schätze zu taxieren.[12] Sollten sich die beiden Offiziere da wirklich ein letztes Mal über den Weg gelaufen sein – mehr als ein sinistres Augurenlächeln werden sie nicht getauscht haben.

Dank einem Fund von Mario Folgheraiter, Trient, ist schließlich ein vorläufig letztes unbekanntes Foto mit Musil aus dem I. Weltkrieg aufgetaucht: eine Gruppenaufnahme von etwa 80 Offizieren des Heeresgruppenkommandos Generaloberst Erzherzog Eugen vom Mai oder Juni 1916, auf Platte gebannt vor dem militärisch umgewidmeten Hotel Laurin in Bozen. Musil, Flügelmann in der 4. Reihe (v. r.), trägt auf der schwer zuzuordnenden Personenliste die Nr. 81: K. k. L[and]st[urm] Ob[er]l[eutnan]t Dr. phil. Robert Musil, Ausz[eichnungs]Gruppe. Man glaubt auf der Ausschnitt-Vergrößerung zu erkennen, das Gesicht sei von der schweren Mund-und Racheninfektion des Frühjahrs 1916 noch abgemagert. Sie hatte jedoch den Vorteil, dass er nach Spital-Aufenthalten in Innsbruck und Prag als frontdienst-untauglich galt und von seinem Freund Maximilian Becher, Major des Generalstabs, in die Bozner Etappe geholt werden konnte. Der intensive Kontakt mit Becher und seiner Frau Marietta von Mai 1916 an – man wohnte, Martha Musil inklusive, gemeinsam in einer Grieser Villa[13] – führte dazu, dass die Bechers in Musils satirischem Dramenentwurf „Panama“ eine

---

[11] Ebda.

[12] T S. 835.

[13] Villa Isidora, LWBT S. 243

wichtige Rolle spielten[14] und dass „Maxl" auch zu einem der Modelle für den General Stumm von Bordwehr im „Mann ohne Eigenschaften" avancierte.[15] Der Personenschlüssel legt nahe, ca. ein Dutzend der 80 Offiziere scheint Musil so wichtig gewesen zu sein, dass er sie im Tagebuch nennt oder in das Dramen-Fragment einbaute. Mit dem großgewachsenen Erzherzog Eugen lernte er offenbar einen der ganz wenigen Habsburger kennen, vor denen er Respekt empfand. Kein anderer Prinz aus dem Erzhause war so beliebt wie er, „der sich zum Beispiel in den Straßen Wiens nicht zeigen konnte, ohne dass ihm sofort eine Polonaise bewundernder Spaziergänger wie auf Kommando folgte".

Ein anderer hoch respektabler Mann war der Leiter der Bozner Chiffre-Gruppe, Major Andreas Figl. Er besaß eine ausgesprochene Begabung für die Entzifferung verschlüsselter Funksprüche; „bei keinem Wechsel der feindlichen Chiffrenschlüssel brauchte er zur Bloßlegung des Systems länger als drei Tage. Man kann ruhig sagen, dass ohne diese Entzifferung die Russen bei ihrer gewaltigen Übermacht höchstwahrscheinlich schon im Winter 1914/15 bis Wien gekommen wären", mutmaßt General Glaise von Horstenau.[16] Da Figl an der russischen Front mit den Funksprüchen des italienischen Botschafters in Petersburg schon sehr erfolgreich ‚geübt' hatte, war seine Tätigkeit an der Südfront gewiss nicht weniger erfolgreich. Er war ein Mensch, der wenn nicht den Krieg, so doch einzelne Schlachten entscheiden konnte, und seine Erkenntnis, das Dechiffrierwesen dränge die Spionage in den Hintergrund, hätte von hohem Interesse sein können für Musil, der nach dem I. Weltkrieg einen Roman „Der Spion" plante.[17] Bei einem imaginären Kasino-Gespräch zwischen den Herren Figl und Musil über mathematische Hilfsmittel zum Knacken feindlicher Codes wäre man gern Mäuschen gewesen.

Es gab in der Bozner Etappe Leute, die dem Rad des Weltlaufs in die Speichen gegriffen oder besser: die dem Schicksal ihr Auto geliehen hatten. Da war z. B. der Landsturm-Oberleutnant im k. k. Freiwilligen Automobilisten-Korps, der Geheime Rat Franz Graf Harrach.[18] Er

---

[14] T Bd. II S. 1018 ff.

[15] LWBT S. 374 f.

[16] Peter Broucek, Ein General im Zwielicht. Die Erinnerungen Edmund Glaises von Horstenau, Bd. 1. Wien – Köln – Graz 1980. S. 368 f.

[17] Robert Musil, Der Mann ohne Eigenschaften. Herausgegeben von Adolf Frisé. Bd. 2, Reinbek 1990, S. 1813 ff.

[18] LWBT S. 362

hatte dem österreichischen Thronfolger Franz Ferdinand im Sommer 1914 seinen Wagen und den Chauffeur zur Verfügung gestellt. Und hätte sich der an einer bestimmten Stelle in Sarajewo nicht verfahren, hätte Princip sein Attentat dort nicht begehen können. Harrach war Augenzeuge der Schüsse und hilfloser Helfer der Sterbenden. Nun schrieb er schmalzige Artikel zu Ehren des greisen Kaisers Franz Josef.[19] Musil druckte sie in der von ihm herausgegebenen Soldatenzeitung ab und zitierte sie ironisch in seinem unvollendeten Drama „Panama oder Der kleine Napoleon", das mit etwas mehr Biss ein kleines Gegenstück zu den "Letzten Tagen der Menschheit" von Karl Kraus hätte werden können.

Musils Fokus liegt ganz auf der militärischen Pathologie, wie er sie in Bozen kennen lernte. Wobei deren Verflechtungen mit dem zivilen Leben nicht zu übersehen sind, etwa wenn der mit den Habsburgern verwandte Ordonanzoffizier Georg Graf Festetics mit der Frau Max Bechers anbandelte und als Gegenleistung angeblich dessen Karriere förderte. Thema ist also die allgemeine (seit dem Bau des Panama-Kanals sprichwörtliche) Korruption – anderes Beispiel die Beschaffung von Lebensmitteln en gros und en detail. Weiter geht es um den listigen Umgang mit Vorgesetzten, die man mit Hiobsbotschaften nicht erschrecken dürfe; die Weglobung unfähiger Kommandeure; um kleine Schwankungen der Gefallenen-Statistik, für die ein paar hundert Tote keine Rolle spielen; schließlich auch um Todesurteile, deren Vollstreckung nur aufgeschoben ist, weil die Prozess-Akte gerade verschlampt ist. Da ist noch manches zu recherchieren, etwa das Schicksal jenes Landsturm-Manns Navratil, das der Autor in der Schwebe lässt. Der Delinquent hatte vor einem Bild des Kaisers ausgespuckt und sollte dafür mit dem Leben büßen.[20] Es wäre zu wünschen, Musil habe den Fall nur erfunden – wahrscheinlich ist es nicht.

---

[19] „Bei unserem Kaiser. Vom k. u. k. Geheimen Rat, Landsturmoberleutnant Franz Graf Harrach" in: Soldaten-Zeitung, 2. Jg., Nr. 10, 18. August 1916, S. 4 f.

[20] T Bd. II S. 1031 f.

Peter Schmiedt

Robert Musil und der Erste Weltkrieg

Ein Dichter denkt über die Ursachen des Ausbruchs nach

„Man kann den Krieg auf die Formel bringen: Man stirbt für seine Ideale, weil es sich nicht lohnt für sie zu leben. Oder: Es ist als Idealist leichter zu sterben als zu leben. Eine ungeheure Flaute lag über Europa und wurde am drückendsten in Deutschland empfunden. Religion tot. Kunst und Wissenschaft eine esoterische Angelegenheit. Philosophie nur als Erkenntniswissenschaft betrieben. Familienleben zum Gähnen (aufrichtig gestanden!), Vergnügungen lärmend, wie um sich vor dem Einschlafen zu schützen. Fast jeder Mensch ein Präzisionsarbeiter, der nur ein paar Handgriffe auszuführen weiß. Dabei jeder durch Zeitung, Eisenbahn in den Mittelpunkt der Erde gesetzt, ohne etwas damit anfangen zu können. Politik ein Kleinverschleiß von gewesenen Ideen. Was Lebenswertes gibt es in einem solchen Menschenleben? Dieser Mensch von 1914 langweilte sich buchstäblich zum Sterben! Deshalb kam der Krieg mit dem Rausch des Abenteuers über ihn, mit dem Glanz ferner unentdeckter Küsten. Deshalb nannten ihn solche, die doch nicht geglaubt hatten, ein religiöses Erlebnis, nannten ihn die Vermauerten ein einigendes Erlebnis."

Dieser undatierte Text, vermutlich 1918 verfasst, stammt von Robert Musil, einem der ganz Großen der österreichischen Literatur.

Kindheit und Jugend im militärischen Gesinnungsmilieu

Robert Musil wird am 6. November 1880 in Klagenfurt geboren. Er stammt aus einer Familie, in der die Männer häufig militärische, aber auch naturwissenschaftliche Karrieren eingeschlagen hatten. So ist es nicht verwunderlich, dass Musil im Alter von elf Jahren in die Militärunterrealschule nach Eisenstadt geschickt wird. Zwei Jahre später kommt er für drei Jahre auf die Militär-Oberrealschule in Hranice (Mährisch-Weißkirchen), damals eine berühmte Kadettenschule, die Söhne aus Adel und bürgerlichen Schichten auf den Offiziersberuf vorbereiten sollte. Später erinnert sich Musil an eine unteroffiziersmäßige Erziehung, an sträflingshafte Monturen, an kümmerliche Schul- und Internatseinrichtungen und „an leidenschaftliches Heimweh", welches in diesem „A-Loch des Teufels" entstanden ist. In Robert Musils Debütroman „Die Verwirrungen des Zöglings Törleß" verspüren wir Athmosphäre, seelische Problematik, befohlene Subordination, geistlosen Drill. Alles persönliche Schul-Erfahrungen, die der Autor literarisch verwertete und ihm zu flüchtigem Ruhm verhalfen, dem einzigen zu Lebzeiten.

Musils Aktivitäten im Krieg

1914, Musil ist jetzt 34 Jahre alt, unterstützen Schriftsteller, Intellektuelle, Professoren wie Künstler nahezu geschlossen die Politik des Deutschen Reiches, das zu seinen Bündnisverpflichtungen gegenüber Österreich-Ungarn steht. Er ist im August in Berlin und kann sich dem, was um ihn rundherum passiert, nicht entziehen. Er, der auf eine harte militärische Biographie zurückblickt, hat sein „Augusterlebnis", das er als religiöse Erweckung begreift. Psychologisch eigentlich leicht verständlich, wenn man bedenkt, wie sogar schon dem Soldatischen völlig fremde Kulturträger auf den großen Sieg warteten.

So meldet sich Musil freiwillig und rückt nach Linz zum Landsturm ein. Er wird an der österreichisch-italienischen Grenze in Südtirol stationiert, bis Januar 1915 im Gebiet des Ortlers, anschließend im Raum Triest. Im Mai 1915 erklärt Italien Österreich-Ungarn (nicht Deutschland) den Krieg und damit beginnt der Krieg auch in den Bergen.

Bis März 1916 befindet sich Musil an der Grenze und an der Front, in Südtirol, im Trentino, am Isonzo, also dort, wo die großen Materialschlachten zwischen Italien und Österreich-Ungarn stattfinden. Nach einer schweren Erkrankung im Frühjahr 1916 kehrt Musil allerdings nicht mehr an die Front zurück. Er wird nun Redakteur der „Tiroler Soldatenzeitung". Nach dem politischen Ende dieser Publikation versetzt man Oberleutnant Dr. Robert Musil in das Hauptquartier der Isonzo-Armee in Adelsberg/Postojna und vom Frühjahr 1918 bis zum Ende des Krieges verantwortet er im Kriegspressequartier in Wien, hochdekoriert und im Range eines Hauptmanns, die Zeitschrift „Die Heimat". Wiederum ein soldatisch militärisches Produkt: die Hervorbringung eines Mannes, der schon als Elfjähriger soldatischen Geist und ebensolches Denken als Erziehungsgrundlage erfuhr. Musil ist also in den 4 Kriegsjahren nicht weiter als Belletrist in Erscheinung getreten, wenngleich festzustellen ist, dass Texte, welche ohne Namensnennung in der „Soldatenzeitung" und in der „Heimat" erschienen sind, bei Textanalysen seine Urheberschaft vermuten lassen.

Augusterlebnis (Tagebuch August 1914)

„Berlin, August, Krieg.

Stimmung wie es von allen Seiten herbrach.

Die entwurzelten Intellektuellen.

Die, welche nach einer Weile erklären, daß sie ihr Gleichgewicht wiedergefunden haben und nichts an ihren Anschauungen zu ändern brauchen, zum Beispiel (Oskar) Bie.

Neben aller Verklärung das häßliche Singen in den Cafés. Die Aufgeregtheit, die zu jeder Zeitung ihr Gefecht haben will. Leute werfen sich vor den Zug, weil sie nicht ins Feld dürfen

Auf den Stufen der Gdächtniskirche, während des Buß-und Bittgottesdienstes beginnen Laien zu predigen.

Die meisten Nottrauungen in den Gebäranstalten.

Einfachere Kleidung der Frauen.

Ich hänge mich einem ziemlich rasch fahrenden Automobil ins Dach um ein Extrablatt zu erlangen.

Die Aufrufe der verschiedenen Berufe: Apollo schweigt und Mars regiert die Stunde, schließt der der Schauspielervereinigung.

Eine einzelne Zeitung – die Post – hetzt noch gegen die Sozialdemokraten und spricht vom „inneren Feind“, den man über dem äußeren nicht aus den Augen verlieren dürfe.

In den allerersten Tagen, als abends auf der Straße alles um ein Extrablattt drängt, das verlesen wird und eine Elektrische ganz langsam durchfahren will, der große Mensch, Ende der zwanzig, der zu schreien anfängt: Stehenbleiben, sage ich ihnen, bleiben sie stehen! Und wahnsinnig mit dem Stock fuchtelt. Seine Augen haben den Ausdruck Verrückter. Psychotiker sind in ihrem Element, leben sich aus.

Gegensatz und Parallele dazu, was (Carl) Einstein erzählt: In den Kasernen Unordnung, Entfesselung. Mit Ausnahme des Dienstes. Zentimeter hoher Schmutz, Notlager, Trinken. Es wird wie verrückt gestohlen. Koffer erbrochen. Liegen lassen darf man überhaupt nicht. Er sagt, er weiß nicht, was es ist, es sitzt auch in ihm, er braucht keine Bürste, aber er stiehlt zwei, sieht eine dritte und stürzt auf den Mann los: Du hast meine Bürste, nimmt sie mit Gewalt. Ganzen Abteilungn werden die Gewehrverschlüsse entwendet, sinnlos versteckt, verstreut. Selbst die Offiziere sa-

gen nur: wenigstens nicht in der eigenen Kameradschaft stehlen! Richter und Rechtsanwält sagen einander, als wäre es nichts, hast du nicht meine Koppel geklaut? Man hat das Gefühl, paßt man nicht sehr auf, fallen alle übereinander her.

Einstein ist begeistert; alles andere ausgelöscht. Schläft er bei seiner Frau, hat er nur Interesse für sein Knopfputzmittel. Sein Arbeitszimmer betritt er überhaupt nicht.

Die Verlustenlisten: ...tot...tot...tot...so untereinandergedruckt, niederschmettender Eindruck."

(Anmerkung: Carl Einstein, 1885 bis 1940, deutscher Kunsthistoriker und Schriftsteller)

Nach der Lektüre solcher Tagebucheintragungen wundert sich niemand, dass Musil seine Betrauung mit der Führung der 1. Kompanie des 24. Landsturm-Marschbatallions nur genießen konnte. Aufenthalt in der alpinen Landschaft rund um den Ortler (Italien mit Österreich noch nicht im Kriegszustand), also eine Art Bergurlaub mit Skikurs in Sulden. Im Dezember 1914 schreibt er an die Frau des Verlegers Fischer: „Ich stecke rings im Schnee, Ski sind mir an den Füßen gewachsen und meine Prophezeiung, daß ein so weites Wegsein von der Welt – denn ich fange an zu bemerken, daß das mit meinem Begriff von Glück identisch ist – nicht mehr von langer Dauer sein kann, scheint sich auch zu erfüllen."

Das Wegsein von der Welt als Begriff des Glücks! Erklärt das, wie ein soldatisch und naturwissenschaftlich ausgebildeter Mann sich zu einer der feinsten Persönlichkeiten in der Welt der Literatur und im Weiteren der Geisteswissenschaften entwickelt?

Die Entwicklung in den einzelnen Jahren

1914

Robert Musil wird mit der Führung der 1. Kompanie des 24. Landsturm-Marschbatallons betraut und an den Ortler in Südtirol abkommandiert. Die Grenzsicherung gegen Italien ist Aufgabe seines Batallons. Wie schon erwähnt, befand sich Österreich-Ungarn zu diesem Zeitpunkt noch nicht im Krieg mit Italien, und während große Teile des k.u.k.-Heeres auf den Schlachtfeldern Galiziens kämpften, entstand bei Musil im noch friedlichen Alpenbereich vermutlich „der Begriff vom Glück".

1915

Der Kriegseintritt Italiens erfolgt am 23. Mai. Musil war zu diesem Zeitpunkt in Palai im Fersental stationiert. Dort gab es wenige Gefechte, die keinesfalls mit den verheerenden Kämpfen in der Hochebene von Lavarone zu vergleichen sind, welche zu eben dieser Zeit stattfanden. So protokolliert er: „Leben unverändert wie stets (mit Ausnahme der Patrouilletage). Erledigung der Post, Telefongespräche, Kartenspiel" (1. Juni).

Im Tagebuch und in Briefen werden die Kämpfe aus der Ferne beschrieben. Unter den strikten Vorgaben der Zensur entwickelt sich der analytische und kühle Stil des Autors. So lässt sich in den Berichten eine politische oder gar emotionale Haltung Musils nicht erkennen. Wir finden jedoch bemerkenswerte ästhetische Bilder, welche die alpine Landschaft, die Frauen von Palai und sogar den Dialekt der Einheimischen darzustellen versuchen. Diese Empfindungen in Palai führten nach dem Krieg im Jahre 1921 zu Musils Novelle „Grigia". In dieser erfährt ein gelehrter Geologe im Fersental das Erleben kreatürlichen Seins in der Natur und im Bauernvolk. Der Gelehrte wird aus seinen rational gesicherten Bindungen in ein Dasein geworfen, das er in der Liebe zur Bauersfrau Grigia als „Wiedervereinigung" empfindet. Die ihm fremde Welt bleibt ihm jedoch fremd und vernichtet ihn schließlich.

Ende November 1915 wurde Robert Musil nach Prvačina, südlich von Görz in Slowenien, versetzt, wo er in der vierten Isonzoschlacht an ganz vorderster Front kämpfte. Seine nachträglichen Aufzeichnungen bezüglich des Einsatzes am Isonzo lassen die dramatische, unglaubliche Härte der Isonzoschlachten erkennen. Und erstmals denkt Musil daran, sich vom Frontdienst entheben zu lassen.

1916

Februar und März 1916 befand sich Robert Musil wieder in Südtirol, im Kampfabschnitt Arabba. Dort ereignet sich in der Nähe des Col di Lana eine Lawinenkatastrophe, bei welcher Musil, „obwohl bereits bedenklich krank, seinen Kommandanten während der Lawinenkatastrophe auf das werktätigste unterstützt und sich am Rettungswerke unter persönlicher Gefahr hervorragend beteiligt" habe.

Mit Blutungen aus dem Mund und hohem Fieber wurde er dann im März von Arabba in die Lazarette Corvara und Bruneck, dann schon stark abgemagert ins Reservespital Innsbruck und Anfang April nach Prag-Karolinental gebracht. Die Symptome waren derartig alarmierend, dass die Ärzte ein Wiederaufflammen der vormals überstandenen Syphillis für denkbar hielten. Auch die Eindrücke aus dieser Zeit wurden literarisch verarbeitet und zwar in kleineren Erzählungen und Novellen (z. B. „Die Maus auf der Fodara Vedla", 1921)

Noch nicht ganz genesen, beantragte Musil nach eineinhalb Jahren an der Front eine Verwendung in der Etappe. Ende April 1916 wurde ihm ein Platz beim Heeresgruppenkommando Erzherzog Eugen in Bozen zugewiesen. Am 18. Juni 1916 wurde Robert Musil dann zur „Tiroler Soldatenzeitung" (ab Mitte August „Soldaten-Zeitung) versetzt. Laut Impressum wurde am 8. Oktober dem „Landsturm-Oberleutnant Dr. Robert Musil" die redaktionelle Verantwortung übertragen. Musil schrieb vermutlich auch selbst für diese Publikation etwa 40 Artikel, ohne diese jedoch namentlich zu kennzeichnen. Meist ging es darum, die Kampfbereitschaft der Soldaten zu erhöhen und Auflösungserscheinungen an der Front zu verhindern. Im April 1917 musste das militärische Nachrichtenblatt, das zu einer überregionalen Wochenschrift geworden war, allerdings eingestellt werden.

1917

Nach der Einstellung dieser militärischen Publikation wurde Musil noch im April versetzt, diesmal an das Isonzo-Hauptquartier des Generals Borojević in Adelsberg/Postojna, dem Kaiser Karl am 17. Mai 1917 einen Besuch abstattete. Schon am 12. Mai hatte die 10. Isonzoschlacht begonnen: Es war der zehnte Versuch der italienischen Armee, über das Laibacher Becken in das österreichische Kernland vorzudringen. Auch diese Schlacht und die darauf folgende brachten keine Wendung, führten jedoch zu großen Verlusten auf beiden Seiten. In der 12. Isonzoschlacht (bei Karfreit) Ende Oktober 1917 stießen die österreichischen Truppen schließlich mit den deutschen Verbündeten bis an die Piave vor. General Borojević verlegte dann im November sein Hauptquartier von Adelsberg nach Udine und auch Musil wechselte an den neuen Standort, und zwar als zuvor zum Landsturm-Hauptmann ernannter Soldat. Viel später, nämlich 1935, erinnert er sich an seine „Rolle als kunsthistorischer Sachverständiger beim Heeresgruppenkommando Borojević". Es hat den Anschein, dass er dort für die Auswertung des Raubguts zuständig war. Ein weiterer Schritt in der Entwicklung zum großen Künstler?

1918

Im März dieses Jahres wurde Landsturm-Hauptmann Musil einer redaktionellen Gruppe im Kriegspressequartier zugeteilt. Man gab eine „neue patriotische Wochenschrift" mit dem Titel „Heimat" heraus. Ihre Aufgabe war über die gute militärische und wirtschaftliche Lage der Monarchie zu berichten und vor allem die „im Hinterland zutage tretenden destruktiven Stömungen" zu bekämpfen. Enorm groß war dabei die Angst vor dem Übergreifen der russischen Revolution. Ab 9. Mai trug Musil die redaktionelle Verantwortung für sämtliche Ausgaben der „Heimat", auch für die tschechische, ungarische und kroatische Version. Bereits im Oktober dieses Jahres befand sich die Monarchie in Auflösung, es kam zu Streiks und Demonstrationen der völlig ausgehungerten Bevölkerung. Am 11. November dankte der Kaiser ab und schon am nächsten Tag wurde bekanntlich in Wien die Republik ausgerufen.

Im Dezember wurde dann das Pressequartier liquidiert, das Robert Musil durch Archivtätigkeit bis zum Jänner des nächsten Jahres auflöste.

Entwickelte sich in diesem dramatischen Zeitgeschehen die wehmütige Erinnerung an das einstige Kakanien?

Nach dem Ersten Weltkrieg

Musil ist nun von 1919 bis 1922 im österreichischen Staatsdienst tätig, zunächst im Außen-, dann im Heeresministerium. In dieser Zeit reifte in ihm der Entschluss zur Existenz als freier Schriftsteller und Kritiker in Wien.

Bereits 1905 hatte sich Musil erste Notizen zur Konstruktion jenes Romans gemacht, der dann von 1925 an für nahezu zwei Jahrzehnte die gesamte schöpferische Arbeit des Schriftstellers beanspruchte: „Der Mann ohne Eigenschaften". Zwischen dem Verleger Ernst Rowohlt und Robert Musil kam Mitte der 1920er-Jahre ein Vertrag zustande, der dem Autor auf Jahre hinaus ein Honorar zusicherte und es ihm ermöglichte, sich ganz der Arbeit an dem zeitkritischen Roman zuzuwenden. Thomas Mann meinte 1939: „Der ‚Mann ohne Eigenschaften' ist ohne jeden Zweifel größte Prosa, die mit dem Vornehmsten rangiert, was unsere Epoche überhaupt zu bieten hatte, ein Buch, das die Jahrzehnte überdauern und von der Zukunft in hohen Ehren gehalten werden wird."

Der Mann ohne Eigenschaften – ein Zeichen der Zeit

Da ein ganz großer Künstler in seinem Werk weiterlebt, sei hier die Frage aufgeworfen, mit welcher Wucht der große Krieg das Genie Musils in seinem Hauptwerk formte. Österreich erlitt in spezieller Weise die Krise der europäischen Kultur, die Auflösung der alten Werte und somit auch seiner künstlerischen Formen. Die Ursachen dafür kann man im unruhigen Völkergemisch sehen, das keine geistige Einheitlichkeit möglich machte und natürlich auch in einer Dekadenz, die hier stärker hervortrat als im übrigen Europa. Mit dem Krieg fand die österreichisch-ungarische Gesellschaft ihr Ende und somit auch sämtliche erworbenen geistigen Gewissheiten. Die österreichischen Intellektuellen hatten mit dem alten Menschenbild keinen Anhaltspunkt mehr und mussten sich deshalb auf neue Weise ausdrücken. Es entsteht der soziologisch-ideologische Roman, der eigentlich gar kein Roman im alten Sinne ist. Und er dient als Vorwand, die Entwicklung einer geistigen Problematik und die Darlegung einer Weltanschauung zu vermitteln. Musil, der die Zeit „vorher und nachher" erlebte, wird zum größten Dichter dieser neuen Literaturgattung. Sein Werk bekam durch dieses „Vorher und Nachher" und natürlich durch den Krieg selbst entscheidende Akzente.

Selbstverständlich wurde der große Dichter auch von dem damals stark beachteten Philosophen Edmund Husserl sehr beeinflusst, was sich schon am Anfang des Romans erkennen lässt. Husserl war der Meister der phänomenologischen Philosophie. Triviale, beinahe banale Erklärung wäre für diese zum Beispiel: Wir sehen die „Sonne aufgehen", wissen aber, dass dies nicht der Fall ist. Es scheint bloß so. Die Wirklichkeit ist anders. Nichts ist so wie es ist; alles sieht bloß so aus.

So eröffnet Musil sein großes Werk folgendermaßen: „Über dem Atlantik befand sich ein barometrisches Minimum; es wanderte ostwärts, einem über Rußland lagerndem Maximum zu ... Die Isothermen und Isotheren taten ihre Schuldigkeit ..." Und voller Ironie: „Mit einem Wort ... wenn es auch etwas altmodisch ist: Es war ein schöner Augusttag des Jahres 1913." Ja, tempora mutantur et nos in iis mutamur. Dies gilt für die Gestalten, die wir im großen Text finden.

Die Kultur des 19. Jahrhunderts, und ganz besonders die österreichisch-ungarische, hatte eine sichere, durch Gewohnheit angenommene Dimension des Lebens geboten; in der geordneten habsburgischen Welt stand jedes Ding an seinem Platz. Für Musils Generation begann diese zu schwanken und bereits leichten Leichengeruch zu verbreiten, um sich dann schließlich dramatisch zu verändern. Kein Wunder, dass das 15. Kapitel „Geistiger Umsturz“ heißt und das 16. von einer „Geheimnisvollen Zeitkrankheit“ berichtet.

Darin stellt sich Ulrich vor, *„der große Kirchenphilosoph Thomas von Aquino, gestorben 1274, nachdem er die Gedanken seiner Zeit unsäglich mühevoll in beste Ordnung gebracht hatte, wäre damit noch gründlicher in die Tiefe gegangen und soeben erst fertig geworden; nun trat er, durch besondere Gnade jung geblieben, mit vielen Folianten unter dem Arm aus seiner rundbogigen Haustür, und eine Elektrische sauste ihm an der Nase vorbei. Das verständnislose Staunen des Doctor universalis, wie die Vergangenheit den berühmten Thomas genannt hat, belustigte ihn. Ein Motorradfahrer kam die leere Straße entlang, oarmig, obeinig donnerte er die Perspektive herauf. Sein Gesicht hatte den Ernst eines mit ungeheurer Wichtigkeit brüllenden Kindes. Ulrich erinnerte sich dabei an das Bild einer berühmten Tennisspielerin, das er vor einigen Tagen in einer Zeitschrift gesehen hatte; sie stand auf der Zehenspitze, hatte das Bein bis über das Strumpfband entblößt und schleuderte das andere Bein gegen ihren Kopf, während sie mit dem Schläger hoch ausholte, um einen Ball zu nehmen; dazu machte sie das Gesicht einer englischen Gouvernante. In dem gleichen Heft war eine Schwimmerin abgebildet, wie sie sich nach dem Wettkampf massieren ließ; zu Füßen und zu Häupten stand ihr je eine ernst zusehende Frauensperson in Straßenkleidung, während sie nackt auf einem Bett am Rücken lag, ein Knie in einer Stellung der Hingabe hochgezogen, und der Masseur daneben hatte die Hände darauf ruhen, trug einen Ärztekittel und blickte aus der Aufnahme heraus, als wäre dieses Frauenfleisch enthäutet und hinge auf einem Haken.“*

Ja, das war neu. Das christliche Kakanien brachte andere Themen in seinen Publikationen. Doch Ulrich fühlt: „Man kann seiner eignen Zeit nicht böse sein, ohne selbst Schaden zu nehmen.“ Dennoch war ihm zuweilen gerade so zumute, „als wäre er mit einer Begabung geboren, für die es gegewärtig kein Ziel gab.“

Sicher meint er die kakanische Erziehung, die dort gepflogen wurde. Das religiöse Bildungsideal im Hinblick auf dessen kulturelle Bedeutung und die für das Vaterland wichtige militärische Ausbildung waren gewiss nicht die Themen, die Ulrich ausschließlich bewegten, dennoch empfand er doch die völlige Umwandlung der Werte.

Musil hat den Untergang Kakaniens durch dessen Niederlage im 1. Weltkrieg erlebt und konnte so authentisch einen Text gestalten, mit dem er an das Untergegangene erinnert.

„[...] Kakanien (war), ohne dass die Welt es schon wusste, der fortgeschrittenste Staat; es war der Staat, der sich selbst irgendwie nur noch mitmachte, man war negativ frei darin, ständig im Gefühl der unzureichenden Gründe der eigenen Existenz und von der großen Phantasie des Nichtgeschehenen oder doch nicht unwiderruflich Geschehenen wie von dem Hauch der Ozeane umspült, denen die Menschheit entstieg."

Schlusswort

Robert Musil war 1938 nach dem Anschluss Österreichs an Hitler-Deutschland gezwungen, in die Schweiz zu emigrieren, da er zu dieser Zeit mit einer jüdischen Frau verheiratet war. Ein furchtbares Schicksal, Musil geriet in verheerende finanzielle Nöte (die Rowohltschen Honorare wurden immer spärlicher) und starb schließlich völlig verarmt 1942 in Genf. Wir dürfen annehmen, dass sein Lebensende in Kakanien sich anders vollzogen hätte.

Markus Schratter

Wie der Erste Weltkrieg Österreich, Europa und die Welt veränderte

Vorwort und Danksagung

Liebe Leserin, lieber Leser!

Der gegenständliche Beitrag soll „Einsteigern" anlässlich des heurigen Gedenkjahres einen Überblick über die durch den Ersten Weltkrieg bewirkten Änderungen (mit besonderem Augenmerk auf Österreich) verschaffen. Von diesen wenigen Seiten darf eine alle Perspektiven berücksichtigende, umfassende Darstellung freilich nicht erwartet werden. Sie sollen den Interessierten vielmehr zur Nachschau in jenen (im Literatur- und Medienverzeichnis angeführten) Werken anregen, die mir diese Thematik über die Jahre näher gebracht und für mich zur Leidenschaft gemacht haben.

Mein besonderer Dank gilt Herrn Universitätsprofessor Dr. Miloš Vec, der mir mit wertvollen inhaltlichen Ratschlägen zur Seite stand. Weiters Herrn Dr. Martin Pollack, der mit stilistischen Anmerkungen einen wesentlichen Beitrag zur Vervollständigung leistete. Für das Korrekturlesen, und damit nicht bloß für die Beseitigung orthographischer und grammatikalischer Fehler verantwortlich, danke ich Frau Manuela Mnozil, die sehr viel Zeit und auch Geduld investieren musste.

Wien, im Juli 2014

I. Der Erste Weltkrieg als Epochengrenze

Der Erste Weltkrieg hat die Welt verändert. Er hat die Vereinigten Staaten von Amerika zur Weltmacht aufsteigen lassen und auf den Weg zur Supermacht gebracht. Russland hat unmittelbar durch den Ersten Weltkrieg sein Antlitz, das es Jahrhunderte lang kennzeichnete, verändert. Das Jahrhunderte dominierende System des Gleichgewichts der (europäischen) Mächte hat mit dem Ersten Weltkrieg großen Schaden genommen, ehe es mit dem Zweiten Weltkrieg gänzlich untergegangen ist.

Der Erste Weltkrieg hat Europa zu dem gemacht, was es heute ist. Wenn heute die überragende Mehrheit der europäischen Staaten Republiken sind, das heißt Staaten ohne gekrönte und durch Erbfolge an die Macht gekommene Oberhäupter, dann ist dies auf den Ersten (und nicht etwa auf den Zweiten) Weltkrieg zurückzuführen. Davor hatten die meisten Staaten Europas monarchische Verfassungen. Wenn die Mitgliedsstaaten der Europäischen Union heute auf ihre nationalstaatlichen Rechte verweisen und so manche politische Parteien den Partikularismus anstatt einer bundesstaatlichen Union fordern, so tun sie es – womöglich ohne es zu wissen – bedeutenden Protagonisten zur Zeit des Ersten Weltkriegs gleich.

Auch der Aufstieg Japans im 20. Jahrhundert und die in der zweiten Hälfte des 20. Jahrhunderts massiv einsetzende Dekolonisierung, insbesondere Afrikas, sind eng mit dem Ersten Weltkrieg verbunden.

In der Geschichtswissenschaft begegnen einem zahlreiche Epochen. An ihren Schwellen stehen die unterschiedlichsten Ereignisse. Häufig sind es Kriege, oftmals Revolutionen, gelegentlich Friedensverträge und immer wieder der Regierungsantritt oder der Tod mächtiger Herrscher, aber auch technologische oder zivilisatorische Errungenschaften, die Periodengrenzen darstellen. Die Periodengrenze des Ersten Weltkriegs beinhaltet von alledem etwas.

Um feststellen zu können, welche Änderungen mit einem Ereignis einhergegangen sind, ist es unerlässlich, sich die Frage zu stellen, was denn überhaupt vor diesem Ereignis war, bevor in einem zweiten Schritt seine Folgen beleuchtet werden. Manchmal sind es Details, die große Wandlungen besonders anschaulich vor Augen führen. Auf bestimmte dieser Details soll daher – soweit es den Rahmen hier nicht übersteigt – ebenfalls eingegangen werden.

Widmen wir uns zunächst einmal dem exakten Zeitpunkt der Periodenschwelle, ehe das vorangegangene und das nachfolgende Zeitalter eingegrenzt werden. Häufig wird der Erste Weltkrieg der ihm vorangegangenen Epoche zugeordnet, die Periodengrenze mit 1918 festgelegt. Das ist insofern einleuchtend, als sich die verfassungs- und territorialpolitische Landkarte (insbesondere Europas) tatsächlich erst mit Ende des Ersten Weltkriegs (eigentlich infolge der anschließenden Friedensverträge) maßgeblich wandelt. Oftmals wird die Periodengrenze hingegen mit dem Ausbruch des Ersten Weltkriegs festgelegt, was ebenso berechtigt ist, zumal der (spätere) Wandel Europas (und damit der Welt) bereits zu diesem Zeitpunkt eingeläutet wird (ohne Ersten Weltkrieg keine Pariser Vororte-Verträge) und der Erste Weltkrieg außerdem in einem unmittelbaren Zusammenhang mit dem Zweiten Weltkrieg gesehen werden kann beziehungsweise gesehen werden muss.

Doch welchen Zeitraum umfasst überhaupt die vorangegangene Epoche und welchen die nachfolgende? Und wie sind diese Epochen zu benennen? Auch zu diesen Fragen finden sich verschiedene Antworten:

Die Geschichtswissenschaft spricht – was die vorangegangene Periode anbelangt–regelmäßig vom „Imperialen Zeitalter" oder vom „Zeitalter des Imperialismus". Geoffrey Barraclough beschreibt den „Neuen Imperialismus" als *„Rauferei" um neue Territorien, die den beiden letzten Jahrzehnten des 19. Jahrhunderts das Gepräge gab*. Wenn man bedenkt, dass – wie Barraclough festhält – alle Großmächte mit Ausnahme von Österreich-Ungarn, somit auch die Vereinigten Staaten von Amerika und Russland aufgrund „imperialistischer Expansionsgelüste" auf „neue Eroberungen ausgingen" [1], so ist diese Zeitalterbenennung (die sich jedoch, wenn überhaupt, nur auf einen Zeitraum ab etwa 1850 beziehen kann) durchaus zutreffend und (auch aufgrund der weltweiten Konsequenzen) keineswegs als eurozentrisch einzustufen.

In der Völkerrechtsgeschichte, die sowohl Teil der Geschichts- als auch der Rechtswissenschaften ist, begegnet einem der – nicht unumstrittene – Begriff „Englisches Zeitalter". Dieses soll gemäß Karl-Heinz Ziegler den Zeitraum von 1815 bis 1914 umfassen, somit jenen zwischen dem Wiener Kongress, in welchem Europa nach dem „Napoleonischen Zeitalter" eine neue Friedensordnung gegeben wurde, und dem Ausbruch des Ersten Weltkriegs.

In Zusammenhang mit der österreichischen (und europäischen) Verfassungsgeschichte bezeichnet Thomas Olechowski die Periode von 1867 bis 1918 als „Das Zeitalter des Konstitutionalismus".

Diese verschiedenen Formen der Periodeneinteilung, allein für das Zeitalter vor dem Ersten Weltkrieg, veranschaulichen, dass eine solche Kategorisierung vom zu beleuchtenden Thema und der Gewichtung der Ereignisse abhängt. Dabei spielt nicht nur die geographische Komponente eine Rolle (so wird ein japanischer Geschichtsschreiber das 19. Jahrhundert vermutlich ebenso wenig als „Englisches Zeitalter" auffassen wie der englische Betrachter den Zeitraum von 1867 bis 1918 als „Konstitutionelles Zeitalter"), sondern auch die inhaltlich-

---

[1] Geoffrey Barraclough in Golo Mann, Weltgeschichte, Band VIII, Das Neunzehnte Jahrhundert, Frankfurt am Main/Berlin 1980, S. 713–714

thematische. Gegenüber einer außen- bzw. globalpolitischen Betrachtungsweise eines „Imperialen Zeitalters“ in zahlreichen europäischen Staaten des 19. Jahrhunderts lässt sich in innenpolitischer Hinsicht gewissermaßen parallel auch ein „Bürgerliches Zeitalter“ feststellen, welches durch den Liberalismus jener Zeit gekennzeichnet ist.

Eine treffende Aussage über das Zeitalter vor dem Ersten Weltkrieg trifft Eric Hobsbawm, wenn er das 19. Jahrhundert als „überlanges Jahrhundert“ bezeichnet, welches von 1789, also vom Ausbruch der Französischen Revolution, bis 1914, zum Ausbruch des Ersten Weltkriegs, andauert. Zutreffend ist diese Einteilung deshalb, weil der Ausbruch der Französischen Revolution (die letztlich in das Napoleonische Zeitalter führte) gleichermaßen wie der Ausbruch des Ersten Weltkriegs über 120 Jahre später, ein neues Zeitalter einläutet (kein Wiener Kongress ohne Napoleon, ohne Französische Revolution aber kein Napoleon).

Die „Alte Ordnung“ (Europas) vor 1789 wurde durch den Ausbruch der Revolution, die in die Revolutionskriege (und später die Napoleonischen Kriege) mündete, nachhaltig erschüttert. Der Wiener Kongress war der verzweifelte und schließlich erfolglose Versuch der Wiederherstellung dieser alten Ordnung. Die Ordnung Europas– wie sie vor 1914 bestand –wurde ihrerseits durch den Ausbruch des Ersten Weltkriegs, der schließlich zu den Pariser Vororteverträgen führte, zerstört. Der mit dem Ausbruch des Ersten Weltkriegs einsetzende Wandel ist insofern bedeutender, als mit ihm die Vereinigten Staaten von Amerika den europäischen Mächten die Weltmachtstellung (die zuletzt vom Vereinigten Königreich innegehabt wurde) abtrotzen.

Eine Möglichkeit, die Zeit unmittelbar nach dem Ersten Weltkrieg einzugrenzen, ist die Kategorisierung der sogenannten „Zwischenkriegszeit“, deren Beginn mit dem Ende des Ersten Weltkriegs und deren Ende (üblicherweise) mit dem Ausbruch des Zweiten Weltkriegs in Europa (mit dem Einmarsch der Truppen Hitler-Deutschlands in Polen am 1. September 1939) gesehen wird. In vielen Werken ist hingegen vom „Zeitalter (oder der Epoche) der (beiden) Weltkriege“ die Rede. In diesen Werken wird selbstverständlich die Friedenszeit zwischen den Kriegen mitbehandelt. Das Zeitalter der beiden Weltkriege ist daher auch nicht als reines Kriegszeitalter zu verstehen. Es wird lediglich von den beiden Kriegen dominiert. Schließlich kann die Friedenszeit zwischen den beiden Kriegen (die sogenannte „Zwischenkriegszeit“) nicht eindeutig abgegrenzt werden. Dies wird deutlich, wenn man sich mit dem Zweiten Japanisch-Chinesischen Krieg, welcher im Jahre

1937 ausbricht und in weiterer Folge (mehr oder weniger) nahtlos in den Pazifikschauplatz des Zweiten Weltkriegs mündet oder mit dem Spanischen Bürgerkrieg von 1936 bis 1939, der die „Generalprobe" für den deutschen Luftkrieg des Zweiten Weltkriegs darstellt[2], auseinandersetzt. Gemäß Hugo Portisch lässt sich durchaus die Auffassung vertreten, dass sich der Friedensschluss mit Deutschland von 1919 in Versailles überhaupt nur als ein Waffenstillstand herausgestellt hat und der Große Krieg von 1914 bis 1918 im Jahre 1939 mit moderneren Waffen fortgesetzt wurde (dies gilt gewiss nicht in völkerrechtlicher Hinsicht). Ernst Nolte lässt hingegen im Zeitraum von 1917 bis 1945 überhaupt den „Europäischen Bürgerkrieg" stattfinden, in welchem Nationalsozialismus und Bolschewismus um die Vorherrschaft ringen. Eric Hobsbawm bezeichnet das 20. Jahrhundert, welches dem „langen" 19. Jahrhundert folgte, als das „kurze" Jahrhundert.

Doch war der Erste Weltkrieg, dessen Auslöser das vom serbisch-nationalistischen Studenten aus Bosnien, Gavrilo Princip, am 28. Juni 1914 ausgeführte Attentat auf den österreichisch-ungarischen Thronfolger Franz-Ferdinand von Habsburg und dessen Gemahlin Sophie Chotek war und der zu einem großen Europäischen Krieg werden sollte, auch tatsächlich ein Weltkrieg?

Es fällt zunächst auf, dass der sogenannte Erste Weltkrieg keineswegs ein Krieg mit solch globalen Dimensionen wie der Zweite Weltkrieg war. Letzterer wurde mit dem faktischen Eintritt der Vereinigten Staaten von Amerika durch den Angriff des Japanischen Kaiserreichs auf den U.S.-Flottenstützpunkt Pearl Harbor auf Hawaii am 7. Dezember 1941 von einem europäischen zu einem amerikanischen Krieg. Beim Kriegseintritt der Vereinigten Staaten in den Ersten Weltkrieg im Mai 1917 war dem nicht so, der Krieg blieb ein europäischer, in dem die Vereinigten Staaten lediglich Partei für die Mächte der Entente ergriffen (wenngleich dieser Umstand dazu führte, dass die Vereinigten Staaten, welche sich zunächst nicht in territoriale Angelegenheiten Europas einmischen wollten, bereits damals ihren Einfluss – auch über Europa – massiv ausdehnen konnten). Der Zweite Weltkrieg aber wurde durch das „Hineingezogenwerden" der Vereinigten Staaten zu einem amerikanischen Krieg. Es war Japan, das ohne Kriegserklärung die Vereinigten Staaten angegriffen hatte bzw. Deutschland, das – ohne dazu gegenüber seinem Bündnispartner Japan verpflichtet gewesen zu sein – den Vereinigten Staaten in unmittelbarer Folge den Krieg er-

---

2 Hugo Portisch/Sepp Riff, Der Zweite Weltkrieg, Ursachen und Hintergründe, ORF 1989

klärte, letztlich auch um mit einem „uneingeschränkten U-Bootkrieg" die von den Vereinigten Staaten nach Großbritannien laufenden Nachschublinien zu kappen. Das Hauptaugenmerk der Vereinigten Staaten lag von 1941 bis 1945 auf dem Pazifikschauplatz. Und auch auf dem europäischen Schauplatz waren es die Vereinigten Staaten und die Sowjetunion, die die strategische Stoßrichtung vorgaben, während den alten europäischen Mächten England und Frankreich im Grunde nichts anderes übrig blieb, als die amerikanischen Operationen zu „unterstützen".

Manche Autoren kennzeichnen den Kriegseintritt der Vereinigten Staaten im Jahre 1917 als den Zeitpunkt, in dem der europäische Konflikt zu einem Weltkrieg heranwächst. Der Völkerrechtshistoriker Karl-Heinz Ziegler vertritt die Auffassung, dass der *Erste Weltkrieg als europäischer Konflikt begann und mit dem Kriegseintritt der U.S.A. im Jahre 1917 weltweite Dimension annahm*".[3] Doch es wäre verfehlt, schon deshalb in diesem Jahr die Epochengrenze anzusetzen. Der Historiker Hans Herzfeld benennt zwar das Jahr„*1917 mit der Intervention der Vereinigten Staaten und der russischen Revolution als Grenzscheide zwischen Geschichte und Zeitgeschichte*". Doch stellt er weiter fest, dass die Verlegung des Beginns „*unserer Epoche mitten in die Kämpfe des ersten Weltkrieges*" eine „*eigentlich unzumutbare Forderung*" darstelle, „*das militärische, politische, wirtschaftliche und ideelle Ringen der Jahre vor und nach 1917 zu trennen, obwohl sie doch unlösbar miteinander verflochten sind*".[4]

Der Erste Weltkrieg war tatsächlich ein Weltkrieg und trägt diesen Namen daher zu Recht. Zum einen war der Erste Weltkrieg – wenn auch nicht vordergründig – auch ein Kolonialkrieg, in welchem die europäischen Mächte ihre kolonialen Besitzungen auszudehnen, zumindest aber zu halten suchten. Zum anderen darf das Verständnis der Zeitgenossen nicht außer Acht gelassen werden. Insbesondere im Deutschen Reich war es (bereits im Vorfeld des Krieges) herrschende Auffassung, dass der Kriegseintritt der „Weltmacht" England zweifellos zu einem globalen Konflikt führen musste. Außerdem rechnete der deutsche Generalstab, dass Frankreich in einem Krieg Kolonialtruppen aus Afrika zur Verteidigung einsetzen würde. Meines Erachtens setzte bereits das Selbstverständnis der Deutschen, als sich zunehmend ent-

---

[3] Karl-Heinz Ziegler, Völkerrechtsgeschichte, 2. Auflage, München 2007, S. 193

[4] Hans Herzfeld in Golo Mann, Weltgeschichte, Band IX, Das Zwanzigste Jahrhundert, Frankfurt am Main/Berlin 1980, S. 77

wickelnde (wenn auch verspätete) Weltmacht, die Notwendigkeit der Bezeichnung „Weltkrieg" bei einem Eintritt in einen überregionalen Krieg voraus. Dies gilt in gleichem Maße auch für das Vereinigte Königreich und Frankreich. Auch wenn der Krieg im deutschsprachigen Raum zunächst als „Großer Krieg", *in Frankreich als „Grande Guerre", in Großbritannien als „Great War" und in Australien als „War of 1914–18" bezeichnet wurde, setzte sich in diesen Ländern spätestens am Ende des Zweiten Weltkrieges die Bezeichnung „Erster Weltkrieg", „Première Guerre Mondiale" oder „First World War" durch.*[5]

Nach Hew Strachan ist „der Begriff Weltkrieg vom Wort Weltpolitik abgeleitet" und wurde bewusst nicht nur in der Literatur, sondern zum Beispiel auch vom deutschen Reichskanzler Bethmann-Hollweg vor Kriegsausbruch verwendet, einerseits weil man sich geografisch nicht festlegen wollte und eine Unterscheidung zwischen Europa und der Welt nicht erfolgte, andererseits konnte ein Krieg, in den zwei Bündnisblöcke verstrickt waren, aus eurozentrischer (aber – wie sich herausstellen sollte – richtiger) Sicht riesige Dimensionen annehmen. Als der Krieg ausbrach, waren in Afrika lediglich Äthiopien und Liberia nicht europäisch beherrscht. Von den Kolonialmächten Großbritannien, Frankreich, Belgien, Deutschland, Italien, Portugal und Spanien blieb im gesamten Ersten Weltkrieg nur letzteres neutral. Dieser Umstand übte einen wesentlichen Einfluss auf Afrika aus, zumal etwa Portugal sich ausschließlich aus kolonialen Gründen auf die Seite der Entente geschlagen hatte.[6]

II. Vorangegangene „Große Kriege" und „Weltkriege"

Der Siebenjährige Krieg

Wenn man dem sogenannten Ersten Weltkrieg somit zugesteht, ein „Weltkrieg" gewesen zu sein, bleibt die Frage offen, ob er wirklich der erste war. Ein Krieg, der längere Zeit zuvor gefochten wurde und einige Ähnlichkeiten mit dem Ersten Weltkrieg aufweist, ist der „Siebenjährige Krieg" von 1756 bis 1763. In diesem Krieg, der auch als „Dritter Schlesischer Krieg" bezeichnet wurde (und wird), waren die Hauptgegner das Erzherzogtum Österreich und das Königreich Preußen, die um Schlesien (welches im Ersten und Zweiten Schlesischen Krieg 1740–

[5] Daniel Marc Segesser, Der Erste Weltkrieg in globaler Perspektive, Wiesbaden 2013, S. 8–9

[6] Hew Strachan, Der Erste Weltkrieg, Eine neue illustrierte Geschichte, München 2014, S. 94–96

1745 den Österreichern von Preußen entrissen worden ist) kämpften. Auf Seiten Österreichs standen unter anderen auch die Großmächte Russland und Frankreich, während Großbritannien auf Seiten Preußens in den Krieg eintrat. Frankreich, das argwöhnisch auf die werdende Großmacht Preußen blickte, hatte aber auch – wie Großbritannien – außereuropäische Interessen, an diesem Krieg teilzunehmen. Großbritannien und Frankreich nützten diesen Krieg vorwiegend dazu, um ihre kolonialen Besitzungen in Übersee (nämlich in Nordamerika und Indien, wo die beiden genannten Mächte gegeneinander kämpften) auszudehnen beziehungsweise zu festigen. Der König in Preußen (ab 1772 König von Preußen), Friedrich II., beschrieb die Ursachen dieses Krieges wie folgt: *„Jedermann weiß, dass die Wirren, die Europa aufwühlen, ihren Anfang in Amerika genommen haben, dass der zwischen Engländern und Franzosen ausgebrochene Streit um den Stockfischfang und um einige unbekannte Gebiete in Kanada den Anstoß zu dem blutigen Krieg gegeben hat, der unseren Erdteil in Trauer versetzt“.*[7]

Der Siebenjährige Krieg, der hinsichtlich der Kolonien in Nordamerika mit einem Sieg Großbritanniens über Frankreich ausging, wurde – nachdem durch den Tod der Zarin Elisabeth I. bedingten Friedensschluss zwischen Preußen und Russland – mit dem Frieden von Hubertusburg vom 15. Februar 1763 in einer Pattsituation beendigt. Preußen konnte Schlesien (endgültig und letztlich bis 1945) behalten, versprach aber, der Wahl Josephs II., Sohn Maria-Theresias, zum römisch-deutschen König zuzustimmen.

Daniel Marc Segesser sieht im Siebenjährigen Krieg jedoch – ebenso wie in anderen Konflikten, die seit dem 15. Jahrhundert größere Teile des Erdballs betrafen, wie etwa dem Österreichischen Erbfolgekrieg 1740–1748 oder dem Amerikanischen Unabhängigkeitskrieg 1775-1783 – einen Konflikt, der zwar weltweit ausgetragen wurde, an dem sich außereuropäische Mächte aber kaum beteiligten. *„Für die Zeit bis zum Ende des 18. Jahrhunderts sei es daher angemessener, von Kriegen mit globalen Hintergründen, nicht aber von Weltkriegen zu sprechen“.* Von einem Weltkrieg sollte, Stig Förster folgend (*Förster 1994, 34–36 / Förster 2010, 102–103*), besser erst dann die Rede sein, wenn es sich *„um einen Großkonflikt unter maßgeblicher Beteiligung sowohl europäischer als auch autochthoner außereuropäischer Mächte handelte“.*[2]

---

[7] Guido Knopp/Stefan Brauburger/Peter Arens, Die Deutschen, Vom Mittelalter bis zum 20. Jahrhundert, München 2009, S. 215 ff, S. 251

[8] Daniel Marc Segesser, Der Erste Weltkrieg in globaler Perspektive, Wiesbaden 2013, S. 9–10

Der Dreißigjährige Krieg

Wie der Erste und Zweite Weltkrieg veränderte drei Jahrhunderte zuvor der Dreißigjährige Krieg von 1618 bis 1648 Europa auf ähnlich brutale Weise. Auch der Auslöser des Dreißigjährigen Krieges, der sogenannte (Zweite) Prager Fenstersturz vom 23. Mai 1618, war die Entwicklung eines (scheinbar) auf eine bestimmte Region, nämlich Böhmen, begrenzten konfessionellen Konflikts und sollte dennoch einen Flächenbrand – wie knapp 300 Jahre später das Attentat von Sarajewo – hervorrufen. Anders als der Erste Weltkrieg (wenn man den Versuch der Vereinnahmung des Islam im Osmanischen Reich durch den deutschen Kaiser Wilhelm II. außer Acht lässt) wurde der Dreißigjährige Krieg (der zweifellos kein Weltkrieg, sehr wohl aber ein großer europäischer Krieg war) im Namen des Glaubens geführt.

Doch auch beim Dreißigjährigen Krieg, welcher sich in mehrere Phasen einteilen lässt (Böhmisch-Pfälzischer Krieg 1618–1623, Dänisch-Niedersächsischer Krieg 1625–1629, Schwedischer Krieg 1630–1635), ging es vor allem den Großmächten Habsburg (Österreichische und Spanische Linie), Frankreich und Schweden (die beiden letztgenannten sowie Dänemark unterstützten abschnittsweise die protestantischen Fürsten) um die Vormachtstellung in Europa.

Dieses europäische Kräftemessen konnte letztlich Frankreich für sich entscheiden (so lässt Karl-Heinz Ziegler das „Französische Zeitalter" und mit ihm die „europäische Völkerrechtsepoche", welche 1815 enden, mit dem Abschluss des Westfälischen Friedens im Jahre 1648 beginnen), während das Heilige Römische Reich in weiten Teilen, insbesondere *„auf der Diagonalen vom Elsass bis nach Pommern"*[3], verwüstet wurde. Diese abschnittsweise betriebene Politik der „verbrannten Erde" erinnert eher an den Zweiten als an den Ersten Weltkrieg.

Der Dreißigjährige Krieg führte zu einem vorübergehenden Machtniedergang des römisch-deutschen Kaisers, schon deshalb, weil den Landesfürsten mit dem Westfälischen Frieden Landeshoheit zuerkannt wurde. Die Sieger Frankreich und Schweden wurden vorübergehend die „Garanten der neuen inneren Ordnung Deutschlands" (Thomas Olechowski).

Der Westfälische Frieden stellte sich als Frieden heraus, der künftige fundamentalistische Religionskriege im Ausmaß des Dreißigjährigen

---

9 Dietmar Pieper/Johannes Saltzwedel, Der Dreißigjährige Krieg, München 2013, S. 37

Krieges in Europa zu verhindern vermochte. Den Pariser Vororteverträgen von 1919 und 1920 (aber eben auch den Wiener Verträgen von 1815) sollte es später nicht gelingen, künftige nationalistische Kriege gesamteuropäischen (und weltweiten) Ausmaßes zu vereiteln.

Die Napoleonischen Kriege

Die Napoleonischen Kriege von 1792 bis 1815 (Französische Kriege), deren Bezeichnung als Weltkriege umstritten ist, sind ebenfalls nur in mancherlei Hinsicht mit dem Ersten beziehungsweise Zweiten Weltkrieg vergleichbar. Begonnen als gegen das konterrevolutionäre Bündnis Großbritanniens, Preußens und Österreichs (daher die Bezeichnung [Erster] Koalitionskrieg) gerichteter, präventiver Verteidigungskrieg des revolutionären, konstitutionellen Frankreichs, das gerade dabei war, König Louis XVI. abzusetzen und somit Republik zu werden, wuchs dieser Konflikt (aufgrund der anhaltenden französischen Erfolge) rasch zu einem französischen Eroberungskrieg heran, der beinahe den gesamten europäischen Kontinent (und Teile Nordafrikas) erfassen sollte.

Die Ausgangssituation der Französischen Kriege war im Grunde jene, dass die Franzosen, die bereits seit Jahrhunderten ihren Nationalstaat hatten, gegen andere europäische Großmächte kämpften, um ihre revolutionären Errungenschaften, insbesondere die Republik, zu behaupten. Der Umstand, dass Deutschland und Norditalien in zahlreiche Staaten zersplittert waren, erleichterte Frankreich seinen Vormarsch in und (zunächst) die Kontrolle über diese Gebiete. Während die in weiterer Folge einsetzenden, beachtlichen militärischen Erfolge Napoleons I. gegen die deutschen Staaten, insbesondere gegen Preußen, dieses unter dem neuen Minister Freiherr vom Stein zur „Revolution von oben“, veranlassten, führte die französische Besatzung zunehmend zum Aufkommen eines deutschen Nationalismus.

Im April 1809 rief der österreichische Oberbefehlshaber Erzherzog Karl mit folgenden Worten zum Kampf gegen Napoleon auf: „Nicht bloß für seine Selbständigkeit, sondern für Deutschlands Unabhängigkeit und Nationalehre.“ Beachtenswert an dieser Formulierung ist, dass sie sich an alle Deutschen wandte; *einen solchen gesamtnationalen Aufruf hatte es vorher noch nicht gegeben.*[10]

---

[10] Vgl. Guido Knopp/Stefan Brauburger/Peter Arens, Die Deutschen, Vom Mittelalter bis zum 20. Jahrhundert, München 2009, S. 281

Napoleon I., der zunächst in deutschen Staaten die Hoffnung auf Freiheit (von den Fürsten) geweckt hatte, wurde mit seinen Kriegen letztlich zum „*Geburtshelfer der deutschen Nation*" (Ute Planert). In ähnlicher (aber natürlich nicht gleicher) Weise sollte in der zweiten Hälfte des 19. und zu Beginn des 20. Jahrhunderts auch die Herrschaft Österreich-Ungarns über nicht-deutschsprachige Völker zum Heranwachsen des (insbesondere slawischen) Nationalismus führen.

In diesem Zusammenhang sind einige wesentliche Unterschiede zwischen den beiden Kriegen und ihren Folgen festzustellen. In den Napoleonischen Kriegen ist der neu aufkommende Nationalismus der Deutschen gegen einen erobernden Nationalstaat gerichtet, während sich der Nationalismus der Mehrheit der slawischen Völker im und vor dem Ersten Weltkrieg gegen einen sie (zum Teil seit längerer Zeit) beherrschenden Vielvölkerstaat wendet. Der Nationalismus der Deutschen wurde in seiner, die politische Landschaft verändernden Form überhaupt erst durch die Napoleonischen Eroberungen ins Leben gerufen. Der hingegen während der Epoche vor dem Ersten Weltkrieg seit geraumer Zeit bestehende Nationalismus der slawischen Völker verfolgte die Errichtung von Nationalstaaten beziehungsweise die Ausdehnung bereits bestehender. Mit dem Ausgang des Ersten Weltkriegs schuf Serbien durch seine Ausdehnung selbst einen Vielvölkerstaat (den SHS-Staat, das spätere Jugoslawien), während mit der Tschechoslowakischen Republik, in der neben Tschechen und Slowaken insbesondere auch Deutsche, Ungarn und Ruthenen lebten, ebenfalls ein solcher entstand.

Ein weiterer bedeutsamer Unterschied ist, dass sich die Friedensordnung, die durch die Pariser Vorortevertträge geschaffen wurde, des Nationalismus und Partikularismus bediente und diese Strömungen förderte, um die Mächte Deutschland und Österreich zu schwächen. Die Wiener Verträge von 1815 hingegen versuchten nicht nur das durch Napoleon beeinträchtigte Gleichgewicht der Mächte wiederherzustellen, sondern auch die von Napoleon hervorgerufenen Ideen von Freiheit und Nationalismus wieder einzudämmen. Die Sieger der Napoleonischen Kriege, die Dynastien der Habsburger und der Hohenzollern, hatten freilich kein Interesse an der Einschränkung ihrer Macht durch bürgerliche Rechte oder eines entstehenden deutschen Nationalstaates. Eine Friedensordnung, die sich gegen Freiheitsrechte und Nationalismus (nicht nur der Deutschen) richtet, war natürlich auch im Sinne der einen Vielvölkerstaat beherrschenden russischen Dynastie, der Romanovs, die ebenfalls zu den Siegern der Napoleonischen Kriege zählten. Aus diesen Gründen erfolgte mit dem Wiener Kongress der Versuch der „Heiligen Allianz", der im Jahre 1818 auch das restaurierte Frankreich beitreten sollte, die politische Lage von 1788 weitgehend wiederherzustellen.

Der in der napoleonischen Ära entstandene und von Frankreich abhängige (National-)Staat Italien wurde – ebenso wie der Rheinbund der deutschen Mittelstaaten, ein Vasall Napoleons – aufgelöst. Die in dieser Zeit auf deutschem Gebiet erfolgte Säkularisierung und Mediatisierung (Einverleibung zuvor reichsunmittelbarer kleiner Territorien in weltliche Fürstentümer) war jedoch – genau so wie das Erwecken nationaler und freiheitlicher Sehnsüchte – nicht mehr rückgängig zu machen.

Der Amerikanische Bürgerkrieg

Ein weiterer Konflikt, der im Zusammenhang mit dem Ersten Weltkrieg aufgrund der gegebenen Parallelitäten nicht unerwähnt bleiben darf, ist der Amerikanische Bürgerkrieg (Sezessionskrieg), der erste Massenkrieg der Moderne.

Dieser Krieg, der 1861 ausbrach und bis in das Jahr 1865 andauerte, stand am Ende eines langen Prozesses, in welchem die Meinungen zwischen Norden und Süden über das Wesen der noch nicht einmal 100 Jahre alten Union und über die Rechte der Einzelstaaten immer mehr auseinandergegangen waren. Die Bevölkerung der industriell überlegenen Nordstaaten war zunehmend der Überzeugung, einer einzigen unteilbaren Nation anzugehören, während in den landwirtschaftlich geprägten (und auf die zu diesem Zeitpunkt nicht abgeschaffte Sklaverei angewiesenen) Südstaaten die Auffassung vorherrschte, dass die Union eine freiwillige Vereinigung darstelle, die nur so lange Bestand habe, wie es den Interessen der einzelnen Staaten entspricht. Für die Nordstaaten standen aus der Sicht des Südens die regionalen Interessen gleichermaßen im Vordergrund, *„für jene als stärkste Partei wäre es bloß schlichtweg nützlicher, die Fiktion einer geeinten Nation aufrechtzuerhalten, um die anderen so besser ausbeuten zu können. Die Kernfrage sei, wie es ein Südstaatler formulierte, ob die Staaten des Südens in Zukunft nichts als Kolonien und Plantagen für die Handelszentren sind, oder […] ob sie ihre eigene, separate Nationalität bewahren werden"*.[11]

---

[11] George Fitzhugh, Sociologyforthe South, Richmond 1954, S. 203 zit. in Howard Temperley in Weltbild, Weltgeschichte, Band 30, Die Vereinigten Staaten von Amerika, Augsburg 2000, S. 103

Die Gespaltenheit und Heterogenität des Landes brachte der damalige New Yorker Rechtsanwalt George Templeton Strong mit folgenden Worten zum Ausdruck: „*Der Wappenvogel unseres Landes ist ein sieches Huhn, das sich mit Adlerfedern geschmückt hat; wir sind nie eine Nation gewesen, wir sind weiter nichts, als eine Ansammlung von Gemeinschaften, die bei der ersten ernsthaften Erschütterung auseinanderfallen wird.*“ [12]

Die Wahl des Republikaners Abraham Lincoln zum Präsidenten der Vereinigten Staaten im Jahre 1860 (der vorige Präsident Buchanan verzichtete auf einen Antritt zur Wahl und damit auf eine zweite Amtszeit, da seine Partei, die Demokraten, in der Sklavenfrage hoffnungslos gespalten waren) ließ die angespannte Lage eskalieren. Entgegen aller Beteuerungen Lincolns, die Sklaverei in jenen Staaten, in denen sie bereits besteht, nicht anzutasten, fassten die Staaten des Südens diese Wahl als Kampfansage des Nordens gegen den Süden auf, weshalb sich zwischen 20. Dezember 1860 und 1. Februar 1861 sieben Staaten des Südens von der Union abspalteten (Sezession) und am 8. Februar 1861 die Konföderierten Staaten von Amerika (Confederate States of America) errichteten. Da sich die Union weigerte, ihre Truppen aus den in den Südstaaten gelegenen Festungen abzuziehen (dies hätte eine Anerkennung des Rechts des Südens auf Sezession bedeutet), kam es zur Belagerung dieser Forts durch bewaffnete Südstaatler und am 12. April 1861 schließlich zum Beschuss des auf einer Insel vor Charleston, South Carolina, gelegenen Fort Sumter, mit dem der Krieg ausbrach.

Dieser Krieg war – auch wenn es die Sklavenfrage war, die dem Norden zum Sieg verhalf – kein Krieg gegen die Sklaverei, sondern einer, der die Einheit der Union wiederherstellen sollte. Er ist aber deshalb – auch für Europa und seine Entwicklungen im 20. Jahrhundert – von so großer Bedeutung, weil er die Vereinigten Staaten, die im Gegensatz zu den Konföderierten Staaten den Konflikt für sich entscheiden konnten, aufgrund der Wiederherstellung der Einheit und der Entwicklungen im Bereich der Kriegstechnologie (Entwicklung der Gatling-Kanone und von Panzerschiffen) sowie der Militärtaktik (Stellungskrieg) zur Großmacht heranwachsen ließ. Somit brachte dieser Krieg die Vereinigten Staaten in beschleunigter Weise auf den Weg zu einer Weltmacht.

---

[12] Ken Burns/Ric Burns, Civil War, Teil 1, Die Ursachen, 1989

Auch der Amerikanische Bürgerkrieg wurde – wie später der Erste Weltkrieg – mit frenetischem Jubel in der Bevölkerung der beteiligten Kriegsparteien begrüßt. Man dachte an einen kurzen, wenige Monate dauernden Feldzug, in dem man rasch den Sieg davontragen würde. Es sollte aber – wie der Erste Weltkrieg – ein mehrjähriger, erbitterter Krieg werden, der mit dem Tod über einer halben Million Menschen bis heute als der blutigste Krieg der amerikanischen Geschichte gilt.

Dass ein Krieg zwischen den Nord- und Südstaaten ein großer Krieg werden würde, wurde von so manchem – in Nord und Süd – in prophetischer Weise vorhergesehen. Dieser Krieg, der gewiss kein Weltkrieg war, hätte zumindest theoretisch zu einem solchen werden können. Die Südstaaten hofften aufgrund des in Großbritannien und Frankreich bestehenden Baumwollbedarfs mit einem Kriegseintritt dieser Mächte auf Seiten der Konföderation, zumal in diesen Ländern, vor allem in Großbritannien, das noch wenige Jahrzehnte zuvor im Krieg von 1812 bis 1814 und davor im Amerikanischen Unabhängigkeitskrieg von 1775 bis 1783 gegen die Union beziehungsweise deren Vorgänger, die 13 Kolonien, vorgegangen war, kein Interesse am Erhalt der Einheit der Vereinigten Staaten bestand. Tatsächlich wurde in diesen europäischen Staaten zu Beginn des Krieges die diplomatische Anerkennung der Konföderation ernsthaft erörtert.

Auch wenn es zunächst nicht das Kriegsziel der – am Ende siegreichen – Nordstaaten war, die Sklaverei abzuschaffen, führte der Verlauf des ungeplant mehrjährigen Krieges dennoch dazu. Das Verhältnis zwischen den Nord- und den besiegten Südstaaten, die in einer Phase der „reconstruction" von 1865 bis 1877 wieder der Union einverleibt wurden, blieb ein zwiespältiges. Trotz Abschaffung der Sklaverei hielten die Südstaaten noch lange nach Ende des Sezessionskrieges an der Ungleichheit von schwarzen und weißen Amerikanern fest.

III. Auf dem Weg in einen Balkankrieg, der zum Weltkrieg wurde

Eigentlich begann der später sogenannte Erste Weltkrieg im Juli 1914 als „Dritter Balkankrieg" (Hew Strachan), sohin als lokal begrenzter Konflikt, der jedoch rasch zu einem Europäischen Krieg, später gar zu einem Weltkrieg werden sollte. Dass ausgerechnet der Balkan Ausgangspunkt für einen Weltenbrand geworden ist, war – bereits aus der Perspektive der Zeitgenossen – nicht sonderlich überraschend.

Der preußische Ministerpräsident und deutsche Reichskanzler Otto von Bismarck prophezeite bereits lange vor Ausbruch des Ersten

Weltkriegs, dass „irgendeine ganz lächerliche Angelegenheit auf dem Balkan den nächsten Krieg auslösen" werde. Als der russische Außenminister im Juli 1914 vom österreichischen Ultimatum an Serbien erfahren hat, hat er ausgerufen: „Das ist der europäische Krieg!"[13]

Dass ein Konflikt am Balkan rasch zu einem europäischen Konflikt heranwachsen konnte, eigentlich heranwachsen musste, hatte mehrere Gründe. Zunächst einmal muss ganz allgemein (und ohne Beschränkung auf den Balkan) festgehalten werden, dass sich die politische Landkarte Europas seit der Mitte des 19. Jahrhunderts dergestalt verändert hatte, dass nunmehr die überragende Mehrheit Europas unter den Großmächten aufgeteilt war. Insbesondere seit der Einigung Italiens und jener Deutschlands ist eine Vielzahl mehr oder weniger neutraler (Puffer-)Staaten weggefallen, wodurch die Wahrscheinlichkeit, dass sich bestimmte (bereits zuvor schwelende) Grenzkonflikte zu überregionalen Konflikten ausdehnen, eminent gestiegen war.

Im Gegensatz dazu führten die im Sommer 1875 in Bosnien und der Herzegowina gegen die Unterdrückung der nichtmuslimischen Bevölkerung durch die osmanische Provinzverwaltung gerichteten, ausgebrochenen Aufstände zu einem Flächenbrand auf dem Balkan. Im darauffolgenden Frühjahr beteiligten sich die Bulgaren an diesem Aufstand und wenig später erklärten auch die autonomen Fürstentümer Serbien und Montenegro dem osmanischen Reich den Krieg. Nach diesem Russisch-Türkischen Krieg von 1877-1878 wurde auf dem Berliner Kongress 1878 die Unabhängigkeit Rumäniens, Serbiens und Montenegros beschlossen. Bulgarien wurde vorerst autonom (und erlangte erst 1908 die Unabhängigkeit).

Außerdem wurde auf dem Berliner Kongress 1878 die Okkupation Bosniens und der Herzegowina, welche bei gemeinsamer Sprache seiner Bewohner ethnisch und konfessionell dreigeteilt waren, durch Österreich-Ungarn beschlossen. Zusätzlich wurde festgelegt, dass Österreich-Ungarn im benachbarten Sandschak von Novipazar (im heutigen Serbien, an der Grenze zu Montenegro) Garnisonen unterhalten dürfe. Diese auf dem Berliner Kongress unter Federführung Bismarcks getroffenen Entscheidungen dienten allesamt dem Zweck, das Machtvakuum, das das Osmanische Reich auf dem Balkan hinterlassen hatte, nicht dem alleinigen Einfluss Russlands zu überlassen. Für Russland war diese Haltung, die von Deutschland zumindest mitgetragen wurde, undankbar, zumal von russischer Seite im Deutsch-Französischen

---

[13] Janusz Piekalkiewicz, Der Erste Weltkrieg, Augsburg 1995, S. 9

Krieg 1870/1871 auf eine Intervention gegenüber Preußen beziehungsweise dem Deutschen Reich verzichtet worden war.[14]

Österreich-Ungarn, das – nachdem durch die Niederlage gegen Preußen bei Königgrätz 1866 bedingten Verlust seines Einflusses auf Deutschland und nach den Niederlagen gegenüber Piemont-Sardinien 1859 beziehungsweise Italien 1866 – seinen außenpolitischen Schwerpunkt gänzlich auf den Balkan verlagert hatte, geriet aufgrund seiner Balkanpolitik allmählich ebenfalls auf Konfrontationskurs mit Russland, das zunehmend panslawistische Interessen verfolgte.

Diese Konfrontation zwischen Österreich-Ungarn (dem neuen Bündnispartner Preußens und damit des späteren Deutschen Reichs) und Russland führte in Folge zu weiteren Konflikten zwischen Letzterem und Deutschland. Russland verfolgte mit seiner Balkanpolitik nicht nur Schutzmachtinteressen gegenüber dem neuen Serbien (und zunächst auch Bulgarien), sondern suchte mit der Ausdehnung seines Einflussbereiches am Balkan den Jahrzehnte, eigentlich Jahrhunderte alten Traum der Kontrolle über die Meerenge des Bosporus, somit über den Zugang zum Schwarzen Meer, zu verwirklichen. Dieses Ziel Russlands (welches bereits zuvor, 1853, zum Krimkrieg geführt hatte) verärgerte eher das Vereinigte Königreich, das an einer freien Seefahrt auch im Schwarzen Meer interessiert war, als Deutschland. Für Russland wurde die deutsche Außenpolitik aufgrund ihrer – insbesondere nach der Entlassung Bismarcks 1890 einsetzenden – bedingungslosen Unterstützungsbereitschaft für Österreich-Ungarn zunehmend untragbar.

Dabei konnten das Deutsche Reich und Russland am Ende des 19. Jahrhunderts an sich kein Interesse an einem gegenseitigen Krieg haben. Dies geht auch aus den „*Gedanken und Erinnerungen*“ Bismarcks hervor, der von 1871 bis 1890 den außenpolitischen Kurs des Deutschen Reiches bestimmte. So hielt Bismarck unter anderem fest, dass„*der deutsche Krieg für Rußland ebenso wenig unmittelbare Vortheile, wie der russische für Deutschland bietet*“.[15]

Die zunächst nicht feindselige Haltung Serbiens gegenüber Österreich-Ungarn veränderte sich grundlegend, als König Alexander Obrenovic (gemeinsam mit seiner Gemahlin Draga) 1903 in Belgrad

[14] Volker Ullrich, Die nervöse Großmacht 1871–1918, Frankfurt am Main 2013, S. 87-88

[15] Holger Afflerbach et al., Otto von Bismarck, Gesammelte Werke, Neue Friedrichsruher Ausgabe, Gedanken und Erinnerungen, Paderborn 2012, S. 368 ff

einem Attentat nationalistischer Offiziere zum Opfer gefallen und Peter Karadjordjevic, welcher einen großserbischen Kurs einschlug, seine Nachfolge angetreten hat. Der österreichisch-ungarische Außenminister Aehrenthal versuchte, die Ansprüche Serbiens dadurch zu untergraben, indem er eine Reichsreform vorschlug, die Bosnien-Herzegowina, Kroatien-Slawonien und Dalmatien zu einem südslawischen Königreich unter der Oberhoheit Ungarns vereinigen sollte. Zu diesem Zweck musste das seit 1878 von Österreich-Ungarn okkupierte und verwaltete Bosnien-Herzegowina, das formell nach wie vor unter osmanischer Hoheit stand, dem Habsburgerreich einverleibt werden. Die Annexion Bosniens-Herzegowina erfolgte sodann im Oktober 1908. Die übrigen Großmächte wurden von Österreich-Ungarn über dieses eigenmächtige Vorhaben im Vorfeld nicht in Kenntnis gesetzt. Lediglich der bulgarische König Ferdinand wurde kurz davor eingeweiht, sodass er wenige Tage vor Bekanntgabe der Annexion am 5. Oktober 1908 die volle Souveränität seines Landes gegenüber dem Osmanischen Reich erklären konnte. Die internationale Empörung über die Annexion Bosnien-Herzegowinas war erheblich. Die russische Öffentlichkeit sprach von „Versklavung der slawischen Brüder". Serbien und Montenegro sahen ihre eigenen Ambitionen auf Bosnien zerstört während das Osmanische Reich erst mit dem Rückzug österreichischer Truppen aus dem Gebiet des Sandschak und der Zahlung einer beträchtlichen Abfindung beruhigt werden konnte. Die italienische Presse sprach vom „habsburgischen Imperialismus". Das Vereinigte Königreich und Frankreich stellten sich hinter die Proteste aus St. Petersburg und selbst der deutsche Kaiser Wilhelm II., wichtigster (und letzter zuverlässiger) Bündnispartner Österreich-Ungarns forderte im ersten Zorn über die Störung des Gleichgewichts unter den Mächten von Kaiser Franz Joseph I. die Zurücknahme der Annexionsproklamation (Manfred Scheuch).

Obwohl eine gänzliche, öffentliche Preisgabe Serbiens schwere Einbußen des politischen Einflusses Russlands auf dem Balkan nach sich ziehen musste, war man in St. Petersburg wegen des schlechten Zustandes der eigenen Rüstungen und der kritischen Lage im Innern des Landes nicht imstande, es auf einen großen Krieg ankommen zu lassen, umso weniger als das Deutsche Reich (entgegen der Empfehlung Wilhelms II.) kompromisslos auf die Seite Österreich-Ungarns trat. Auch Frankreich ließ erkennen, dass es wegen der bosnischen Frage nicht in einen „Weltkrieg" verwickelt zu werden wünsche. Russland schaffte es nicht einmal mit seiner Forderung, dass die Annexionsfrage von den Großmächten gemeinsam geregelt werden müsse, durchzudringen.

Von Deutschland unter diplomatischen Druck gesetzt (in Berlin war man noch immer über die im Vorjahr in einem Besuch Edwards VII. in Reval (Tallinn) zum Ausdruck gekommene Annäherung zwischen Russland und dem Vereinigten Königreich verärgert), erklärte sich Russland schließlich mit der Annexion einverstanden und veranlasste auch Serbien zum Nachgeben.

Auch wenn die bosnische Krise somit mit einem diplomatischen Erfolg für Österreich-Ungarn und Deutschland endete, waren die Folgen dieser Krise bedenklich. In St. Petersburg blieb eine tiefe Verstimmung gegenüber dem Deutschen Reich zurück, das der russischen Diplomatie mit ungewöhnlicher Schärfe entgegengetreten war, obwohl unmittelbare deutsche Interessen überhaupt nicht berührt gewesen waren, sodass in höchsten russischen Kreisen der Eindruck entstand, dass eine aktive Balkanpolitik Russlands stets Deutschland zum Hauptgegner haben werde. Zar Nikolaus II. sprach sogar davon, dass *„der Zusammenstoß mit dem Germanentum in der Zukunft unausweichlich sei, und dass man sich auf denselben vorbereiten müsse"*.[16]

Darüber hinaus führte diese Krise zum faktischen Ende des Dreibundes Deutschland, Österreich-Ungarn und Italien, indem Letzteres – unzufrieden über die Tatsache, von Österreich-Ungarn in der Bosnien- und damit der Balkanfrage (Italien hatte insbesondere an Albanien und Montenegro ein politisches Interesse) gänzlich hintergangen worden zu sein – im Oktober 1909 mit Russland einen Geheimvertrag schloss, der sich direkt gegen die österreichisch-ungarische Balkanpolitik richtete. Im Wesentlichen verpflichteten sich darin beide Mächte, auf die Erhaltung des politischen Status quo auf dem Balkan hinzuwirken, wohingegen Italien eine wohlwollende Haltung in der Meerengenfrage, Russland wiederum für den eventuellen Erwerb von Tripolis und der Cyrenaika (heute Libyen) zusicherte.

Am 13. März 1912 schlossen Serbien und Bulgarien unter russischer Schirmherrschaft den sogenannten Balkanbund, welcher nach außen hin der (Wieder-)Besetzung des Sandschak Novipazar durch österreichisch-ungarische Truppen entgegenwirken sollte. Tatsächlich handelte es sich beim Balkanbund jedoch um ein gegen das Osmanische Reich, den „kranken (und immer schwächer werdenden) Mann am Bosporus", dessen Schwäche einmal mehr bei der Eroberung Tripolita-

---

[16] B. Siebert, Diplomatische Aktenstücke zur Ententepolitik, Berlin 1929, S. 109,zit. inWolfgang J. Mommsen, Weltbild, Weltgeschichte, Band 28,, Das Zeitalter des Imperialismus, Augsburg 2000, S. 236

niens durch italienische Truppen erschreckend hervorkam, gerichtetes Offensivbündnis. Es ging den Balkanstaaten darum, diese Schwäche sofort auszunützen, ehe die an der Erhaltung des Osmanischen Reichs interessierten Mächte Vereinigtes Königreich und Österreich-Ungarn intervenieren konnten. So traten dem Balkanbund im Mai Griechenland und im August der Kleinstaat Montenegro bei.

Der französische Präsident Raymond Poincaré erkannte im Rahmen eines Staatsbesuchs in St. Petersburg, bei dem er von Russland über die Ziele des Balkanbundes informiert worden war, dass dieses Bündnis aggressive Pläne gegen das Osmanische Reich, aber auch gegen Österreich-Ungarn verfolgt. Dennoch versagte Poincaré dem russischen Zaren nicht die Unterstützung für den Fall, dass die Unternehmungen des Balkanbundes einen europäischen Krieg hervorriefen.

Allerdings betonte Poincaré (dem der Wortlaut des veröffentlichten Zweibundvertrages bekannt war, demgemäß Deutschland verpflichtet war, Österreich-Ungarn in einem solchen Fall zu Hilfe zu eilen) gegenüber dem damaligen russischen Außenminister und nunmehrigen russischen Botschafter in Paris, Iswolski, dass *„die öffentliche Meinung Frankreichs es der französischen Regierung nicht erlauben würde, sich in reinen Balkanangelegenheiten für ein militärisches Vorgehen zu entscheiden, wenn nicht Deutschland daran beteiligt sei und durch seine eigene Initiative einen casus foederis schaffe"*.[17]

Demgegenüber zeigte sich das Vereinigte Königreich in der Balkanfrage verhalten (obgleich auch der britische Außenminister Grey im Kriegsfalle Russland und Frankreich Unterstützung zusicherte). Am 17. Oktober 1912 starteten Serbien, Bulgarien, Griechenland und Montenegro ihre Offensiven gegen das Osmanische Reich, wobei Bulgarien innerhalb weniger Wochen Adrianopel (heute Edirne) eroberte.

Der große Gewinner des Ersten Balkankrieges war Bulgarien, das sein Gebiet nicht nur in das heutige Mazedonien, sondern auch bis an das Thrakische Meer ausdehnen konnte. Doch auch die übrigen Balkanstaaten konnten ihre territorialen Besitzungen erweitern. Der eigentliche Profiteur war jedoch Russland, das durch das Ergebnis dieses Balkankrieges erheblichen politischen Einfluss über diese Region gewann und damit seinem Ziel, einer Kontrolle der „Pforte zum Schwarzen Meer", dem Bosporus, entscheidend näher gekommen war. Im Frie-

---

[17] V. F. Stieve, Der diplomatische Schriftwechsels Iswolskis, 1924, Bd. 2, S. 273, zit. inWolfgang J. Mommsen, Weltbild, Weltgeschichte, Band 28„ Das Zeitalter des Imperialismus, Augsburg 2000, S. 255-256

den von London, mit dem der Erste Balkankrieg beendigt wurde, wurde das Fürstentum Albanien geschaffen, womit es Österreich-Ungarn (gerade noch einmal) gelungen war, Serbien den Zugang zur Adria zu verwehren. In Furcht vor einer neuerlichen Balkankrise setzten sämtliche europäische Großmächte Maßnahmen, die bereits in Richtung Kriegsvorbereitung gingen. Die Rüstungsanstrengungen Serbiens etwa wurden (wie bereits zuvor und danach) über französische Kredite finanziert (Christopher Clark).

Da Bulgarien mit der Verteilung der territorialen Siegesbeute unzufrieden war, brach es tatsächlich bald darauf, am 29. Juni 1913, einen neuerlichen bewaffneten Konflikt, den Zweiten Balkankrieg, vom Zaun, in welchem es zunächst Serbien und Griechenland angriff. Das bislang in den Balkankrisen neutrale Rumänien griff nun ebenfalls ein und wandte sich gegen seinen aggressiven Nachbarn Bulgarien. Auch das Osmanische Reich nützte die Gelegenheit der Kämpfe, in die Bulgarien nun verstrickt war, um die im Ersten Balkankrieg verloren gegangenen Gebiete zurückzuerobern. Nach der Niederlage von Bulgarien wurden im Frieden von Bukarest vom 10. August 1913 wiederum neue Grenzen gezogen. Serbien konnte sein Staatsgebiet durch Einverleibung des heutigen Mazedoniens und des Kosovo zum Missfallen Österreich-Ungarns praktisch verdoppeln. Bulgarien hingegen verlor alle Gebiete, die es mit dem Ersten Balkankrieg gewonnen hatte. Der Frieden von Bukarest war daher nicht geeignet, eine dauerhafte Befriedung der höchst angespannten Lage herbeizuführen. Die Gefahr der Entstehung eines Weltenbrandes, der von dieser Region ausgeht, bestand weiterhin.

Dennoch kann der Krisenherd Balkan nur als (wenngleich nicht unbeachtlicher und für bestimmte Mächte willkommener) mitverantwortlicher Auslöser für den Ersten Weltkrieg, gewissermaßen als „Zündfunke“ gesehen werden. Der Weg in ein „großes Kräftemessen“ der europäischen Mächte war bereits 1815 mit den Wiener Verträgen, die Europa nach den Napoleonischen Kriegen eine neue Friedensordnung sichern sollten, vorgezeichnet, da ein schlechter Frieden stets die Gefahr eines neuen Krieges in sich trägt. Schlecht war die schließlich 1815 in Wien vereinbarte Friedensordnung (auch wenn sie im Wesentlichen knapp 100 Jahre einen weiteren, großen europäischen Krieg verhindern konnte) deshalb, weil die Dynastien (insbesondere Russlands, Österreichs und Preußens) versuchten, den Status quo ante, also die politische Ausgangslage am Vorabend der Französischen Revolution von 1789, wiederherzustellen. Das bedeutete im Wesentlichen die

Beseitigung der bürgerlichen Freiheitsrechte, deren Idee Napoleon im Zuge seiner Eroberungen nach ganz Europa getragen hatte, sowie die Eindämmung des (ebenso) durch die Napoleonischen Kriege entfesselten Nationalismus.

Nicht nur im Interesse Russlands (und Frankreichs), sondern auch in jenem der Dynastien der Habsburger und Hohenzollern wurde die Errichtung eines deutschen Nationalstaates verhindert und die Gebiete des vormaligen Heiligen Römischen Reiches deutscher Nation wiederum in einem losen Staatenbund, dem sogenannten Deutschen Bund, „zusammengehalten". Die deutschen „Fürsten", deren Zahl letztlich aufgrund der Entwicklungen in der Napoleonischen Ära auf 37 (daneben bestanden weiterhin vier freie Städte) reduziert worden war (das Heilige Römische Reich bestand im Jahre 1789 noch aus *über 300 Herrschaftsgebieten, neben über 1000 weiteren mehr oder weniger selbständigen Winzlingen)*[18], insbesondere die Habsburger und die Hohenzollern, lehnten einen deutschen Bundes- oder gar Einheitsstaat ab. Dies wäre für die betreffenden Herrscher nämlich zweifellos mit einer Einschränkung ihrer Souveränität (und damit ihrer Macht) verbunden gewesen.

So kam es, dass sich Deutschland nicht in Frieden einigen konnte (auch der Versuch einer demokratischen Einigung nach der Revolution von 1848 wurde schließlich – nachdem die Paulskirchenversammlung auf dem Weg zur Einheit entscheidende Fehler begangen hatte – von den Monarchen wieder zunichte gemacht), sondern die nationale Einheit (die in der Mehrheit der deutschsprachigen Bevölkerung begrüßt wurde) schließlich im Wege des Krieges erlangte. Gerade aber die durch Krieg erwirkte Einigung löste unter den übrigen Staaten (nicht nur bei so manchem Nachbarn) Argwohn aus.

Zwar konnte Österreich nach seiner Niederlage gegen Preußen im Deutschen Krieg von 1866 (Zweiter Deutscher Einigungskrieg) mit einem milden Friedensschluss (keine Gebietsabtretungen gegenüber Preußen, wohl aber gegenüber Italien) als Bündnispartner Preußens (und damit des späteren Deutschen Reichs) für künftige Kriege erhalten werden, jedoch führte die Demütigung Frankreichs im Deutsch-Französischen Krieg von 1870/1871 (Dritter Deutscher Einigungskrieg), insbesondere die inmitten des noch andauernden Krieges erfolgte Gründung des Deutschen Reichs im Spiegelsaal von Schloss

---

[18] vgl. Guido Knopp/Stefan Brauburger/Peter Arens, Die Deutschen, Vom Mittelalter bis zum 20. Jahrhundert, München 2009, S. 260, 299

Versailles bei Paris sowie die in weiterer Folge diktierte Abtretung Elsass-Lothringens an das neue Deutsche Reich, zu einer dramatischen Vertiefung der (ohnehin seit Jahrhunderten andauernden, schwelenden) deutsch-französischen Rivalität, die den Wunsch Frankreichs nach Sühne in hohem Ausmaß steigerte.

Vor diesem Hintergrund errichtete der preußische Ministerpräsident und nunmehrige deutsche Reichskanzler Otto von Bismarck sein bald undurchschaubares Bündnissystem, das Frankreich isolieren und Deutschland vor einem Zwei- bzw. gar Mehrfrontenkrieg bewahren sollte. Das lässt aber auch nachvollziehen, dass Frankreich jede Gelegenheit der Verschlechterung der deutschen Beziehungen zu einer anderen Großmacht zu seinem Vorteil nützen konnte und dies – als der Deutsch-Russische Rückversicherungsvertrag im Jahr 1890 seitens Deutschlands nicht mehr verlängert wurde – auch tat, indem es Russland schließlich in sein eigenes Bündnissystem, die Entente, zog. Insofern zeichnete sich ein neuerliches Deutsch-Französisches Kräftemessen ab, bei dem sich nur mehr die Frage stellte, welche (europäischen) Mächte auf Frankreichs und welche auf Deutschlands Seite stehen würden.

Die Aufrüstung der deutschen Kriegsflotte ab 1898 (die Kaiser Wilhelm II. ein besonderes persönliches Anliegen und unter dem deutschen Bürgertum äußerst populär war) brachte Deutschland schließlich auch auf Konfrontationskurs mit dem Vereinigten Königreich, dessen politische Kreise bereits zuvor, im Jahre 1871, die Machtverschiebung in der Mitte Europas mit Beunruhigung zur Kenntnis nahmen; der konservative Oppositionsführer im britischen Unterhaus, Benjamin Disraeli, hatte am 9. Februar 1871, wenige Tage nach der Kaiserproklamation in Versailles und dem Abschluss des Waffenstillstands zwischen Deutschland und Frankreich, in Bezug auf den Deutsch-Französischen Krieg Folgendes verkündet: *„Dieser Krieg bedeutet die deutsche Revolution, ein größeres politisches Ereignis als die Französische Revolution des letzten Jahrhunderts … Das Gleichgewicht der Macht ist völlig zerstört, und das Land, welches am meisten darunter leidet und die Wirkungen dieser Veränderung am stärksten spürt, ist England“.*[19]

Eine Bedrohung für die britische Kriegs- und Handelsflotte musste zugleich eine Bedrohung für das britische Kolonialreich (und damit für die britische Weltmacht) darstellen. Insofern war die Annäherung

---

[19] Volker Ullrich, Die nervöse Großmacht 1871–1918, Frankfurt am Main 2013, S. 27

des Vereinigten Königreichs zunächst an Frankreich, später auch an Russland, eine logische Konsequenz. Die Entente cordiale von 1904 zwischen dem Vereinigten Königreich und Frankreich war allerdings „kein Bündnis, sondern ein Ausgleich von Kolonialinteressen in Afrika" (Jörn Leonhard). Auch die Tripel-Entente zwischen diesen beiden Mächten und Russland war „kein vertraglich fixiertes Bündnis, sondern ein Vereinbarungskomplex" und ergab sich aus der russisch-französischen Militärkonvention von 1894, der Entente cordiale von 1904 und der britisch-russischen Verständigung von 1907 über umstrittene Einflusszonen in Persien, Afghanistan und Tibet (Jörn Leonhard).

Wie bereits dargelegt war es der Balkan, der – nicht ganz zufällig – schließlich zum Auslöser des Ersten Weltkriegs werden sollte. Ein paar Jahre zuvor hätte – vor dem beschriebenen Hintergrund des „Fieberwahns des Imperialismus" (Wolfgang J. Mommsen) unter den europäischen Staaten – ein anderer Schauplatz die (unglückselige) Gelegenheit gehabt, zu einem solchen Auslöser zu werden, nämlich Marokko.

Nachdem das Vereinigte Königreich und Frankreich noch 1893 wegen Siam und 1898 wegen des Kongo an den Rand eines Krieges geraten waren und auch bezüglich Ägypten und Kongo in den Neunzigerjahren des 19. Jahrhunderts zwischen diesen Mächten Spannungen herrschten, gelang im Jahre 1899 im Sudan-Vertrag (unter Nachgeben Frankreichs) eine Verständigung in kolonialen Fragen, die 1904 in die Entente cordiale mündete. Gegen Anerkennung seines politischen Status in Ägypten versprach England den Ambitionen Frankreichs in Marokko diplomatische Unterstützung. Indes führte der „Doggerbank-Zwischenfall" vom 21. Oktober 1904, bei welchem die auf dem Weg nach dem Fernen Osten befindliche russische Ostseeflotte einige englische Fischerboote für japanische Einheiten gehalten und versenkt hatte (im Frühjahr 1904 war der Russisch-Japanische Krieg ausgebrochen), zu erheblichen Spannungen zwischen Russland und dem Vereinigten Königreich, die ebenfalls in einen Krieg hätten münden können. Das Deutsche Reich schwankte in jenen Tagen zwischen einem Kurs, der es aus der diplomatischen Isolation herausbringen sollte (Versuche einer Annäherung an das Vereinigte Königreich, Russland und sogar Frankreich), und der *„Demonstration, dass man Deutschland in weltpolitischen Fragen nicht ungestraft übergehen dürfe"* (Wolfgang J. Mommsen).

Eine solche Demonstration führte geradewegs in die beiden Marokkokrisen. Marokko, das im Laufe des 19. Jahrhundert als einer von wenigen Staaten auf dem afrikanischen Kontinent unabhängig geblieben war (Marokko war der einzige arabische Staat, der niemals vom Osmanischen Reich beherrscht wurde), geriet am Ende des 19. und zu Beginn des 20. Jahrhunderts zunehmend unter französischen Einfluss. Mit der Landung Wilhelms II. in Tanger am 31. März 1905 versuchte das Deutsche Reich – durch Unterstreichen der Souveränität des Sultans von Marokko – Frankreich mitsamt seiner Marokkopolitik (mit welcher die deutsche Regierung tatsächlich übergangen wurde) in die Schranken zu weisen. Diese erste Marokkokrise endete mit der Konferenz von Algericas (in Südspanien) im Jahre 1906. Die Erwartungen des Deutschen Reiches, dass sich die übrigen Großmächte, darunter die Vereinigten Staaten und das Vereinigte Königreich, gegen Frankreich stellen würden, da sie sich selbst die Möglichkeit einer (wirtschaftlichen) Einflussnahme in Marokko sichern wollen, erfüllten sich nicht. Vielmehr war insbesondere das Vereinigte Königreich über die deutsche Vorgehensweise, welche ganz offensichtlich Frankreich demütigen sollte, erbost.

Im Februar 1909 schloss das Deutsche Reich mit Frankreich einen Vertrag, der diesem für die Zusicherung der künftigen Beteiligung deutscher Firmen faktisch die politische und wirtschaftliche Vorherrschaft in Marokko (das Kaiser Wilhelm II. als relativ wertlos erachtete) zubilligte. Sowohl das Deutsche Reich als auch Frankreich (insbesondere die dortigen öffentlichen Meinungen) waren über den Zustand in Marokko unzufrieden. Nach deutscher Auffassung wurden deutsche Firmen nicht gebührend beteiligt und Frankreich trachtete danach, den Umstand, dass die französische Vorherrschaft über (ein formell nach wie vor unabhängiges) Marokko nicht völkerrechtlich anerkannt ist, abzuändern. Als dann Ende April 1911 in Fez ein Aufstand gegen den Sultan von Marokko ausbrach, nützte Frankreich die Gelegenheit und entsandte militärische Kräfte, die den Aufstand zu unterdrücken halfen. Dies führte dazu, dass das Land zu einem französischen Protektorat wurde. Diese Verletzung der in Algericas 1906 getroffenen Vereinbarung veranlasste das Deutsche Reich am 1. Juli 1911 zur (von der deutschen Öffentlichkeit und der deutschen Presse umjubelten) Entsendung des Kanonenboots „Panther“ nach Agadir. Durch diese Drohung, sich erforderlichenfalls im Süden Marokkos festzusetzen, *„verfolgte die deutsche Regierung vielmehr das Ziel, Frankreich dazu zu bringen, den ganzen französischen Kongo, als Kern eines zukünftigen deutschen Mittelafrika, an das Deutsche Reich abzutreten“* (Wolfgang J. Mommsen).

Diese Zweite Marokkokrise, die Europa bereits hart an den Rand eines großen europäischen Krieges gebracht hatte, führte rasch zur weiteren Isolation des Deutschen Reiches. Der spätere Premierminister des Vereinigten Königreichs, Lloyd George, sprach nun offen aus, dass England im Kriegsfalle nicht abseits stehen werde, während nun auch französisch-englische Generalstabsbesprechungen über die Entsendung eines englischen Expeditionsheeres auf den europäischen Kontinent sowie die teilweise Mobilisierung der englischen Hochseeflotte die französische Position gegenüber Deutschland weiter festigten. Die auf beiden Seiten ausgebrochene nationalistische Erregung der öffentlichen Meinung machte es den Regierungen schwer, doch noch einen Weg des Kompromisses einzuschlagen. Die Pressestimmen im Deutschen Reich, die es nun auch offenkundig auf einen großen europäischen Krieg ankommen lassen wollten, mehrten sich, während *die „Post" und Hardens „Zukunft" Kaiser Wilhelm II. „feiges Zurückweichen vor anderen Mächten" vorwarfen*. Demgegenüber übte die französische nationalistische Presse großen Druck auf die französische Regierung aus, indem sie *jegliche Konzessionen auf kolonialem Gebiet ablehnte und Deutschland das Recht absprach, in die marokkanischen Dinge hineinzureden.*[20]

Als dann dennoch beide Regierungen (unter notwendiger Täuschung der nationalistischen Presse) endlich einlenkten, wurde der französische Ministerpräsident Caillaux, der am Zustandekommen einer friedlichen Regelung maßgeblich beteiligt war, wegen seiner angeblich deutschfreundlichen Haltung gestürzt. In Deutschland missbilligten alle Parteien im Reichstag mit Ausnahme der Sozialdemokratie die Politik der Regierung. Im deutschen Volk wurde außerdem in Folge der Marokkokrise der Ruf nach einer stärkeren Rüstung zur See immer lauter.

In Deutschland wurden all diese Entwicklungen– spätestens mit dem Ausgang der Zweiten Marokkokrise – als „Einkreisung" wahrgenommen (Jörn Leonhard), tatsächlich hatte sich Deutschland (seitdem der Lotse Bismarck 1890 von Bord gegangen war) selbst ausgekreist und in eine Sackgasse manövriert.

Als nach dem Attentat auf das österreichisch-ungarische Thronfolgerpaar am 28. Juni 1914 die Julikrise ausbrach, waren die diplomatischen Fronten in Europa längst verhärtet und die deutsche Regierung sah

[20] Wolfgang J. Mommsen, Weltbild, Weltgeschichte, Band 28„ Das Zeitalter des Imperialismus, Augsburg 2000, S. 244–245

sich bereits vor dem Attentat vor die Alternative gestellt, entweder zu versuchen, die weitere Isolierung der Mittelmächte mit diplomatischen Mitteln abzuwenden, oder sich auf einen Präventivkrieg einzulassen, dessen siegreichen Ausgang der deutsche Generalstab noch glaubte garantieren zu können.

So kam es, dass sich Österreich-Ungarn in der Julikrise dazu entschloss, gegen Serbien scharf vorzugehen, während Deutschland einen Kurs einschlug, der einen großen europäischen Krieg bewusst in Kauf nahm. Letztlich aber war es den Herrschern und Kabinetten (auch in den de facto autokratischen Staaten wie Deutschland oder Russland) 1914 nicht mehr möglich, sich entgegen einer nationalistischen öffentlichen Meinung gegen den Krieg zu entscheiden. Auch die dynastischen Verflechtungen innerhalb Europas (sowohl der russische Zar Nikolaus II. als auch der britische König George V. waren Cousins des deutschen Kaisers Wilhelm II.) waren nicht mehr in der Lage, der nationalistischen Strömungen ihrer Völker und ihrer Militärs, die geradewegs auf den Krieg zusteuerten, Herr zu werden.

Europa war das eigentliche Pulverfass und der Balkan der Zündfunke, der es zum Explodieren brachte. Als das Deutsche Reich schließlich aufgrund der wegen der Vorgehensweise Österreich-Ungarns gegen Serbien erfolgten allgemeinen Mobilmachung in Russland diesem am 1. August 1914 den Krieg erklärte und in weiterer Folge aufgrund der durch die Bündnissysteme ausgelösten Kettenreaktion die großen europäischen Heere gegeneinander in die Schlacht zogen, war aus der Julikrise der Regierungen und Diplomaten das Augusterlebnis der Militärs und des Bürgertums geworden. Gewiss herrschte auch in großen Teilen der Bevölkerung der meisten Staaten Euphorie, jedoch war die Begeisterung abhängig von der jeweiligen gesellschaftlichen Schicht. Insbesondere in der Bauern- und Arbeiterschaft herrschte angesichts des Kriegsausbruchs keine Begeisterung, sondern zum Teil sogar Niedergeschlagenheit (Volker Berghahn). Aus dem Augusterlebnis der Militärs und des (Bildungs-)Bürgertums sollte es schon sehr bald ein böses Erwachen geben.

IV. Österreich vor und nach dem Krieg (Überblick)

Österreich war jahrhundertelang Teil (ja sogar Vormacht) des römisch-deutschen Reiches und war durch die Großen Türkenkriege 1683 bis 1699 zur europäischen Großmacht geworden. Mit den Türkenkriegen, an deren Beginn die Zweite Wiener Türkenbelagerung stand, verfolgten die österreichischen Herrscher langfristig auch das Ziel, die auf dem Balkan lebenden Christen von der türkischen Herrschaft zu befreien. Als Reaktion auf die 1804 erfolgte (Selbst-)Krönung Napoleon Bonapartes zum Kaiser der Franzosen, wurde Österreich im selben Jahr von Franz II. zum Kaisertum erklärt. Franz II., der als Erzherzog über Österreich herrschte und Kaiser des römisch-deutschen Reiches war, wurde somit zu Franz I., Kaiser von Österreich.

Der Name „Österreich" wurde im dynastischen Sinne (Dynastie Habsburg = „Haus Österreich") zur Gesamtbezeichnung des neuen Kaiserstaates, für den sich später (bis 1868) die Bezeichnung „Kaisertum Österreich" durchsetzte. Nach den Erfolgen der napoleonischen Armee legte Franz II. 1806 die römisch-deutsche Kaiserkrone nieder und erklärte das Heilige Römische Reich, das knapp 900 Jahre bestanden hatte, für erloschen. Damit endete jedoch noch nicht die Vorherrschaft der Habsburger über Deutschland. Nach den Napoleonischen Kriegen wurde auf dem Wiener Kongress unter wesentlichem Einfluss des österreichischen Staatsministers Clemens Wenzel Fürst Metternichs die Neuordnung Europas beschlossen. An die Stelle des Heiligen Römischen Reiches trat der 1815 gegründete Deutsche Bund, welcher weitgehend die Gebiete des römisch-deutschen Reiches (d.h. überwiegend deutschsprachige Gebiete) umfasste. Österreich (das auf dem Wiener Kongress u.a. Tirol, Vorarlberg, Salzburg, Lombardo-Venetien [zurück-]erhielt) gehörte somit, jedoch nur mit einem Teil seiner Gebiete, dem Deutschen Bund an. In der Bundesversammlung des Deutschen Bundes führte der österreichische Gesandte den Vorsitz. Mit der im Jahre 1834 unter preußischer Führung erfolgten Gründung des Deutschen Zollvereins, dem schließlich fast alle deutschen Staaten – mit Ausnahme Österreichs – angehörten, erlitt die österreichische Vormachtstellung über Deutschland (weitere) Einbußen.

Im März 1848 brach in den deutschen Ländern, somit auch in Österreich, die Revolution gegen das absolutistische System aus, welches bürgerliche Freiheitsrechte und den Wunsch nach nationaler Einheit zu unterdrücken suchte (der Zündfunke dieser Revolution war wieder einmal von Frankreich aus, von der dortigen Februarrevolution 1848, übergesprungen). Nachdem Österreich im April 1848 seine erste Verfassung (im formellen Sinn) erhalten hatte und damit zur konstitutionellen Monarchie geworden war, scheiterte die Revolution letztlich an der schweren Aufgabe, die sie sich selbst aufgebürdet hatte (Freiheit und Einheit), sodass die gegenrevolutionären Kräfte, die Monarchen, vor allem in Preußen und Österreich, wieder erstarkten. Dabei kam den reaktionären Kräften in Österreich, neben der Unterstützung durch die russische Armee, auch die Gespaltenheit der Revolutionäre in wichtigen Fragen zugute. Hinsichtlich der künftigen Staats- und Regierungsform war sich die Revolution uneins, ob Deutschland konstitutionelle oder parlamentarische Monarchie oder gar Republik werden sollte. Hinsichtlich der Frage der Einheit standen sich Anhänger der groß- und kleindeutschen Lösung gegenüber.

Im Dezember 1848 wurde der angeblich *geistesschwache*[21] Kaiser Ferdinand I. zugunsten des erst 18-jährigen Franz Joseph, der neuer Kaiser wurde, abgesetzt. Kaiser Franz Joseph I. brachte Österreich schließlich wieder auf einen absolutistischen Kurs, regierte zunächst an Verfassung und Reichstag vorbei, ehe am 31. Dezember 1851 die geltende Verfassung auch formell aufgehoben wurde (Beginn der Ära des Neoabsolutismus). Die Tatsache, dass Österreich sich im vom Vereinigten Königreich, Frankreich, Piemont-Sardinien und dem Osmanischen Reich gegen Russland geführten Krimkrieg 1853 bis 1856 für neutral erklärt hatte, versetzte es in eine Lage außenpolitischer Isolation. Siestellt außerdem den Beginn der Verschlechterung der Beziehungen zu Russland dar. Das Zarenreich hatte Österreich in der Revolution von 1848/49 Beistand geleistet und fühlte sich daher durch die österreichische Haltung brüskiert.

Die militärischen Niederlagen Österreichs 1859 gegen Piemont-Sardinien (Sardinisch-Französisch-Österreichischer Krieg, Schlacht von Solferino), insbesondere aber 1866 gegen Preußen (Deutscher Krieg, Schlacht von Königgrätz), durch welche Österreich endgültig seine Hegemonialstellung über Deutschland verloren hatte, und Italien (welches sich am Deutschen Krieg auf Preußens Seite beteiligte; Verlust Venetiens an Italien) machten 1867 die Rückkehr zum Konstitutionalismus sowie den Ausgleich mit Ungarn (das in den Revolutionsjahren 1848/49 aufgrund seines Vorgehens gegen Habsburg in seinen politischen Rechten stark eingeschränkt worden war) unumgänglich. Der Ausgleich brachte der ungarischen Reichshälfte (Transleithanien) eine weitgehende Autonomie (lediglich die auswärtigen Angelegenheiten, das Kriegswesen und die für die genannten Bereiche notwendigen Finanzen waren gemeinsame, sogenannte „Pragmatische Angelegenheiten“), die sie mit der österreichischen (Cisleithanien) im gemeinsamen Staat als gleichberechtigtes Volk auf eine Stufe stellte.

---

[21] für eine solche Geistesschwäche Hannes Leidinger/Verena Moritz/Berndt Schippler, Schwarzbuch der Habsburger, 2. Auflage, Innsbruck–Wien 2010, S. 185; für eine geistige Behinderung etwa Thomas Olechowski, Rechtsgeschichte, 3. Auflage, Wien 2010, Rz 1136

Die Rechtsnatur der Monarchie, die am 14. November 1868 in „Österreichisch-Ungarische Monarchie" umbenannt wurde, war umstritten. Im Gegensatz zur cisleithanischen vertrat die ungarische Staatsrechtslehre die Ansicht, dass Ungarn und Österreich bloß in Personal- und Realunion verbunden seien und ein beiden Staaten übergeordneter Bundesstaat nicht existiere.

Der Ausgleich mit Ungarn brachte jedoch die Benachteiligung der Völker mit sich, denen man einen solchen Ausgleich verwehrte (insbesondere der Tschechen in der österreichischen bzw. der Slowaken, Kroaten und Rumänen in der ungarischen Reichshälfte). Die Länder der österreichischen Reichshälfte, die bis 1915 nicht Österreich (dies war ja nach cisleithanischer Auffassung die Bezeichnung des Gesamtstaates), sondern „die im Reichsrathe vertretenen Königreiche und Länder" genannt wurden, erhielten am 21. Dezember 1867 (Inkrafttreten am 22. Dezember 1867) eine Verfassung, die im Wesentlichen bis 1918 bestehen sollte.

Diese Dezemberverfassung war keine einheitliche Verfassungsurkunde, sondern bestand aus mehreren Staatsgrundgesetzen, wovon das „Staatsgrundgesetz über die allgemeinen Rechte der Staatsbürger für die im Reichsrathe vertretenen Königreiche und Länder" mit seinem fortschrittlichen Grundrechtskatalog (der Schutz der persönlichen Freiheit und des Hausrechts wurde bereits mit Gesetzen aus dem Jahre 1862 gewährleistet, die 1867 zu Bestandteilen des Staatsgrundgesetzes erklärt worden waren) im Wesentlichen sogar das 20. Jahrhundert bis in unsere Zeit überstehen sollte.

In der ungarischen Reichshälfte erfolgte eine *„rücksichtslose Magyarisierungspolitik"* (Thomas Olechowski). Lediglich die Kroaten erhielten eine gewisse Sonderstellung, nicht aber die Slowaken oder Rumänen. Aber auch in Cisleithanien wurde die dort verfassungsrechtlich gara ntierte Gleichberechtigung der Nationalitäten de facto ignoriert und *„musste immer wieder aufs Neue"* vor dem Reichsgericht beziehungsweise Verwaltungsgerichtshof *„erkämpft werden"* (Thomas Olechowski). Um 1880 lebten in der Doppelmonarchie etwa 50 300 000 Menschen, davon ca. 12 000 000 Deutsche (23,9 %), ca. 10 100 000 Ungarn (20,2 %), ca. 8 500 000 Tschechen und Slowaken (16,4 %), ca. 5 200 000 Serben und Kroaten (10,3 %), ca. 5 000 000 Polen (10,0 %), ca. 4 000 000 Ruthenen (Ukrainer) (7,9 %), ca. 3 200 000 Rumänen (6,4 %), ca. 1 300 000 Slowenen (2,6 %) und ca. 1 000 000 Italiener (2,0 %).[22]

[22] Michael Weithmann, Stichwort, Habsburger, München 1995, S. 72

In den von der deutschliberalen Partei geführten Regierungen wurden bedeutende Verfassungsgrundsätze – wie etwa die direkte Wahl des Abgeordnetenhauses, die Geschworenengerichtsbarkeit sowie mit Schaffung eines Reichsgerichtes (1869) und eines Verwaltungsgerichtshofes (1875) die Verwaltungsgerichtsbarkeit (auch in Grundrechtsangelegenheiten) – einfach gesetzlich umgesetzt. Außerdem brachte die Dezemberverfassung das Erfordernis der Aufhebung der Vorrangstellung der römisch-katholischen Kirche mit sich, welche mit dem im Jahre 1855 mit dem Heiligen Stuhl geschlossenen Konkordat wieder eingeführt worden war (nachdem unter Joseph II. im 18. Jahrhundert staatskirchenrechtliche Maßnahmen den Einfluss der römisch-katholischen Kirche drastisch geschmälert hatten). Mit den Maigesetzen von 1868 wurden Katholiken wieder dem Eherecht des Allgemeinen Bürgerlichen Gesetzbuches und der staatlichen Ehegerichtsbarkeit unterstellt. Zudem wurde ihnen die Möglichkeit eingeräumt, die Ehe in Fällen, in denen der für die Trauung zuständige Geistliche die Eheschließung wegen eines nach staatlichem Recht nicht bestehenden Ehehindernisses verweigerte, vor einer weltlichen Behörde zu schließen. Die oberste Leitung und staatliche Aufsicht über das gesamte Unterrichts- und Erziehungswesen kam wieder dem Staat zu. Nunmehr staatliche Volks- und Mittelschulen standen Schülern und Lehrkräften – unabhängig vom Glaubensbekenntnis – offen.

Die von Ministerpräsident Kasimir Graf Badeni 1897 durchgeführte Reform des Nationalitätenrechts in Böhmen, die auf eine völlige Gleichberechtigung der tschechischen mit der deutschen Sprache abzielte und daher Proteste unter den Deutschen auslöste, vermochte den Nationalitätenkonflikt, welcher immer wieder zur Handlungsunfähigkeit des Reichsrates führte, nicht zu entschärfen. Solcherart stützten sich die Regierungen immer wieder auf das Notverordnungsrecht. Diese Praxis war natürlich mit einer *„teilweisen Rückkehr zu autoritären Machtstrukturen“* (Thomas Olechowski) verbunden.

Mit dem Freitod des Thronfolgers Rudolf, Sohn Kaiser Franz Josephs I., im Jahre 1889 war die Möglichkeit einer baldigen Abkehr von der zentralistischen, den Balkan beherrschenden Wiener Politik zunichte gemacht. Unter Rudolfs Herrschaft – so er sie überhaupt noch rechtzeitig vor einer Eskalation am Balkan hätte antreten können – wäre der Kurs Österreichs (nicht nur hinsichtlich der Balkanpolitik) sicherlich ein anderer gewesen, wie sein Kommentar über den Gebietsgewinn Bosnien-Herzegowinas 1878 nahelegt: *„Mit einem Fuß in's Grab gestiegen“*.[23]

---

[23] Zit. nach Beller, 119, in Hannes Leidinger/Verena Moritz/Berndt Schippler, Schwarzbuch der Habsburger, 2. Auflage, Innsbruck–Wien 2010, S. 209

Durch entsprechende Wahlrechtsreformen am Ende des 19. und Beginn des 20. Jahrhunderts wurden die neuen Massenparteien der Sozialdemokraten (bedingt durch die – anders als in Transleithanien – rasant zunehmende Industrialisierung der österreichischen Reichshälfte) und Christlichsozialen begünstigt, welche die bis dahin einflussreichen Liberalen und Konservativen zunehmend ablösten.

Die auf den Balkan gerichtete österreichische Expansionspolitik machte eine diplomatische Annäherung an Russland zunehmend undenkbar, zumal auch die ungarischen Eliten gegen eine solche Annäherung aufgrund der russischen Intervention gegen Ungarn in der Revolution von 1848/49 Widerstand geleistet hätten. Nachdem sich Österreich auch sonst infolge seiner neutralen Haltung im Krimkrieg außenpolitisch isoliert hatte, ging es mit dem Deutschen Reich, dessen Hegemon Preußen trotz seines Sieges über Österreich 1866 dieses geschont hatte, im Jahre 1879 den Zweibund ein. Dieser wurde über den Gedanken einer Sicherheitspartnerschaft hinaus, wie Isabel Pantenburg festgehalten hat, noch zusätzlich von der allgemeinen Empfindung getragen, dass *„die Allianz die logische und angemessene Konsequenz der Geschichte war“*.[24] Im Jahre 1881 trat Italien diesem Militärbündnis bei, womit aus dem Zweibund ein Dreibund wurde.

Mit der Annexion Bosnien-Herzegowinas 1908 (welche in weiterer Folge, 1912, zur gesetzlichen Anerkennung des Islam in Österreich führen sollte) erhielt der südslawische Bevölkerungsanteil in der Monarchie einen bedeutenden Zuwachs, wodurch die Forderung nach einem *österreichisch-ungarisch-südslawischen Trialismus* (anstatt des österreichisch-ungarischen Dualismus) nachdrücklicher wurde. Unterstützung fand diese Forderung beim Thronfolger Franz Ferdinand. Der Plan der Vereinigung der südslawischen Völker im Verband der Monarchie lief selbstverständlich den Plänen der serbischen Nationalisten (Errichtung eines großserbischen Reiches) zuwider.In Österreich-Ungarn lebten 1914 ungefähr zwei Millionen Serben und etwa 850 000 davon in Bosnien-Herzegowina.[25] Neben der beabsichtigten (weiteren) Destabilisierung der Monarchie war der Plan Franz Ferdinands wohl einer der Hauptmotive für das Attentat vom 28. Juni 1914.

---

[24] Isabel F. Pantenburg, Im Schatten des Zweibundes, Probleme österreichisch-ungarischer Bündnispolitik 1897–1908, Wien 1996, S. 468, zit. in Ulrich Schlie, Das Duell, Berlin 2013, S. 220

[25] Annika Mombauer, Die Julikrise, München 2014, S. 8

Während der Julikrise standen sich in Österreich (genauso wie in Deutschland und wie in den vorangegangenen Krisen) unter den verantwortlichen Politikern und Militärs Kriegsbefürworter (wie der Generalstabschef Conrad von Hötzendorf oder Kriegsminister Alexander Krobatin) und solche, die aufforderten, Ruhe zu bewahren (etwa der österreichische Ministerpräsident Graf Stürgkh oder dessen ungarischer Amtskollege Stefan Graf von Tisza) gegenüber. Zwischen diesen beiden Lagern stand Kaiser Franz Joseph, der (ebenso wie der österreichisch-ungarische Außenminister Leopold Graf von Berchtold) aus Sorge, dass Deutschland und Rumänien nicht zu Österreich stehen würden, zunächst gegen ein sofortiges Losschlagen war. Die im Juli zunehmend einsetzende Zusicherung einer Rückendeckung durch das Deutsche Reich änderte diese Haltung.

Nachdem die Regierung in Wien dem Königreich Serbien, infolge deren Auffassung über die unbefriedigende Antwort auf ihr Ultimatum vom 23. Juli 1914, am 28. Juli 1914 den Krieg erklärt hatte, und Deutschland mit Kriegserklärungen an Russland (1. August 1914), Frankreich und Belgien (3. August 1914) gefolgt war, woraufhin am 4. August 1914 das Vereinigte Königreich Deutschland den Krieg erklärte, erfolgte am 5. August 1914 die Kriegserklärung Montenegros an Österreich-Ungarn und am 6. August 1914 jene Österreich-Ungarns an Russland. Frankreich und Großbritannien erklärten am 12. August 1914 Österreich-Ungarn den Krieg. Der bisherige Bündnispartner im Dreibund, Italien, erklärte sich zunächst neutral (tatsächlich war ein *casus foederis*, der eine Verpflichtung Italiens zum Beistand bedeutet hätte, nicht gegeben), sollte sich jedoch (endgültig) auf die Seite der Entente schlagen, indem es Österreich-Ungarn am 23. Mai 1915 den Krieg erklärte. Dies brachte den Österreichern, neben der Balkan- und der Ostfront, eine weitere entscheidende Front, nämlich die Dolomiten- und Isonzofront.

Mit Ausbruch des Ersten Weltkriegs, im Zuge dessen Verlaufs sich das Osmanische Reich sowie Bulgarien auf die Seite der Mittelmächte und Rumänien auf die Seite der Entente schlugen, brach der Nationalitätenkonflikt in Österreich-Ungarn nun auch offen aus und die Abspaltungstendenzen der einzelnen (nichtdeutschen und nichtungarischen) Nationalitäten wurden immer offensichtlicher. Verstärkt wurden diese durch die zunehmenden auf den europäischen Kriegsschauplatz gerichteten, diplomatischen Interventionen der Vereinigten Staaten. Im April 1917 waren die Vereinigten Staaten in den Krieg gegen Deutschland eingetreten. Eine der Ursachen war der uneingeschränkte U-Boot-

Krieg, den die deutsche Marine aufgrund der britischen Blockade führte und dabei keinen Unterschied zwischen Kampfschiffen und unbewaffneten Handelsschiffen machte.

Der amerikanische Präsident Woodrow Wilson hoffte, Österreich und vor allem den jungen Kaiser Karl I., der Franz Joseph I. nach dessen Tod am 21. November 1916 (mit dem Dahinscheiden des Kaisers, der 86 Jahre alt geworden war und davon 68 Jahre lang Österreich regiert hatte, sahen viele seiner Untertanen ein Zeitalter zu Ende gehen) auf den Thron gefolgt war, noch zum Einlenken bewegen zu können, und dass es doch noch zu einem Sonderfrieden zwischen Österreich und der Entente kommen würde. Noch betrachteten die Ententemächte die Zerschlagung der Monarchie nicht als eines ihrer Kriegsziele, sondern erwogen sogar, das Vielvölkerreich als künftiges Gegengewicht gegenüber Deutschland zu belassen.

Indes vollzog Österreich-Ungarn einen (weiteren) fatalen Schritt in Richtung seines eigenen Untergangs. Nachdem der russische Zar Nikolaus II. während der siegreichen russischen Februarrevolution 1917 abgedankt und die neue demokratische Regierung auf Druck der Westmächte ihren Kriegskurs gegenüber Deutschland und Österreich-Ungarn (in einer erfolglosen Offensive) fortgesetzt hatte, gelang es der deutschen und österreichischen Armee weit in das destabilisierte Russland einzudringen. Die mehrheitlich sozialdemokratisch geführte Regierung unter Aleksandr Kerenskij, die am 14. September 1917 die Republik ausgerufen hatte, geriet zunehmend unter Druck (das vorrangige Revolutionsziel vom Februar 1917 war ja der Frieden gewesen). Nachdem die Bolschewiken unter Wladimir Iljitsch Uljanow (genannt Lenin, der mit Unterstützung des deutschen Generalstabes von seinem Exil in der Schweiz über das Gebiet des Deutschen Reiches nach Schweden und von dort weiter nach Russland gelangen konnte) bereits am 16. Juli 1917 einen Umsturz versucht hatten, der jedoch scheiterte, konnten sie in der Oktoberrevolution 1917 den Sieg davontragen. Lenin wurde am 8. November 1917 neuer Regierungschef Russlands und ordnete sofort den Waffenstillstand an. In Brest-Litowsk diktierte Deutschland (als bereits weite Teile des bisherigen Zarenreiches besetzt waren) der neuen russischen Regierung am 3. März 1918 jedoch einen Siegfrieden, der die Zerschlagung des russischen Vielvölkerreiches vorsah (Finnland, Estland, Lettland, Litauen, Weißrussland und die Ukraine wurden von Russland losgelöst). Diese Demontage eines Vielvölkerstaates (die schon bald auch in/gegenüber Österreich und dem Osmanischen Reich Schule machen sollte) wurde auch mit der Unterschrift des österreichisch-ungarischen Außenministers Graf Ottokar Czernin abgesegnet.

Da sich Karl I. trotz seines (zum Teil offenkundigen) Missmutes über die deutsche Kriegsführung (zum Beispiel hinsichtlich des uneingeschränkten U-Boot-Krieges) nicht von seinem Bündnispartner Deutschland lösen wollte beziehungsweise konnte, erklärten die Vereinigten Staaten Österreich-Ungarn schließlich am 7. Dezember 1917 den Krieg. Einige der von Woodrow Wilson am 8. Jänner 1918 formulierten 14 Punkte (welche de facto die amerikanischen Kriegsziele darstellten) betrafen unmittelbar Österreich, wie das Selbstbestimmungsrecht der Völker in Österreich-Ungarn oder die Berichtigung der italienischen Grenzen nach klar erkennbarem nationalem Besitzstand.

Die Dismembration Österreich-Ungarns, die im Herbst 1918 einsetzte, zeichnete sich schon lange vorher ab. 1916 hatten sich die tschechischen Abgeordneten des seit 25. Juli 1914 geschlossenen Reichsrats zu einem *„tschechischen Verband"* zusammengeschlossen. Aus diesem ging später der tschechische Nationalausschuss hervor, der in seinem Manifest vom 13. Juli 1918 die *Loslösung von der Monarchie und Bildung eines eigenen Staates* forderte. Schon längst waren zahlreiche tschechische Soldaten der österreichisch-ungarischen Armee desertiert und zu den Ententemächten übergelaufen. Eine in Frankreich, Italien und Russland aus Tschechen und Slowaken rekrutierte Armee, die „Tschechische Legion", kämpfte sodann auf Seiten der Entente gegen Österreich-Ungarn.

Nachdem bei den letzten militärischen Offensiven (Deutschlands im Westen und Österreich-Ungarns gegen Italien) der erhoffte Durchbruch nicht erreicht werden konnte (und Deutschland an der Westfront, nicht zuletzt aufgrund des U.S.-amerikanischen Kriegseinsatzes, sogar entscheidend geschlagen worden war), war der Zerfall der österreichisch-ungarischen Monarchie, deren Völker „sich abmeldeten", nicht mehr aufzuhalten. Um die Monarchie doch noch zu retten, griff Karl I. mit seinem Manifest vom 16. Oktober 1918 den Plan auf, den bereits der am 28. Juni 1914 in Sarajewo ermordete Franz Ferdinand verfolgte. Die österreichische Reichshälfte sollte in einen Bundesstaat umgewandelt werden (Franz Ferdinand hatte hingegen die Umwandlung der ganzen Monarchie in einen solchen Bundesstaat geplant). In diesem Bundesstaat sollte jeder Volksstamm auf seinem Siedlungsgebiet ein eigenes staatliches Gemeinwesen bilden. Dazu sollten alle Völker (konkret die bisherigen Reichsratsabgeordneten, wie sie aus der Reichsratswahl von 1911 hervorgegangen waren) im Rahmen der Habsburgermonarchie ihre eigenen Nationalräte bilden.

Dieses Manifest war zu diesem Zeitpunkt nachvollziehbarerweise nicht mehr dazu geeignet, die slawischen Völker bei Österreich zu halten. In London bestand bereits eine tschechische Exilregierung unter Tomas G. Masaryk, der zuvor, am 30. Mai 1918, in Pittsburgh das „tschechoslowakische Abkommen" zwischen Slowaken und amerikanischen Tschechen unterfertigt hatte. Damit hatte Masaryk die Slowaken für einen gemeinsamen Staat gewinnen können. Am 18. Oktober 1918 wurde mit der Washingtoner Deklaration die Unabhängigkeit der Tschechoslowakei erklärt, ihre formelle Staatsgründung erfolgte am 28. Oktober 1918 in Prag. Ersten Protest der Slowaken, deren Anspruch auf Autonomie – wie er in Pittsburgh zugesichert worden war – vom neuen Gesamtstaat (der 1938 zerbrechen, bis dahin aber demokratisch bleiben sollte) nicht erfüllt wurde, gab es bereits am 30. Oktober 1918.

Am Balkan war die Front der Mittelmächte (die lange im albanisch-mazedonisch-bulgarisch-griechischen Grenzbereich verlief) bereits zusammengebrochen und die alliierten Streitkräfte der Briten, Franzosen, Italiener, Griechen und Serben auf dem Vormarsch, als im August und September 1918 *gegründete slowenische Volksräte am 6. Oktober 1918 Kontakt mit Vertretern der übrigen südslawischen Territorien der Monarchie aufnahmen und in Agram (Zagreb) das sogenannte Volkswetsche, dem die Abgeordneten Kroatiens* (das aufgrund seiner Sonderstellung innerhalb der ungarischen Reichshälfte eine eigene parlamentarische Vertretung hatte), *Bosnien-Herzegowinas, Istriens, Dalmatiens und Sloweniens beitraten. Dieses Volkswetsche sollte beim Zusammenbruch des Reiches die Macht in den südslawischen Teilen Österreich-Ungarns übernehmen.*[26]

Am 7. Oktober 1918 wurde in Warschau der polnische Staat proklamiert, am 19. Oktober trat in Lemberg ein ukrainischer Nationalrat zusammen. Am selben Tag kündigte schließlich Ungarn den Ausgleich aus dem Jahre 1867 auf und erklärte sich gänzlich unabhängig.

Das Manifest Karls I. vom 16. Oktober 1918, das nicht geeignet war, an der Loslösung der nichtdeutschen Völker von der Monarchie noch etwas zu ändern, veranlasste zudem die deutschsprachigen Abgeordneten des Reichsrates, sich nun auch ihrerseits als Provisorische Nationalversammlung, nämlich für Deutschösterreich, zu konstituieren (und damit das Recht der Monarchie zu brechen). Mit dem Beschluss

---

[26] Wilhelm J. Wagner, Österreich-Ungarn, Der „Große Krieg", Berndorf 2013, S. 163

über die grundlegenden Einrichtungen der Staatsgewalt vom 30. Oktober 1918 wurde der neue Staat Deutschösterreich hergestellt (formelle Diskontinuität im Verhältnis zu Österreich-Ungarn), der jedoch weitgehend die Rechtsordnung Cisleithaniens übernahm (materielle Kontinuität) (Rudolf Hoke). In den Ländern wurden Provisorische Landesversammlungen gebildet, jedoch nicht aus den bisherigen Landtagsabgeordneten, da diese noch nach dem alten Kurien- und Zensuswahlrecht (Wahlrecht nach Stand und Steuerleistung) gewählt worden waren, sondern entsprechend dem Stimmenverhältnis der Reichsratswahl von 1911.

Nach dem Verzicht des Kaisers auf die Regierungsgeschäfte am 11. November 1918 erfolgte am 12. November 1918 die Ausrufung der Republik, indem das an diesem Tage von der Provisorischen Nationalversammlung beschlossene Gesetz über die Staats- und Regierungsform von Deutschösterreich vom sozialdemokratischen Staatskanzler Karl Renner auf der Rampe des Parlamentsgebäudes verlesen wurde. Diesem Gesetz zufolge war Deutschösterreich eine demokratische Republik und als solche Bestandteil der Deutschen Republik. Der Anschluss an Deutschland (als Ausdruck des deutschösterreichischen Selbstbestimmungsrechts) war das Hauptanliegen sämtlicher Großparteien.

Der deutschsprachige Teil der bisherigen Monarchie sollte – ebenso wie die anderen Volksstämme – im entsprechenden Nationalstaat aufgehen, die Gründung einer deutschösterreichischen Republik (die im Übrigen jede Rechtsnachfolge nach der Monarchie ablehnte) sohin bloßer Zwischenschritt bleiben. Beachtenswert ist in diesem Zusammenhang, dass der Staatsrat (bestehend aus den drei Präsidenten der Provisorischen Nationalversammlung und 20 weiteren aus der Versammlung gewählten – überwiegend dem bürgerlichen Lager zuzurechnenden – Mitgliedern), der von der Provisorischen Nationalversammlung mit der Regierungs- und Vollzugsgewalt betraut worden war und als kollegiales Staatsoberhaupt fungierte, auf Antrag des christlichsozialen Abgeordneten Wilhelm Miklas die traditionsreichen, auf die Zeit der Herrschaft der Babenberger zurückgehenden Farben Rot-Weiß-Rot als Staatsfarben annahm. Das Schwarz-Gelb der Habsburgermonarchie sollte einem künftigen Staatenbund der Nachfolgestaaten vorbehalten bleiben.

Demgegenüber wurde auf Antrag des Sozialdemokraten Karl Renners ein Staatswappen angenommen, das aus einem „Stadtturm aus schwarzen Quadern, gekreuzten Hämmern in rot, umgeben von einem goldenen Kranz von Ähren“ bestand. Der Stadtturm sollte das

Bürgertum symbolisieren, die Hämmer die Arbeiterschaft und der Ährenkranz den Bauernstand. Schwarz-Rot-Gold sollte die Verbundenheit mit dem Deutschen Reich verdeutlichen, aber auch als Ausdruck der Übereinstimmung mit den Werten der Revolution von 1848 dienen. Rot-Weiß-Rot war in diesem Wappen, das bald darauf wieder verworfen wurde, weil es mehr dem Charakter eines privatwirtschaftlichen Firmenzeichens entsprach, als jenem eines staatlichen Symbols, überhaupt nicht enthalten. Die Republik griff in weiterer Folge auf den (nunmehr republikanisch ausgestatteten) Adler zurück und entkräftete – mit Verweis auf die Römische Republik der Antike beziehungsweise auf die Vereinigten Staaten von Amerika – erfolgreich die Kritik, dass es sich beim Adler um ein an sich monarchisches Symbol handeln sollte.[27] Eine offizielle Hymne erhält die junge Republik Österreich zunächst nicht, da sich die von Renner gedichteten Verse „Deutschösterreich, du herrliches Land" (Musik komponiert von Wilhelm Kienzl) nicht durchsetzten. Auf die Melodie der österreichischen Kaiserhymne aus der Monarchie sollte in Österreich erst später, unter Kanzler Dollfuß (nachdem auch die Weimarer Republik sie längst zu ihrer Hymne erklärt hatte), zurückgegriffen werden.

Als Staatsgebiet reklamierte die Republik Deutschösterreich sämtliche deutschsprachigen Gebiete Cisleithaniens (Österreich unter der Enns einschließlich von Deutsch-Südmähren, Österreich ob der Enns einschließlich von Deutsch-Südböhmen, Salzburg, Tirol einschließlich Südtirols, jedoch ohne des italienischen Trentino, Vorarlberg, Kärnten und die Steiermark mit Ausnahme des geschlossenen jugoslawischen Siedlungsgebiets sowie die deutschen Siedlungsgebiete in Böhmen, Mähren und Österreichisch-Schlesien: Deutschböhmen, das Sudetenland und die Sprachinseln Brünn, Iglau und Olmütz) für sich. Die Ausübung staatlicher Hoheitsrechte (wie auch die Durchführung der Wahlen zur Konstituierenden Nationalversammlung, siehe sogleich) war jedoch in bestimmten beanspruchten Gebieten unmöglich (in Böhmen, Mähren und Österreichisch-Schlesien aufgrund des Einmarsches tschechoslowakischer beziehungsweise französischer Truppen, in Südtirol durch italienische, in der Südsteiermark und Südkärnten durch südslawische Besetzung).

Während Gebiete wie das Sudetenland oder die Sprachinseln den Verbleib bei Österreich forderten, strebten die Länder Tirol und Vorarlberg zunehmend eine Loslösung vom dezentralisierten und radikal-

[27] Peter Diem, Die Symbole Österreichs, Wien 1995, S. 118–119

parlamentarischen Einheitsstaat Deutschösterreich an. In Tirol zielten die Abspaltungstendenzen auf einen Anschluss an Bayern bzw. ein (aus baden-württembergischen und bayrischen Landesteilen noch zusammenzuschließendes) „Groß-Schwaben“ ab. In Vorarlberg war ebenfalls ein Anschluss an ein solches „Groß-Schwaben“ angedacht. Eine weitere, in Vorarlberg bevorzugte Option war ein Beitritt zur Schweizer Eidgenossenschaft. In Tirol erhoffte man sich vom Anschluss an das Deutsche Reich, die Landeseinheit gegenüber Italien behaupten zu können, zumindest aber eine Annäherung beider Landesteile erzielen zu können. Später betrachtete man den Zusammenschluss von „Tirol mit dem Deutschen Reiche zu einem gemeinsamen Wirtschaftsgebiet“ als Notwendigkeit, um der durch den Verlust Südtirols verstärkten Ernährungskrise entrinnen zu können. Die deutschösterreichische Zentralregierung stimmte der Trennung Tirols zugunsten eines selbständigen, neutralen Freistaates unter der Bedingung zu, dass solcherart die Landeseinheit erhalten bleiben würde, worin in der österreichischen Verfassungsentwicklung erstmals der Ansatz zu erkennen ist, *durch eine Neutralitätserklärung einen Vorteil für die staatliche Einheit, hier jene Tirols, ziehen zu können.*[28]

Die Wahlen zur Konstituierenden Nationalversammlung fanden am 16. Februar 1919 statt.Das aktive Wahlrecht stand allen Männern und – nun erstmalig – auch allen Frauen zu, die das 20. Lebensjahr vollendet hatten, das passive Wahlrecht (das heißt das Recht, gewählt zu werden) hatten alle Männer und Frauen, die das 29. Lebensjahr vollendet hatten. Diese ersten demokratischen Wahlen in einem republikanischen Österreich machten die Sozialdemokratische Arbeiterpartei Deutschösterreichs mit knappem Vorsprung gegenüber der Christlichsozialen Partei zur stärksten Kraft im Parlament (Mandatssitze in der gewählten Konstituierenden Nationalversammlung: 72 Sozialdemokraten, 69 Christlichsoziale, 26 Großdeutsche sowie je ein Abgeordneter der Bürgerlich-demokratischen, der Tschechoslowakischen und der Jüdisch-nationalen Partei).

Am 23./24. März 1919 ging Kaiser Karl I. unter Widerruf der von ihm nach dem 16. Oktober 1918 abgegebenen Erklärungen (Feldkircher Manifest) ins Schweizer Exil. Kurz darauf wurden durch das Gesetz vom 3. April 1919 betreffend die Landesverweisung und die Übernahme des Vermögens des Hauses Habsburg-Lothringen (Habsburgerge-

[28] Wilhelm Brauneder, Österreichische Verfassungsgeschichte, 11. Auflage, Wien 2009, S. 204–205

setz) *„die Herrscher- und sonstiges Vorrechte* dieser Dynastie *aufgehoben, im Interesse der Sicherheit der Republik die ehemaligen Träger der Krone und die sonstigen Mitglieder* der Dynastie, *diese, soweit sie nicht auf ihre Mitgliedschaft zu diesem Hause und auf alle aus ihre gefolgerten Herrschaftsansprüche ausdrücklich verzichtet und sich als getreue Staatsbürger der Republik bekannt haben, des Landes verwiesen"* und die Republik Deutschösterreich zur *„Eigentümerin des gesamten in ihrem Staatsgebiet befindlichen beweglichen und unbeweglichen hofärarischen* (von den Hofstäben verwaltete) *sowie des für das früher regierende Haus oder für eine Zweiglinie desselben gebundenen Vermögens"* erklärt. Durch das Adelsaufhebungsgesetz vom 3. April 1919 wurden überdies der Adel und alle in diesem Zusammenhang (bloß zu Auszeichnung) verliehenen Titel sowie die damit verbundenen Ehrenvorzüge, ferner die weltlichen Ritter- und Damenorden abgeschafft. Die Führung der aufgehobenen Adelsbezeichnungen, Titel und Würden wurde bei Androhung von Verwaltungsstrafen untersagt (demgegenüber galten in der neuen Deutschen Republik die bisherigen Adelsbezeichnungen fortan als Teil des Namens). Ebenfalls mit Gesetz vom 3. April 1919 wurde in Deutschösterreich die Todesstrafe abgeschafft.

Der Zerfall der Monarchie führte zu einer dramatischen wirtschaftlichen Situation in Deutschösterreich. Das Land, das – wie bereits festgestellt – durchaus industrialisiert war, war jedoch sowohl von seinen bisherigen Kohlevorkommen in Böhmen, Mähren und Schlesien als auch von seinen bisherigen Agrargebieten abgeschnitten. Ersteres führte zu einem drückenden Kohlemangel, vor allem in der Industrie. Letzteres führte in Zusammenhang damit, dass die Landwirtschaft nicht entsprechend entwickelt und während des Krieges eine mangelhafte Bearbeitung des Bodens erfolgt war, zu einem Nahrungsmittelmangel, der die Bevölkerung unmittelbar mit dem Hungertod bedrohte (zumal die Rationierung der wichtigsten Nahrungsmittel während des Krieges nicht von dessen Beginn an erfolgte). Auch die auf deutschösterreichischem Boden befindliche Infrastruktur war auf das Großreich der Vielvölkermonarchie, nicht aber auf einen Kleinstaat ausgerichtet. Das Eisenbahnnetz etwa zeigte im klein gewordenen Staat ein Bild sinnloser Zerrissenheit. Die Südbahn, welche Marburg (in der damaligen Untersteiermark, im heutigen Slowenien) und Franzensfeste (Südtirol) verband, war dreimal unterbrochen. Andere wichtige Hauptbahnen wie die Nordbahn, Nordwestbahn und Franz-Josephs-Bahn waren zu kurzen Sackbahnen geworden, während Osttirol nur mehr über erhebliche Umwege über Kärnten und Salzburg mit dem übrigen Tirol verbunden war. Die Zerschlagung der Österreichisch-Ungarischen Bank und die damit verbundene Verteilung des Goldschatzes (aber auch die oben beschriebene wirtschaftliche Notlage) führten zu einer furchtbaren Geldentwertung, die in ungeheuren Preisen sämtlicher Güter und Tiefkursen der ausländischen Zahlungsmittel ihren Ausdruck fand (Friedrich F.G. Kleinwaechter).

Dazu kam, dass sich das Land bereits wieder in einem faktischen Krieg wiederfand. Gegenüber den vordringenden Truppen des Königreichs der Serben, Kroaten und Slowenen wurden insbesondere in Kärnten die sogenannten Abwehrkämpfe geführt, welche trotz anfänglicher Erfolge die (vorläufige) Besetzung Südkärntens (einschließlich Klagenfurts) durch die fremden Truppen nicht abwenden konnten. Die deutschböhmischen und (ebenfalls deutschsprachigen) südmährischen Gebiete waren von französischen beziehungsweise tschechoslowakischen Verbänden, Südtirol (aber auch Nordtirol, einschließlich Innsbrucks) über die Waffenstillstandslinie hinaus von italienischen Truppen besetzt worden. Zu Abwehrkämpfen kam es (da Frankreich und Italien „anerkannte" Siegerstaaten waren) in diesen Gebieten (im Gegensatz zu Kärnten und der Untersteiermark) nicht.

Die verzweifelte Lage Deutschösterreichs wurde dadurch gesteigert, dass Regierung und Volk in Unkenntnis darüber waren, wie die Siegermächte mit dem Land verfahren würden. Die der deutschen Delegation übergebenen Friedensbedingungen (der Friedensschluss mit Deutschland erfolgte schließlich am 28. Juni 1919 im Pariser Vorort Versailles) ließen auch für Deutschösterreich nichts Gutes erahnen. Als sich der Sonderzug mit der deutschösterreichischen Friedensdelegation am 12. Mai 1919 um 19.20 Uhr am Wiener Westbahnhof in Bewegung setzte, *ertönten* aus der Menschenmenge *Hoch- und Heilrufe. „Bringen Sie einen guten Frieden mit!", „Wir wollen Deutsche sein und bleiben!" „Wir wollen den Anschluß an das Deutsche Reich!" wurde dem langsam die Halle verlassenden Zug nachgerufen.*[29]

Am 14. Mai 1919 um 18 Uhr traf der Sonderzug in Saint-Germain ein. Neben dem Präfekten von Seine-et-Oise wurde die deutschösterreichische Delegation (bestehend aus zahlreichen Experten des Einheitsstaates und der Länder unter der Leitung von Staatskanzler Dr. Karl Renner) von den ihr zugeteilten Mitgliedern der französischen, britischen und italienischen Militärmission begrüßt und in weiterer Folge in einigen Villen in einem von der Außenwelt abgesperrten Gebiet untergebracht. Obwohl die deutschösterreichischen Vertreter – wie die

[29] Friedrich F.G. Kleinwaechter, Von Schönbrunn bis St. Germain, Graz 1964, S. 199

deutschen Vertreter in Versailles – wie Gefangene behandelt wurden, war der Ton – auch jener der französischen Presse – ihnen gegenüber freundlicher. Dies war sehr wahrscheinlich weniger auf eine besondere Sympathie für Deutschösterreich als vielmehr auf eine beabsichtigte, offenkundig schlechtere Behandlung der reichsdeutschen Vertreter zurückzuführen.

Bereits bei diesem ersten Kontakt mit Vertretern der jungen Republik beharrten die Siegermächte auf der Bezeichnung „Republik Österreich". Der Meinungsaustausch (auch gegenüber Österreich) erfolgte – gemäß der Forderung des französischen Ministerpräsidenten Clemenceau und entgegen dem Wunsch Renners, die Einwendungen mündlich vortragen zu können – ausschließlich auf schriftlichem Wege, wodurch der Friedensvertrag *„jeder Kritik entzogen war"* (Friedrich F. G. Kleinwaechter).

Am 2. Juni 1919 um 12 Uhr wurde Staatskanzler Renner in Anwesenheit der Delegationen der Verbündeten (Clemenceau, Wilson, Lloyd George) im Steinzeitsaal des Schlosses von Saint-Germain der Text der Friedensbestimmungen in je einem Exemplar in französischer, englischer und italienischer Sprache überreicht. In der zu diesem Anlass von Renner in französischer Sprache verlesenen Rede betonte dieser, dass *„(...) die Entscheidung (...) Gelegenheit biete, (...) auszusprechen, was wir sind und unter welchen Bedingungen wir ein lebensfähiges Staatswesen zu werden hoffen können"*. Des Weiteren führte Renner (in französischer Sprache) verlesend aus: *„(...) Die Sukzessionsstaaten sind alle völkerrechtlich erst nach Einstellung der Feindseligkeiten entstanden; die Republik Deutschösterreich hat (...) niemals im Kriegszustand mit den Nationalstaaten gelebt. (...) Zwischen ihnen und uns handelt es nicht um einen Friedensschluß (...). Wir hoffen, daß das Gewissen der Welt auch unserem Volke jenes unveräußerliche Selbstbestimmungsrecht nicht verweigern und nicht verkürzen lassen wird, welches die assoziierten Mächte gegen die Habsburger- und Hohenzollernmonarchie als ihr Kriegsziel verkündet haben (...). Die Zerstörung des gemeinsamen Wirtschaftsgebietes der Monarchie, die Abschnürung unseres Berglandes von allen natürlichen Hilfsquellen haben uns in den letzten sechs Monaten zu Entbehrungen verurteilt, die noch furchtbarer waren als selbst die wirtschaftlichen Leiden des Krieges (...). Aber in all dieser Not hat unser Volk (...) gegen seine Nachbarn, als sie zwei Fünftel seines Gebietes besetzten, im Vertrauen auf diesen Kongreß selbst auf militärische Abwehr verzichtet; es ist eine Stütze friedlicher und organischer Entwicklung im Zentrum Europas geblieben. Das wird es auch weiter bleiben, wenn ein* *gerechter demokratischer Friede unserem Land die wirtschaftliche Existenzmöglichkeit wiedergibt. (…)Wir bitten Sie um eine Entscheidung, welche unsere nationale, politische und wirtschaftliche Existenz und Zukunft sichert (…).*[30]

Diese Rede, die laut Pariser Presse bei den Delegierten der Großmächte (anders als die „wütenden Worte" des deutschen Delegationsleiters Brockdorff in Versailles) einen sehr günstigen Eindruck gemacht hätte, löste bei den übrigen Nachfolgestaaten freilich Unruhe aus. Sie verdeutlicht in erschreckender Weise, wie nahe die junge österreichische Republik bereits 1919 ihrem politischen Ende war. Das Aufgehen des demokratischen Österreichs in einer demokratischen Deutschen Republik hätte die wirtschaftlichen Verhältnisse in beiden Ländern erträglicher machen und damit beiden rechtsstaatlichen Systemen radikalen Kräften gegenüber (über 1933/1934 hinaus) eine längere (überlebenssichernde) Widerstandsfähigkeit verschaffen können.

Den zahlreichen Stellungnahmen und Gegenvorschlägen wurde – mit Ausnahme einer Annexion „Deutsch-Westungarns" und der Durchführung einer Volksabstimmung in Südkärnten, welche schließlich Eingang in den endgültigen Vertragstext fanden – dennoch keine Beachtung geschenkt. Der endgültige Vertragstext, welcher der deutschösterreichischen Delegation am 2. September 1919 übergeben wurde (und der einschließlich der Fahrt Paris-Wien-Paris binnen sieben Tagen bei sonstiger Fortsetzung der Kriegshandlungen anzunehmen war), wurde am 6. September 1919 von der Konstituierenden Nationalversammlung angenommen und am 10. September 1919 von Staatskanzler Renner in Saint-Germain unterzeichnet.

Mit dem Friedensvertrag von Saint-Germain-en-Laye (der nach österreichischer Auffassung nicht als Friedensvertrag, sondern bis heute als Staatsvertrag klassifiziert wird [Rudolf Hoke]) wurde die junge Republik, die fortan den Namen „Österreich" zu führen hatte, als Rechtsnachfolgerin des monarchischen Gesamtstaates behandelt. Und dieser wurden (neben Ungarn und dem Deutschen Reich) die Kriegsschuld und die Verpflichtung zu Schadenersatz (Reparationszahlungen) aufgebürdet. Die Unabhängigkeit Österreichs wurde für unabänderlich erklärt (sogenanntes *„Anschlußverbot"*) beziehungsweise deren Änderung von einer Zustimmung des Rates des neu geschaffenen Völkerbundes abhängig gemacht.

---

[30] ebendort, S. 206–209

Außerdem wurden im Wesentlichen die heutigen Staatsgrenzen (ausgenommen vorerst gegenüber Ungarn und in Kärnten) sowie die Gebietsabtretungen (etwa Südtirol, das in Entsprechung des Vertrags von London vom April 1915 zwischen dem Vereinigten Königreich, Frankreich und Russland sowie Italien diesem nun endgültig zugesprochen wurde) festgelegt. Außerdem erkannte Österreich mit dem Vertrag die neu geschaffenen Staaten Tschechoslowakei, Polen, Ungarn und das Königreich der Serben, Kroaten und Slowenen (das spätere Jugoslawien) an. Neben Bestimmungen über den Minderheitenschutz wurde überdies ein Verbot der allgemeinen Wehrpflicht vorgeschrieben und das Berufsheer auf 30 000 Mann beschränkt. Der Vertrag wurde bezeichnenderweise – wie auch die übrigen Pariser Vororteverträge, die gleichermaßen das Selbstbestimmungsrecht missachteten – von den Vereinigten Staaten nicht unterzeichnet. Diese schlossen mit Österreich den „Staatsvertrag vom 24. August 1921".

Die in Saint-Germain-en-Laye festgelegte Grenzziehung hatte zur Folge, dass ca. 4 000 000 deutschsprachige Einwohner von Österreich getrennt wurden. Aus dem einen großen *„Völkerkerker"* Österreich-Ungarn waren mehrere kleine geworden. *„Zählt man die Ungarn in Rumänien, die Polen in der Tschechoslowakei, die Deutschen in der Tschechoslowakei und in anderen Teilen Osteuropas und die Österreicher in Norditalien, in Südtirol, dann haben im Namen der Selbstbestimmung nun ebenso viele Nationalitäten unter fremder Herrschaft zu leben wie bisher in der österreichisch-ungarischen Monarchie"* (Henry Kissinger). Die aufgrund des Vertrags von St.-Germain-en-Laye am 10. Oktober 1920 durchgeführte Volksabstimmung in Südkärnten (in der südlicheren „Zone A") brachte den Verbleib Südkärntens bei Österreich. Aufgrund des Ausgangs der Abstimmung in der „Zone A" konnte die Abstimmung in der nördlicheren „Zone B", zu der auch Klagenfurt zählte, unterbleiben.

Einen echten Gebietsgewinn stellte die Tatsache dar, dass die Siegermächte in St.-Germain-en-Laye (beziehungsweise im mit Ungarn am 4. Juni 1920 geschlossenen Friedensvertrag von Trianon) Österreich einen Großteil (des – bei kroatischer Minderheit – überwiegend-deutschsprachigen und daher sogenannten) Deutsch-Westungarns zugesprochen haben. Beim Versuch der Inbesitznahme durch Österreich im Sommer 1921 leisteten ungarische Gendarmerie- und Freischarverbände Widerstand. Der Konflikt konnte mit dem Venediger Protokoll vom 13. Oktober 1921 (das von Italien vermittelt wurde) schließlich bereinigt werden. Ungarn wurde zur Räumung Deutsch-

Westungarns verpflichtet. Im Gegenzug wurde das Schicksal der Stadt Ödenburg (Sopron) und ihrer (für die Wasserversorgung unentbehrlichen unmittelbaren) Umgebung vom Ausgang einer durchzuführenden Volksabstimmung abhängig gemacht. Diese Abstimmung, die am 14. Dezember 1921 durchgeführt wurde, war aufgrund einer vertragswidrigen ungarischen Beeinflussung von massiven Unregelmäßigkeiten geprägt, die zu einer eindeutigen Mehrheit für Ungarn führten, weshalb Österreich Deutsch-Westungarn ohne Ödenburg und seine Vororte erhielt. Nach dem Vorbild des Namens von Siebenbürgen (das nach dem Ersten Weltkrieg an Rumänien gefallen war) erfolgte die Namensgebung des neu gewonnenen Landes, welches (nach den deutschen Namen der westungarischen Komitatsstädte Preßburg [ungar. Pozsony, slowak. Bratislava], Wieselburg [Moson], Ödenburg und Eisenburg [Vasvar], die übrigens allesamt nicht zu Österreich kamen) zunächst als „Vierburgenland", später als Burgenland bezeichnet wurde.

Während Ungarn – nach Scheitern der demokratischen Republik und einer kurzen kommunistischen Episode– letztlich zur Monarchie (mit vakantem Thron; zwei Restaurationsversuche Kaiser Karls am 26. März 1921 und am 31. Oktober 1921 scheiterten) zurückkehrte und der neue Vielvölkerstaat des Königreichs der Serben, Kroaten und Slowenen (nach den slawischen Initialen der drei Hauptvölker auch „SHS-Staat", ab 1929„Königreich Jugoslawien" genannt) von der bisherigen serbischen Dynastie Karadjordjevic zunehmend autoritär regiert wurde, festigte Österreich – ebenso wie die Tschechoslowakei, die allerdings weitaus günstigere Startbedingungen hatte – seine demokratischen Strukturen. Kommunistische Umsturzversuche im April und Juni 1919 waren bereits gescheitert, als sich das Land, das seit 21.10.1919 auch formell als „Republik Österreich"bezeichnet wurde, am 1. Oktober 1920 eine neue Verfassung, das Bundes-Verfassungsgesetz 1920 (in Kraft getreten am 10. November 1920), gab. Mit dieser vom Rechtsgelehrten Hans Kelsen entworfenen Verfassungsurkunde, die auf den Grundrechtekatalog der Dezemberverfassung von 1867 (Staatsgrundgesetz über die allgemeinen Rechte der Staatsbürger) verwies (die bis dahin mögliche Suspension von Freiheitsrechten wurde jedoch ausgeschlossen), wurde die Republik Österreich als parlamentarisch-demokratischer und rechtsstaatlicher Bundesstaat eingerichtet.

Der Machtschwerpunkt lag dennoch beim Gesamtstaat (schwache Ausprägung des föderalistischen Elements), konkret beim Nationalrat, der nicht nur die Bundesregierung wählte, sondern – gemeinsam mit dem Bundesrat, der Kammer der Länder, als Bundesversammlung – auch den Bundespräsidenten. In der Gesetzgebung wurde dem Bundesrat bloß ein aufschiebendes Vetorecht zuerkannt, seine Zustimmung zu einem vom Nationalrat beschlossenen Bundesgesetz war daher (wie auch nach heutiger Rechtslage) letztlich nicht erforderlich. Das gewaltenteilende Prinzip war somit (wie bereits zuvor in der Republik Deutschösterreich, wenn auch nicht mehr derart radikal) abgeschwächt. Die Organisation der ordentlichen Gerichtsbarkeit wurde praktisch unverändert aus der Monarchie übernommen und war daher ausschließlich Bundessache (Thomas Olechowski).

Wien und Niederösterreich bildeten zunächst noch ein Land, ehe Wien aufgrund jeweiliger Trennungsgesetze in beiden Ländern am 1. Jänner 1922 zu einem selbständigen Land wurde.

Die „große Koalition" aus Sozialdemokraten, Christlichsozialen und Parteilosen, die mit der Verfassung Kelsens nicht nur einen (wenn auch nur grundsätzlichen) Kompromiss zwischen Zentralisten und Föderalisten erreichte, sondern darüber hinaus auch für die Einführung bedeutender Sozialgesetze (Achtstundentag zunächst in Großbetrieben, Sonn- und Feiertagsruhe, Ausdehnung der Arbeitslosenunterstützung auf die Angestellten, Abschaffung der Arbeitsbücher, etc.) verantwortlich war, zerbrach schließlich an der Frage eines neuen Wehrgesetzes. Seitens der bürgerlichen Kräfte war mit diesem Gesetz insbesondere die Entpolitisierung des neuen (gemäß dem Vertrag von St.-Germain-en-Laye vorgesehenen) Berufsheeres beabsichtigt, welches der überwiegend aus Sozialdemokraten bestehenden Volkswehr (die sich als Hüterin der Republik verstand) nachfolgte.

Während der Nationalratsdebatte am 10. Juni 1920 kam es zu einer heftigen Auseinandersetzung, bei welcher die Christlichsozialen eindeutig Stellung gegen ihren Koalitionspartner, die Sozialdemokraten, bezogen. Noch am selben Tage legten die Sozialdemokraten alle Regierungsämter nieder. Dieser Schritt wurde *von Karl Renner nach 1945 rückblickend als Fehler erkannt*. Der Tiroler Christlichsoziale Michael Mayr wurde interimistischer Kanzler. Die am 17. Oktober 1920 durchgeführten Neuwahlen brachten den Christlichsozialen 85 Mandate, den Sozialdemokraten 69 Mandate und den Großdeutschen 28 Mandate. Die Sozialdemokraten wollten daraufhin nicht als „Zweite" in eine neue Koalitionsregierung eintreten.Diese Entscheidung sollte dazu führen, dass sie den gesamten Zeitraum der Ersten Republik hindurch von der Macht ausgeschlossen blieben (Manfred Scheuch).

Über die christlichsoziale Partei, die fortan (gemeinsam mit anderen bürgerlichen Parteien) die Regierung stellte, übte die Katholische Kirche in der Republik Österreich in stärkerem Maße ihren Einfluss aus, als dies in der Monarchie seit 1867/1868 der Fall gewesen war. Dies trug bedeutend zum Gegensatz zwischen Christlichsozialen und Sozialdemokraten, die eine scharfe Trennung von Kirche und Staat verlangten, bei. Ausschließlich im Burgenland, wo nach wie vor das ungarische Eherecht des Jahres 1894 galt, bestand die obligatorische Zivilehe (und nicht wie im übrigen Österreich die grundsätzlich erforderliche kirchliche Eheschließung). Insbesondere in Niederösterreich wurde von 1919 bis 1921 unter der sozialdemokratischen Landesverwaltung Albert Severs die für Katholiken bestehende Unauflöslichkeit der Ehe von den Sozialdemokraten durch eine Dispenspraxis unterlaufen („Sever-Ehen").

Die durch die Währungsinflation der Nachkriegszeit ausgelöste Gefährdung der staatlichen Existenz Österreichs konnte durch den christlichsozialen Bundeskanzler Ignaz Seipel 1922 durch einen von Großbritannien, Frankreich, Italien und der Tschechoslowakei gewährten Auslandskredit (sogenannte „Völkerbundanleihe") abgewendet werden. Im entsprechenden, am Sitz des Völkerbundes in Genf geschlossenen Abkommen, den Genfer Protokollen, wurde die österreichische Unabhängigkeit von den kreditgebenden Mächten bekräftigt. Im Gegenzug verpflichtete sich Österreich, seine Finanzen unter Aufsicht eines Generalkommissars des Völkerbundes zu stellen sowie eine Rechtslage zu schaffen, die es ermöglichte, das Sanierungsprogramm ohne Einbeziehung des österreichischen Parlaments durchführen zu können (Rudolf Hoke).

Die Genfer Protokolle führten 1925 zu einer tiefgreifenden Verfassungs- und Verwaltungsreform. Jene Bestimmungen, die beim „Kompromiss" von 1920 noch ausgeklammert blieben, wurden im Sinne einer systemkonformen Weiterentwicklung des Bundes-Verfassungsgesetzes ergänzt. Von besonderer Bedeutung sind die Bestimmungen über die Kompetenzaufteilung zwischen Bund und Ländern. Außerdem wurde die kostspielige Doppelgleisigkeit von Bundes- und Landesverwaltung beseitigt und das Verwaltungsverfahren gesetzlich geregelt. Eine ebenfalls geplante, weitreichende Reform der Verwaltungsgerichtsbarkeit wurde hingegen nicht ausgeführt (Thomas Olechowski).

Die durch die Genfer Protokolle erforderlichen Einsparungsmaßnahmen in nahezu allen öffentlichen Bereichen waren jedoch mit einem massiven Sozialabbau verbunden, der vor allem von der Sozialdemokratie heftig kritisiert wurde. Die Hyperinflation, die Hunderttausende um ihre Ersparnisse gebracht hatte, konnte zwar gestoppt werden, jedoch brachte die Einführung des „harten" Schillings im Jahre 1924 eine Teuerungswelle und die Deflation, welche Massenarbeitslosigkeit und damit eine weitere Polarisierung der politischen Kräfte zur Folge hatte.

Die Sozialdemokratie, die – wie bereits dargelegt – seit 1920 von der politischen Macht auf Bundesebene ausgeschlossen war, verwirklichte im „Roten Wien" ihre Vorstellung einer sozialistischen Gesellschaftsordnung. Durch Einhebung verschiedener Vermögenssteuern, zusammengefasst bekannt als sogenannte„Wohnbausteuer", konnte ab 1923 ein ehrgeiziges Wohnbauprogramm in Angriff genommen werden, welches aufgrund der Tatsache, dass der private Wohnungsbau während des Ersten Weltkriegs zum Erliegen gekommen war, auch dringend erforderlich war. Die Wohnungen der neuen „Gemeindebauten" waren zwar nicht groß, aber dafür (in jenen Jahren unüblich) jede mit sanitären Anlagen ausgestattet. In den meisten dieser Wohnhausanlagen gab es außerdem gemeinschaftliche Einrichtungen, Kindergärten und Lebensmittelgeschäfte. Eine weitere sozialdemokratische Errungenschaft war die Gründung von Kleingartenanlagen nach der Konzeption des Philosophen und Volkswirtschaftlers Otto Neurath. Mit solchen Kleingärten (Schrebergärten) sollte die Arbeiterschaft in die Lage versetzt werden, sich trotz der Lebensmittelknappheit der Nachkriegszeit selbst zu versorgen.

Die Erste Republik konnte außerdem eine geistige und wissenschaftliche Kapazität vorweisen wie sie in dieser Konzentration fast nirgendwo sonst in der Welt zu finden war. Immerhin wurden Österreichern in der kurzen Zeitspanne der Ersten Republik acht Nobelpreise zuerkannt. Ein Großteil dieser Kapazität wurzelte selbstverständlich in der humanistischen Gymnasialbildung aus der Zeit der Monarchie. Auch Kunst und Kultur in der jungen Republik können sich trotz der ungünstigen politischen und wirtschaftlichen Verhältnisse sehen lassen. So wurden etwa mit der von Max Reinhardt inszenierten Aufführung des „Jedermann" von Hugo von Hoffmannsthal am 22. August 1920 die „Salzburger Festspiele" ins Leben gerufen.

Die Wissenschaft und Kultur im Lande waren der Politik jedoch weit voraus. Die Fronten zwischen Arbeiterschaft und Bürgertum verhärteten sich zusehends. Auf beiden Seiten befürchtete man den Putsch des jeweils anderen Lagers. Die sozialdemokratische Partei, die ihren Lebensraum, die von ihr geschaffene Republik, gefährdet sah und aufgrund des Ausschlusses von der Regierung zunehmend ihren Einfluss auf die bewaffnete Macht im Staate verlor, bildete 1923 eine eigene paramilitärische Organisation, den Republikanischen Schutzbund. Auf der „anderen Seite" standen die Heimwehren, die sich ursprünglich, am Ende des Ersten Weltkriegs, lokal aus bewaffneten Bauern zum Schutz vor auf dem Rückzug befindlichen, plündernden Soldaten formierten. Bereits um die Jahreswende 1918/1919 begannen die Landesregierungen diese örtlichen Gruppen zusammenzufassen und unter einheitliches Kommando, meist abgerüsteter beschäftigungsloser Offiziere, zu stellen. Nachdem die Notwendigkeit des Schutzes der Dörfer vor marodierenden Soldaten weggefallen war, wurde – im Missfallen über die revolutionären Entwicklungen in den Städten – das neue Hauptaugenmerk darauf gerichtet, die Ausbreitung solcher Vorgänge auf ländliches Gebiet zu verhindern. Im Jahre 1923 wurde der Tiroler Richard Steidle erster Bundesführer der zusammengeschlossenen Heimwehren. Die nach Kriegsende gegründete Frontkämpfervereinigung, die überwiegend aus deutschnational und antisozialistisch eingestellten Veteranen des Ersten Weltkriegs bestand, war zahlenmäßig zwar von bloß geringer Bedeutung, trug aber für eine der schwersten Krisen der Ersten Republik eine nicht unbeachtliche Mitverantwortung.

Am 30. Jänner 1927 schossen in der burgenländischen Grenzgemeinde Schattendorf von Sozialdemokraten in die Enge getriebene Angehörige der Frontkämpfervereinigung (am selben Tag hielten in der kleinen Ortschaft sowohl der Republikanische Schutzbund als auch die Frontkämpfervereinigung Zusammenkünfte ab) mit Feuerwaffen aus den Räumlichkeiten des Dorfgasthauses Tscharmannin auf die auf der Straße befindliche Menge, die Steine gegen die Fenster des Gebäudes warf. Durch die Schüsse wurden zwei Personen, ein Kriegsversehrter und ein achtjähriger Knabe, getötet.

Der am 5. Juli 1927 begonnene „Schattendorfer Prozess" war – wie bei der Mordanklage damals wie heute üblich – ein Geschworenenprozess, in dem die Schuldfrage nicht nur von Berufsrichtern, sondern auch von Laienrichtern (ohne juristische Ausbildung) aus dem Volk entschieden wurde. Die Angeklagten, die beiden Söhne des Wirtes Tscharmann sowie ein Müllergehilfe, gaben an, in Notwehr gehandelt zu haben. Am Abend des 14. Juli 1927 verkündete der vorsitzende Richter das Urteil der Geschworenen: Freispruch. Da die sozialdemokratische Parteiführung ein – wenngleich ungerechtes – Geschworenenurteil nicht zu bekämpfen beabsichtigte (die Geschworenengerichte galten seit der Französischen Revolution als revolutionäre Errungenschaft, mit der die königliche Willkürjustiz beseitigt werden sollte; auch im Österreich der Zwanzigerjahre waren daher die konservativen Kräfte gegen die bereits 1873 eingeführte Geschworenengerichtsbarkeit), entschied sie sich gegen Streiks und Kundgebungen. Lediglich eine *flammende Anklage gegen die Klassenjustiz des bürgerlichen Staates* in der Ausgabe der „Arbeiter Zeitung“ vom 15. Juli 1927 sollte als Ventil für die Empörung in der Arbeiterschaft dienen. In dem von Friedrich Austerlitz verfassten Artikel hieß es etwa: „Die bürgerliche Welt warnt immer vor dem Bürgerkrieg. Aber ist nicht dieser bedingungslose Freispruch von Menschen, die Arbeiter töteten, schon an sich Bürgerkrieg?“ Mit diesem Artikel in der Hand entschlossen sich die Betriebsräte und Arbeiter des Elektrizitätswerks zum Streik. Da ein solcher Streik weitreichende Konsequenzen erwarten ließ, versuchte die sozialdemokratische Führung, allen voran der Obmann des Schutzbundes, Julius Deutsch, welcher vorab sogar den Wiener Polizeipräsidenten Johann Schober informierte, und der Wiener Bürgermeister Karl Seitz, die Streikwilligen von ihrem Vorhaben abzuhalten, jedoch erfolglos.[31]

Die Überlegung der Parteiführung, zwecks geordneten Verlaufs der in ungeordneten Zügen in die Innenstadt strömenden Masse, nachträglich den Schutzbund zu mobilisieren, war angesichts der Gefahr des Eindrucks, es handle sich um einen von der Sozialdemokratie von vornherein geplanten Aufmarsch, fallengelassen worden. Der Protestmarsch der Streikenden, denen sich immer mehr Demonstranten anschlossen, führte in die Innenstadt. Der Versuch, das Universitätsgebäude, als Zentrum deutschnationaler und arbeiterfeindlicher Studenten, zu stürmen, konnte von den mitmarschierenden Betriebsräten gerade noch verhindert werden. Vor dem Parlamentsgebäude bewaffneten sich einige mit Pflastersteinen, Werkzeug und sonstigen Materialien, die sie bei einer naheliegenden Baustelle vorfanden. Der Sturm des Parlamentsgebäudes konnte von herbeigeeilten berittenen Polizeieinheiten abgewendet werden (wobei es bereits die ersten Verletzten gab), ehe sich die Masse zum Schmerlingplatz, vor den Justizpalast, bewegte. Vereinzelte Angehörige des (nicht mobilisierten) Schutzbundes versuchten, einen Schutzkordon um den Justizpalast zu ziehen. Auch hier scheiterten sozialdemokratische Funktionäre, die führerlose und außer Kontrolle geratene Masse zu beruhigen. In weiterer Folge drangen – zum Teil durch das gewaltsam geöffnete Hauptportal, zum Teil mithilfe von Leitern durch Fenster – einige aufgebrachte Demonstranten in den Justizpalast ein und warfen Gegenstände aus den

[31] Günther Steinbach, Kanzler, Krisen, Katastrophen, Wien 2006, S. 114-116

Fenstern, die dann auf der Straße, Scheiterhaufen gleich, von anderen Demonstranten angezündet wurden. Schließlich wurde das Gebäude des Justizpalastes selbst in Brand gesteckt. Die herbeigeeilte Feuerwehr wurde – trotz Einschreitens des Bürgermeisters Seitz – von der aufgebrachten Menge nicht durchgelassen. Dies veranlasste den Polizeipräsidenten Schober, mit Gewehren bewaffnete Polizeieinheiten Richtung Justizpalst in Marsch zu setzen. Der Schutzbund-Obmann Deutsch versuchte einen solchen Polizeieinsatz zu verhindern, indem er Schober das Angebot machte, inzwischen mobilisierte Schutzbundkräfte einzusetzen. Schober erklärte sich damit zwar einverstanden, jedoch erreichte sein Befehl des Zuwartens den Polizeikommandanten nicht rechtzeitig. Als die bewaffneten Polizeikräfte beim Justizpalast eintrafen und deren Kommandant die Aufforderung aussprach, der Feuerwehr den Weg freizugeben, ertönte wütendes Geschrei der Menschenmenge. Auch Schüsse fielen. Daraufhin eröffnete die Polizei das Gewehrfeuer. Zunächst wurde über die Köpfe der Demonstranten hinweg geschossen, sodann in die Menge. Damit konnte der Weg für die Feuerwehr zwar freigemacht werden, jedoch konnten die Löscharbeiten den Justizpalast nicht mehr retten. In der Nacht vom 15. auf den 16. Juli 1927 sollte er gänzlich ausbrennen. Erst mit Unterstützung des Bundesheeres, dessen Einsatz vom Bundeskanzler Seipel bewilligt worden war, konnte die Situation um das Parlament (in dessen Nähe bereits zwei Polizeiwachzimmer gestürmt worden waren) unter Kontrolle gebracht werden. Durch den Polizei- und Bundesheereinsatz vor dem Justizpalast hatten sich die Kämpfe bereits am Nachmittag des 15. Juli 1927 in die Arbeiterbezirke verlagert. Neben dem Justizpalast waren außerdem die Zeitungsredaktionen der bürgerlichen „Reichspost“ und der „Wiener Neuesten Nachrichten“ im achten Wiener Gemeindebezirk besetzt und zerstört worden.

Die schreckliche Bilanz des Tages waren 84 Tote unter den Demonstranten, fünf Tote auf Seiten der Exekutive (vier Sicherheitswachebeamte und ein Bundesheerleutnant) und über 1 000 Verletzte.[32] Der Justizpalastbrand stellte einen Wendepunkt in der Ersten Republik dar. *Zum letzten Mal hatte der Staat im Revolutionsjahr 1848 die ihm entglittene Herrschaft mit dem massiven Einsatz von Waffengewalt wiederherstellen müssen*, dazu war es *nicht einmal während des Umsturzwinters 1918/1919 gekommen.*[33] Zum Justizpalastbrand führten

[32] Hugo Portisch, Österreich I, Die unterschätzte Republik, Wien 1989, S. 308

[33] Günther Steinbach, Kanzler, Krisen, Katastrophen, Wien 2006, S. 121

zweifellos solche Gegensätze, die bereits in der österreichisch-ungarischen Monarchie bestanden hatten, doch es war *die Republik, die nun zum Schlachtfeld dieser aufeinanderprallenden Ideologien geworden* war (Hugo Portisch).

Die bei den Juliereignissen des Jahres 1927 gemachten Erfahrungen führten bei der Wiener Bundessicherheitswache *zur Aufstellung der Alarmabteilung* (die noch heute als „Wiener Einsatzgruppe Alarmabteilung [WEGA]" besteht), allerdings stellte diese *„nicht etwas noch nicht Dagewesenes, sondern nur eine den geänderten Verhältnissen angepaßte und ihnen entsprechend ausgestattete, eigentlich schon seit der Aufstellung der Sicherheitswache bestandene Einrichtung"* dar.[34]

Unter dem Eindruck des Ereignisses des Justizpalastbrandes forderten die Heimwehren zunehmend einen bürgerlich-autoritär geführten Staat und sympathisierten immer mehr mit dem Faschismus Italiens unter Benito Mussolini.

Aufgrund des zunehmenden Drucks der Heimwehren, die einen „starken Mann" an der Spitze des Staates sehen wollten und eine „radikale Änderung der Bundesverfassung" forderten, handelte die christlichsoziale Partei im Jahre 1929 gemeinsam mit der Sozialdemokratie im Nationalrat die Novellierung des Bundes-Verfassungsgesetzes aus. Die geänderte Verfassung, die 1930 als „Bundes-Verfassungsgesetz in der Fassung von 1929" wiederverlautbart wurde, wandelte das „rein parlamentarische" in ein „gemischt parlamentarisch-präsidiales" System (Rudolf Hoke). Der bisher für die Dauer von vier Jahren von der Bundesversammlung gewählte Bundespräsident war fortan für die Dauer von sechs Jahren vom Bundesvolk direkt zu wählen (eine solche Volkswahl hätte 1931 stattfinden sollen, jedoch wurde 1931 aufgrund der angespannten wirtschaftlichen und politischen Lage kurzfristig davon Abstand genommen, sodass die erste Volkswahl des Bundespräsidenten erstmals in der Zweiten Republik durchgeführt wurde). Der Bundespräsident, mit solcherart gestärkter Legitimationsgrundlage, erhielt das Recht zur Auflösung des Nationalrates, das zur Ernennung und Entlassung der Bundesregierung, den Oberbefehl über das Bundesheer und ein Notverordnungsrecht. Damit wurde in Österreich 1929 die Stellung des Bundespräsidenten an jene des deutschen Reichspräsidenten gemäß Weimarer Reichsverfassung angeglichen.

---

[34] Hermann Oberhummer et al., Sechzig Jahre Wiener Sicherheitswache 1869–1929, Wien 1929, S. 4

Anders als in der Bundesrepublik Deutschland wurde nach dem Zweiten Weltkrieg in der (wiedererstandenen) Republik Österreich dieses „gemischt parlamentarisch-präsidiale" System wiederhergestellt und bis heute in dieser Form beibehalten.

Diese Verfassungsnovelle 1929 vermochte die Erste Republik jedoch nicht mehr zu retten. Insbesondere die 1929 durch den Zusammenbruch der Aktienkurse an der New Yorker Börse ausgelöste Weltwirtschaftskrise, die rasch auf Europa übergriff, stellte sich als schwere Belastungsprobe für den sozialen Frieden und damit für die demokratische Republik heraus. Im Jahre 1930 forderten die Heimwehren mit dem sogenannten Korneuburger Eid die Umwandlung der Verfassung in eine berufsständisch-autoritäre.

Diese Atmosphäre trug dazu bei, dass sich Bundesregierungen nicht lange halten konnten und einander in rascher Folge ablösten. Die ständigen Drohungen der Heimwehren führten 1930 dazu, dass der neue christlichsoziale Bundeskanzler Carl Vaugoin die Heimwehrführer Hueber und Starhemberg als Justiz- beziehungsweise Innenminister in sein Kabinett holte, womit Justiz und Exekutive unter Heimwehrkontrolle gelangten.

Bei den letzten Nationalratswahlen der Ersten Republik im Jahre 1930 erlangten die Sozialdemokraten 72 Mandate (das beste Ergebnis seit 1920), die „Christlichsoziale Partei und Heimwehr" (Teile der niederösterreichischen und Wiener Heimwehren schlossen sich bei dieser Wahl den Christlichsozialenan) 66 Mandate, der „Schober-Block" (Großdeutsche und Landbund) 19 Mandate und der Heimatblock (die Partei der Heimwehren, mit Ausnahme jener aus Wien und Niederösterreich) acht Mandate.[35] *Als dieser letzte frei gewählte Nationalrat zusammentritt, finden sich an seinem rechten Flügel die acht Abgeordneten der Heimwehren in Uniform. Männer die darauf geschworen haben, eben jenes Parlament auszuschalten, in das sie soeben eingezogen sind* (Hugo Portisch). Die Regierung wurde weiterhin von den bürgerlichen Parteien gestellt, während die Sozialdemokratie in der Opposition verblieb.

Der (neue) österreichische Außenminister Johann Schober und der deutsche Außenminister Julius Curtius legten am 19. März 1931 einen Zollunionsplan vor, der im Wege einer paktierten Gesetzgebung eine Beseitigung der österreichisch-deutschen Zollgrenze und die

---

35 Thomas Olechowski, Rechtsgeschichte, 3. Auflage, Wien 2010, S. 102

Schaffung eines einheitlichen Zollgebietes vorsah. Diese sehr lockere Verbindung sollte auch für den Beitritt weiterer Staaten offen stehen. Frankreich wertete die beabsichtigte Zollunion als „Anschluss" und reagierte mit einem Abzug von Krediten. Dies führte zum Zusammenbruch der „Creditanstalt", eine der größten Banken Österreichs. Der Ständige Internationale Gerichtshof, welcher den Zollunionsplan aufgrund der Intervention Frankreichs geprüft hatte, entschied, dass dieser mit der „wirtschaftlichen Unabhängigkeit", zu der sich Österreich in den Genfer Protokollen 1922 verpflichtet hatte, unvereinbar wäre (Thomas Olechowski). Die wirtschaftliche Annäherung des (noch) demokratischen Österreichs an das (noch) demokratische Deutsche Reich wurde damit de facto (neuerlich) untersagt.

Der im September 1931 vom neuen Bundesführer der Heimwehren, Walter Pfrimer, unternommene „Marsch auf Wien" konnte von der bürgerlichen Regierung unter dem christlichsozialen Bundeskanzler Karl Buresch durch Einsatz des Bundesheeres binnen 24 Stunden unblutig abgewehrt werden. Pfrimer war wegen Hochverrats angeklagt, jedoch freigesprochen worden, ehe er sich in weiterer Folge ganz dem Nationalsozialismus zuwandte. Der weit verbreitete Ruf nach Abrüstung der Parteiarmeen verhallte indes.

Bei den Wiener Gemeinderatswahlen im April 1932 haben die Nationalsozialisten ihre 200 000 Stimmen (gegenüber 27 000 bei der letzten Wahl) erhalten und zogen daher mit 15 Abgeordneten in den Gemeinderat ein. Die Christlichsozialen sind bei dieser Wahl hingegen von 33 auf 19 Gemeinderatssitze zurückgefallen, während sie bei den Landtagswahlen in Salzburg und Niederösterreich (ebenfalls im April 1932) ihre Mehrheit verloren haben. Es waren die durch die Weltwirtschaftskrise und das Misstrauen in den Parlamentarismus ausgelösten Erfolge Hitlers in Deutschland, die den bis dahin kaum beachteten Nationalsozialisten in Österreich Rückenwind verschafften.[36] Die Kommunisten, die 1932 bei der Wiener Gemeinderatswahl 21 000 Stimmen (gegenüber 7 000 bei der letzten Wahl) erhielten, forderten (anders als in Deutschland, wo die Kommunisten keine Splittergruppe darstellten) unter Johann Koplenig schon seit geraumer Zeit die Aktionseinheit mit der Sozialdemokratie. Doch diese lehnte stets die Einheit mit den Kommunisten, welche die Demokratie ablehnen würden und dem Beispiel der Sowjetunion folgen wollten, ab (Hugo Portisch).

---

[36] Günther Steinbach, Kanzler, Krisen, Katastrophen, Wien 2006, S. 166-167

Die Erfolge der Nationalsozialisten (die den Großdeutschen, welche – wenngleich *weniger radikal im Inhalt und hemdsärmeliger in der Form* – die gleichen politischen Themen – Anschluss an Deutschland, Antiklerikalismus und Antisemitismus – vorbrachten, zahlreiche Stimmen nahmen) und die Tatsache, dass die Regierung des um einen Kompromiss mit den Sozialdemokraten bemühten Karl Buresch, Johann Schober nach dessen Misserfolg in Sachen Zollunion mit Deutschland fallen gelassen hatte, veranlassten die Großdeutschen zum Gang in die Opposition, während der Landbund mit den Christlichsozialen in der Regierung verblieb (was zum Zerfall des „Schober-Blocks" führte).[37]

Am 20. Mai 1932 wurde der bisherige Landwirtschaftsminister Engelbert Dollfuß (im Alter von 40 Jahren der bis dahin jüngste österreichische) Bundeskanzler. Doch auch seine Regierung verfügte im Nationalrat auch mit den Stimmen der acht Heimatblock-Abgeordneten über eine Mehrheit bloß einer einzigen Stimme. Mit einer Mehrheit von 83:82 Stimmen wurde etwa das am 15. Juli 1932 von Dollfuß unterschriebene „Lausanner Protokoll", mit welchem das Vereinigte Königreich, Frankreich, Italien und Belgien Österreich eine weitere Völkerbundanleihe in Höhe von 300 000 000 Schilling gewährten[38], angenommen. Mit ähnlichen Argumenten kämpften Sozialdemokraten und Großdeutsche gegen diese Lausanner Vereinbarung (insbesondere wegen des für sie unannehmbaren neuerlichen Anschlussverbots sowie des abermaligen, mit der wiedereingeführten Finanzkontrolle verbundenen Souveränitätsverzichts). Bei Dollfuß stärkte die vorangegangene, heftige parlamentarische Debatte die Überzeugung, dass die Parteiendemokratie in schwierigen Zeiten ungeeignet wäre, Probleme zu lösen. Außerdem musste Dollfuss damit rechnen, dass die nächsten planmäßigen Nationalratswahlen im Jahre 1934 den Einzug der Nationalsozialisten (die bereits in mehreren österreichischen Landtagen und im Bundesrat vertreten waren) auch in den Nationalrat mit sich bringen würden, zumal diese unter Hitler als Kanzler seit 30. Jänner 1933 (wenn auch vorerst nur mit drei Mitgliedern) an der deutschen Reichsregierung in Berlin beteiligt waren.

Einen Geschäftsordnungsstreit des Nationalrats vom 4. März 1933 nützte Dollfuß dazu, fortan ohne Parlament regieren zu können. Im Zuge einer Abstimmung, ob Eisenbahner, die zwei Stunden wegen Nichtausbezahlung von Löhnen in Streik getreten waren, amnestiert

---

[37] Günther Steinbach, Kanzler, Krisen, Katastrophen, Wien 2006, S. 163–165

[38] Thomas Olechowski, Rechtsgeschichte, 3. Auflage, Wien 2010, Rz 1311

werden sollten, waren in unmittelbarer Folge die drei Nationalratspräsidenten Karl Renner (Sozialdemokraten), Rudolf Ramek (Christlichsoziale) und Sepp Straffner (Großdeutsche) zurückgetreten, um mitstimmen zu können. Dollfuß und seine Regierung vertraten, da die damalige Geschäftsordnung des Nationalrates für den Fall, dass alle seine Präsidenten zurückgetreten waren, nichts vorsah (heute würde der an Lebensjahren älteste Abgeordnete als „Alterspräsident" das Präsidium übernehmen), sofort die These von der „Selbstausschaltung des Parlaments". Der Versuch der Wiedereinberufung durch den Dritten Präsidenten Straffner am 15. März 1933 wurde von der Regierung für rechtswidrig erklärt und durch den Einsatz von Kriminalbeamten verhindert.

Unter Bezugnahme auf das vom Reichsrat der Monarchie am 24. Juli 1917 erlassene und mit Verfassungs-Übergangsgesetz vom 1. Oktober 1920 in den Rechtsbestand der Republik übernommene „Kriegswirtschaftliche Ermächtigungsgesetz", mit dem die kaiserliche Regierung ermächtigt war, aus Anlass der durch den Kriegszustand verursachten außerordentlichen Verhältnisse die notwendigen Verfügungen auf wirtschaftlichem Gebiet im Verordnungswege zu treffen, zog die Regierung Dollfuß die Bundesgesetzgebungskompetenz an sich (Rudolf Hoke). Der 1931 aufgrund einer Ausnahme von der Verfassung (siehe oben) doch noch einmal von der Bundesversammlung und nicht vom Bundesvolk gewählte Bundespräsident Wilhelm Miklas hätte aufgrund der Verfassungsnovelle 1929 die Befugnis besessen, die Regierung zu entlassen und damit die Möglichkeit gehabt, das Abdriften der Republik in ein autoritäres System zu verhindern. Dass Miklas, der (auch bei den Sozialdemokraten, die der Verfassungsausnahme 1931 zugestimmt und damit auf die in einer Volkswahl bestehenden Chancen Renners verzichtet hatten) als allen Extremen abgeneigt und den Konsens der Konfrontation vorziehend galt, von dieser Möglichkeit keinen Gebrauch machte, obwohl Dollfuß sogar seine Demission angeboten hatte, dürfte damit zusammenhängen, dass er als Konservativer und Katholik die größere Gefahr wohl bei den Sozialdemokraten, aber auch den aufstrebenden Nationalsozialisten sah (Günther Steinbach).

Mit den ersten Notverordnungen erfolgte die Verhängung einer Vorzensur über bestimmte Zeitungen (7. März 1933) und die Auflösung des Republikanischen Schutzbundes (30. März 1933). Am 26. Mai 1933 erging am Notverordnungswege ein Betätigungsverbot für die Kommunistische Partei und am 19. Juni 1933 eines für die Nationalsozialisten in Österreich. Eine für Österreich wirtschaftlich nicht unbeachtliche Konsequenz der antinazistischen Politik Dollfuß' war die Verhängung der sogenannten Tausendmarksperre durch Hitler. Konkreter Anlass war die Landesverweisung des deutschen Reichsjustizkommissars durch die Regierung Dollfuß, nachdem jener bei einer Rede in Graz am 15. Mai 1933 die Österreicher zum Widerstand gegen ihre Regierung aufgefordert und eine Einmischung der deutschen Regierung in die österreichische Innenpolitik angekündigt hatte. Jeder Deutsche, der nach Österreich einzureisen beabsichtigte, musste eine Grenzübertrittsgebühr (keine bloße Kaution) in Höhe von 1 000 Reichsmark an Deutschland zahlen. Mit dieser Maßnahme sollte das (damals wie heute) auf den Tourismus aus Deutschland so sehr angewiesene Österreich schwer getroffen werden.

Unter dem steigenden Druck der illegalen Nationalsozialisten (die in Österreich wiederholt gegen das Dollfuß-Regime, aber auch gegen Juden gerichtete, terroristische Anschläge verübten) stellte sich Dollfuß demonstrativ auf die Seite der Heimwehren. Wie diese verfolgte er fortan die Errichtung eines berufsständischen Systems (Ständestaat). Dieses Vorhaben brachte er am 11. September 1933 bei der sogenannten „Trabrennplatzrede" in der Wiener Krieau öffentlich zum Ausdruck.

Am 12. Februar 1934 widersetzten sich Schutzbund-Angehörige im sozialdemokratischen Linzer Parteiheim im damaligen „Hotel Schiff" mit Waffengewalt einer Hausdurchsuchung der Polizei. Der Aufstand griff (unkoordiniert) rasch auf andere Ballungsräume, insbesondere Wien, Graz, Bruck an der Mur, Leoben, Kapfenberg, Judenburg, Steyr, Wels und Vöcklabruck über. Mit Unterstützung der Heimwehren schlugen Bundesheer, Polizei und Gendarmerie den bis 15. Februar 1934 andauernden Aufstand, mit dem sich die Sozialdemokratie gegen das autoritäre Regime erhob, im Zuge dessen aber der von der sozialdemokratischen Führung erhoffte Generalstreik ausgeblieben war, nieder. Dieser sogenannte „Bürgerkrieg" forderte auf Seiten des Schutzbundes und der Zivilbevölkerung (damals gezählte) ca. 250 Tote und auf Seiten der Exekutive etwa 125 Tote sowie insgesamt weit über 1 000 Verwundete. Die meisten sozialdemokratischen Funktionäre wurden verhaftet oder flohen ins Ausland. Ungefähr 10 000 Sozialdemokraten wurden festgenommen, davon 7 823 allein in Wien.[39] 21 Angehörige des Schutzbundes wurden zum Tod verurteilt, neun

[39] Hugo Portisch, Österreich I, Die unterschätzte Republik, Wien 1989, S. 439–451

davon (trotz ihrer zum Teil schweren Verwundungen) sofort hingerichtet.[40] Neben Kommunisten und Nationalsozialisten wurden nun auch Sozialdemokraten als politische Häftlinge im Anhaltelager Wöllersdorf gefangen gehalten.

Außenpolitisch lehnte sich Dollfuß (ungeachtet der gnadenlosen italienischen Politik gegenüber der deutschsprachigen Mehrheit in Südtirol) eng an Italien. Mit Unterzeichnung der Römischen Protokolle am 17. März 1934 hoffte Dollfuß, Rückhalt in seinem Kampf gegen die Nationalsozialisten zu erhalten (Thomas Olechowski). Tatsächlich beabsichtigte der faschistische Führer Italiens, Benito Mussolini, ein Vordringen Hitlers in den Donau- und Alpenraum (insbesondere an die Brennergrenze) zu verhindern und seinen eigenen Einfluss in dieses Gebiet auszudehnen. Mit den Römischen Protokollen erklärte sich Mussolini daher zum Schutzherren über das autoritäre Österreich und das autoritäre Ungarn (Hugo Portisch).

Mit dem Bundesverfassungsgesetz über außerordentliche Maßnahmen im Bereich der Verfassung vom 30. April 1934 („österreichisches Ermächtigungsgesetz"), welches vom „Rumpfparlament" (in Abwesenheit der sozialdemokratischen Abgeordneten, welchen ihre Mandate aberkannt worden waren) beschlossen wurde, erhielt die Regierung die Kompetenz zur einfachen und Verfassungsgesetzgebung, während Nationalrat und Bundesrat aufgelöst wurden. Am 1. Mai 1934 wurde die wenige Tage zuvor bereits am Notverordnungswege erlassene „Maiverfassung" von der Bundesregierung wiederverlautbart. Gemäß ihrer Präambel *„erhält im Namen Gottes, des Allmächtigen, von dem alles Recht ausgeht, das österreichische Volk für seinen christlichen, deutschen Bundesstaat auf ständischer Grundlage diese Verfassung"*. An diesem 1. Mai 1934 ließ Dollfuß vor dem Rathaus – jenem Ort, an dem in den vergangenen Jahren die Sozialdemokratie ihren Maiumzug abgehalten hatte – „seine" Verfassung mit einem Festzug der Berufsstände feiern. Zeitgleich mit der Maiverfassung wurde das am 5. Juni 1933 mit dem Heiligen Stuhl (Vatikan) geschlossene Konkordat verkündet, welches der katholischen Kirche wieder einen großen Einfluss auf Ehe und Schule verschaffte.

Die 1933 gegründete „Vaterländische Front" (die das Kruckenkreuz als offensichtliches Gegenstück zum Hakenkreuz zu ihrem Symbol erklärt hatte; das Kruckenkreuz war in der Ersten Republik auf Initiative Seipels – möglicherweise aufgrund seiner Kreuzrittersymbolik – bereits

---

[40] Thomas Olechowski, Rechtsgeschichte, 3. Auflage, Wien 2010t, Rz 1313

als Großes Ehrenzeichen beziehungsweise auf der Zwei- und Fünfgroschenmünze verwendet worden) wurde zur Einheitspartei des Ständestaates (der sich nicht als „Republik Österreich", sondern als „Bundesstaat Österreich" bezeichnete). Die Christlichsoziale Partei ging nach ihrer Selbstauflösung in der „Vaterländischen Front" auf. Eine Massenbewegung nach italienischem oder deutschem Muster wurde die „Vaterländische Front" trotz Zwangsbeitritten dennoch nicht.

Der Bundespräsident war nunmehr von den Bürgermeistern aller österreichischen Gemeinden zu wählen. Die Funktionsdauer des seit 1928 amtierenden Bundespräsidenten Wilhelm Miklas, der Dollfuß im Zuge dessen Parlamentsausschaltung 1933 freie Hand gelassen hatte, wurde jedoch derart verlängert, dass er bis 1938 in diesem Amt blieb.

Am 25. Juli 1934 wurde bei einem nationalsozialistischen Putschversuch, der schließlich scheiterte, der Kanzler Dollfuß in den Räumlichkeiten des Bundeskanzleramtes getötet. Das ad hoc gebildete Notstandskabinett unter dem bisherigen Justiz- und Unterrichtsminister Kurt Schuschnigg verfuhr – trotz Zusicherung des freien Geleits an die deutsche Grenze – hart mit den Putschisten. Der Todesschütze Dollfuß', der Angehörige der in Wien illegal operierenden SS-Standarte 89, Otto Planetta, sowie sieben weitere Putschisten wurden später hingerichtet.

Mit der Rückendeckung Mussolinis, der in unmittelbarer Folge des nationalsozialistischen Putschversuchs als Warnung gegenüber Hitler italienische Truppen am Brenner aufmarschieren hatte lassen, setzte Schuschnigg als neuer Bundeskanzler den gegen den Nationalsozialismus (und damit gegen das Deutsche Reich) gerichteten Konfrontationskurs seines Vorgängers Dollfuß' fort. Um den österreichischen Staat zu erhalten und Hitler die Stirn zu bieten, bediente sich Schuschnigg (wie zuvor Dollfuß) ähnlicher politischer und propagandistischer Methoden wie Hitler (einschließlich unbarmherziger politischer Verfolgung von regimekritischen Personen), sodass von einem „Imitationsfaschismus" beziehungsweise „Konkurrenzfaschismus" (Thomas Olechowski) gesprochen werden muss. Diese – (wenn auch nur zum Selbstzweck) in jenen Tagen in Europa und der Welt vergleichslose – selbstbewusste, Hitler-feindliche und antinazistische Haltung der österreichischen Regierung fand zu dem Zeitpunkt ihr jähes Ende, als das faschistische Italien zunehmend von Hitlerdeutschland abhängig wurde. Dies trat in unmittelbarer Folge der Abessinienkrise 1935/1936 ein. Italien, das sich zu jener Zeit – ähnlich wie unmittelbar vor und während des Ersten Weltkriegs (also vor der Regierung Mussolinis) – fest dem Imperialismus verschrieb, hatte im Jahre 1935 einen der letzten weißen Flecken auf der kolonialistischen Landkarte Afrikas, Abessinien, das heutige Äthiopien überfallen. Die infolge dieses völkerrechtswidrigen Einmarsches vom Vereinigten Königreich und Frankreich (also den ehemaligen Verbündeten) veranlasste Isolierung Italiens durch den Völkerbund (einschließlich eines Wirtschaftsembargos) führte zur Annäherung Mussolinis an Hitler Ende 1936 („Achse Rom-Berlin") sowie in weiterer Folge, am 6. November 1937, zum Beitritt Italiens zum (gegen die „Kommunistische Internationale", sogenannte „Dritte Internationale", gerichteten) deutsch-japanischen „Antikominternpakt" vom 25. November 1936. Italien hatte damit aber seine Schutzmachtstellung gegenüber Österreich freilich allmählich aufgegeben.

Die Regierung des Ständestaats, die außenpolitisch ausschließlich auf Mussolini gesetzt hatte, war nunmehr auf sich allein gestellt (bei den europäischen Westmächten hatte die Tatsache, dass Österreich entgegen der verhängten Völkerbundsanktionen dennoch mit Italien die bisherigen Beziehungen unbeeinträchtigt fortsetzte, Unmut ausgelöst; auch die im Jahre 1936 geführten „Sozialistenprozesse" wurden zur großen außenpolitischen Peinlichkeit der Regierung Schuschnigg). Im Juli 1936 musste Österreich – nachdem Mussolini Schuschnigg bei einem Staatsbesuch in Rom im März 1936 eine Verständigung mit Hitler empfohlen hatte – Hitlerdeutschland im „Juliabkommen" beziehungsweise in einem geheimen Zusatzabkommen („Gentlemen-Agreement") große Zugeständnisse machen, etwa die Amnestierung der bis dahin illegalen Nationalsozialisten sowie die Einbeziehung eines Vertrauensmannes der Nationalsozialisten in das Regierungskabinett.

Kurt Schuschnigg sah in „Alt-Österreich" eine mögliche Antwort auf das immer aggressivere Deutschland. Die Einführung des (anders als jener der Monarchie, golden nimbierten und ohne Reichsinsignien ausgestatteten) Doppeladlers (wie er übrigens noch heute ausgerechnet über den drei Eingangstoren des Justizpalastes in Wien zu sehen ist) war bereits mit der Maiverfassung 1934 erfolgt. Durch bewussten Rückgriff auf altösterreichische Traditionen hoffte man (und der monarchistisch ausgerichtete Schuschnigg in besonderem Maße) im Inneren Kraft gegen Hitler zu sammeln (Peter Diem). Die Überlegung, dass Österreich eine Restauration der Habsburgermonarchie durchführen könnte, spielte bei Hitlers Anschlussplänen sicherlich keine geringe Rolle. So wurde etwa der militärische Plan zur Inbesitznahme

Österreichs durch deutsche Truppen, nach dem potenziellen Thronkandidaten Otto von Habsburg, dem Sohn des letzten Kaisers, Karl I., benannt („Fall Otto"). Ein wesentliches Motiv Hitlerdeutschlands für den Anschluss waren über all die Jahre die wirtschaftlichen Schätze Österreichs. Seine seit der Völkerbundanleihe von 1922 gehorteten Devisen und Goldreserven, seine Rohstoffe und potenziellen Energiequellen und – für Hitler ebenfalls von besonderem Interesse – seine Arbeitslosen (Hugo Portisch).

Österreich war sich selbst dieser Schätze gar nicht derart bewusst. Dennoch hatten die Regierungen Dollfuß und Schuschnigg auch auf wirtschaftlichem Gebiet versucht, den Kampf mit Hitler aufzunehmen. Mit ehrgeizigen Bauprojekten, die der Arbeitsbeschaffung dienen sollten, etwa dem Bau der Glockner Hochalpenstraße, der Wiener Höhenstraße oder der neuen Wiener Reichsbrücke (die am 1. August 1976 einstürzen sollte), versuchte der Ständestaat – jedoch ohne besonderen Erfolg – der Arbeitslosigkeit entgegenzuwirken und die Wirtschaft zu stärken.

Doch die Widerstandskraft des autoritären Ständestaats war gebrochen. Mit der Ausschaltung der Sozialdemokratie im Jahre 1934, der Verfolgung ihrer Führungskräfte und der Tatsache, dass ihre Anhänger in die Illegalität gedrängt wurden („Revolutionäre Sozialisten"), hatte das autoritäre System –grob fahrlässig – das ganze Land gegenüber der Bedrohung durch den Nationalsozialismus geschwächt. Auf der anderen Seite darf aber nicht übersehen werden, dass Dollfuß und Schuschnigg als Erste – und das ist beachtenswert – vor 1945 „an ein neues Österreich-Bewusstsein appellierten" und in einer Zeit, in der sogar die Großmächte des Westens eine Beschwichtigungspolitik trieben („Appeasement"), „Hitler die Stirn boten" (Hugo Portisch).

Mit dem mit Hitler am 12. Februar 1938 am Obersalzberg unter Androhung einer militärischen Intervention ausgehandelten „Berchtesgadener Abkommen" versuchte Schuschnigg die Souveränität Österreichs zu retten, indem er zusicherte, den nationalsozialistischen Juristen österreichischer Herkunft, Arthur Seiß-Inquart, dem Bundespräsidenten als neuen Innenminister vorzuschlagen. Die Umsetzung der Vereinbarungen der Berchtesgadener Übereinkunft führte dazu, dass sich die Nationalsozialisten überhaupt keine Hemmungen mehr auferlegten. In Graz etwa wurde am 24. Februar 1938 in Großkundgebungen offen der Anschluss an das nationalsozialistische Deutschland gefordert. Dies sollte der Stadt später unter Hitler den Titel „Stadt der Volkserhebung" einbringen. Überraschend kündigte Schuschnigg am

9. März 1938 eine bundesweite Volksbefragung an, die er für den 13. März 1938 ansetzte und in welcher das Volk „Ja zu Österreich" sagen sollte. Hitler befahl den Widerruf der angesetzten Volksbefragung und drohte mit dem Einmarsch, woraufhin Schuschnigg die Volksbefragung absagte. Auf Hitlers Druck und auf dringendes Anraten von Kanzler Schuschnigg, welcher zurücktrat, ernannte Bundespräsident Miklas nach einigem Zögern in der Nacht vom 11. auf den 12. März 1938 Seiß-Inquart zum neuen Bundeskanzler. Miklas trat daraufhin ebenfalls zurück. Letzte Anweisung Schuschniggs an das Bundesheer war der Verzicht auf Widerstand und der Empfang der deutschen Truppen im Sinne der Waffenbruderschaft des Ersten Weltkriegs. Es sollte „kein deutsches Blut vergossen werden".

Der Einmarsch der deutschen Truppen am 12. und 13. März 1938 wurde von vielen Österreichern bejubelt. Erst unter dem Eindruck dieses Jubels, proklamierte Hitler am 13. März 1938 in Linz die „Wiedervereinigung Österreichs mit dem Deutschen Reich", den sogenannten Anschluss. Viele jubelten, weil sie Nationalsozialisten waren, viele, weil sie einen jahrhundertealten Wunsch des deutschsprachigen Volkes in Österreich, die Einheit der Nation, in Erfüllung gehen sahen, viele, weil sie damit ein Ende des missliebigen, autoritären Ständestaats sahen, sehr viele jedoch, weil sie sich vom Anschluss das Ende aller Not in Österreich erhofften. Noch vor dem Einmarsch der deutschen Truppen waren der Reichsführer SS und Chef der deutschen Polizei, Heinrich Himmler, sowie der Leiter des Sicherheitsdienstes, Reinhard Heydrich, in Wien eingetroffen. Nachdem österreichische Nationalsozialisten noch in der Nacht der Bestellung Seiß-Inquarts zum Bundeskanzler eigenmächtig willkürliche Verhaftungen und Gewaltakte an prominenten Vertretern des bisherigen Systems und sonstigen „Regimegegnern" sowie an Juden vorgenommen hatten, setzte nun deren systematische Verhaftung und Verfolgung durch die neuen Machthaber ein.

Erst durch die über sieben Jahre währende Fremdherrschaft eines verbrecherischen und menschenverachtenden, nicht-österreichischen Systems sollten die Österreicher, Christlichsoziale wie Sozialdemokraten, Bürgertum wie Arbeiterschaft, lernen, die innenpolitischen Gräben zu überwinden. Dieser Umstand, aber auch die im Vergleich zur Friedensordnung von 1919/1920 wesentlich weitsichtigere Nachkriegsstrategie der Westmächte nach 1945 sowie das Glück im sich anbahnenden Kalten Krieg der neuen Weltmächte U.S.A. und U.d.S.S.R. schien ein in dieser Zeit einzigartiger „Sonderfall" zu sein, nicht zuletzt aber auch eine im Gegensatz zur Zeit der Zwanziger und Dreißigerjahre immerhin über 20 Jahre anhaltende, günstige weltwirtschaftliche Lage verschaffen der Zweiten Republik bei Weitem höhere Überlebenschancen als sie die Erste Republik hatte.

V. Nachwirkungen des Ersten Weltkriegs

Der Erste Weltkrieg, der von George F. Kennan als *„Urkatastrophe des 20. Jahrhunderts“* bezeichnet wurde, wird heute – anders als unter den Zeitgenossen der Zwanzigerjahre des 20. Jahrhunderts – nicht mehr als Naturkatastrophe gesehen. Dieser Krieg war bewusst entfacht worden, wenn auch nicht von den scheinbar machthabenden Monarchen. Und er wurde erst beendet, als Menschen und Ressourcen erschöpft waren (Daniel Marc Segesser).

Der Erste Weltkrieg forderte ca. 20 000 000 Tote. Davon sind ca. 9 400 000 unmittelbar in Kampfhandlungen umgekommen. Darunter etwa 723 000 auf Seiten des Vereinigten Königreichs, 1 320 000 auf Seiten Frankreichs und 2 030 000 auf deutscher Seite. Auf russischer Seite waren etwa 1 810 000 und in Österreich-Ungarn ca. 1 100 000 unmittelbar in Kampfhandlungen Gefallene zu beklagen, wobei diese beiden letzten Zahlen wahrscheinlich zu niedrig angesetzt sind. Die Vermissten, etwa in Kriegsgefangenschaft geratene, aber nicht zurückgekehrte Soldaten sind bei diesen Zahlen noch nicht mitberücksichtigt.[41]

Was die Verwundeten anbelangt, so hatten Russland 4 900 000, Deutschland 4 200 000, Österreich-Ungarn 3 600 000, Frankreich 2 700 000, das Vereinigte Königreich 2 100 000, Italien 947 000, das Osmanische Reich 400 000 und die Vereinigten Staaten von Amerika 204 000 zu verzeichnen. Unter den Schwerverletzten waren viele mit Arm- und Beinamputationen oder solche, die das Augenlicht verloren oder andere schwere Kopfverletzungen erlitten hatten. Außerdem gab es Hunderttausende, die aus dem Krieg mit seelischem Schaden heimkehrten.[42]

Beträchtlich waren auch die materiellen Schäden. Allein in den Gebieten der Westfront, das heißt in Nordfrankreich und Flandern, waren ca. 25 000 Quadratkilometer an landwirtschaftlichem Boden und Forsten zerstört. 1 300 000 Kopf Vieh sind verloren gegangen und ca. 250 000 Gebäude zerstört worden. An der Ostfront waren die Zerstö-

---

[41] Volker Berghahn, Der Erste Weltkrieg, München 2009, S. 10

[42] ebendort, S. 12-14

rungen ebenfalls groß, allerdings weitaus großflächiger. Wenn man sämtliche Faktoren, einschließlich der vor 1914 und während des Ersten Weltkriegs getätigten Rüstungsausgaben berücksichtigt, kostete dieser Krieg auf beiden Seiten insgesamt 175 000 000 000 Dollar. Davon fielen auf Deutschland 37 800 000 000, das Vereinigte Königreich 35 300 000 000, Frankreich 24 300 000 000, die Vereinigten Staaten 22 600 000 000, Russland 22 300 000 000, Österreich-Ungarn 20 600 000 000 und Italien 12 400 000 000. Dazu kamen der Zusammenbruch des internationalen Warenverkehrs und das Schrumpfen der Volkswirtschaften. „*Menschen konsumierten nicht mehr friedlich die von ihnen produzierten Güter, sondern wurden von feindlichem Kriegsmaterial ‚konsumiert'.*" Die von den Staaten zum Zwecke der Finanzierung der Rüstung während des Krieges betriebene Praxis der „Kriegsanleihen" führte zur Verarmung weiter Bevölkerungsschichten, insbesondere in den Verliererstaaten, die sich das Geld nicht mittels Reparationszahlungen „zurückholen" konnten.[43]

Eine unmittelbare Folge des Ersten Weltkriegs war der durch dessen Niederlage geweckte Revanchismus Deutschlands. Die Schmach von Versailles sollte gesühnt werden. Obwohl der französische Ministerpräsident Clemenceau dies mit Vehemenz verfolgt hatte, war es ihm mit dem Friedensvertrag von Versailles nicht gelungen, Deutschland nachhaltig zu schwächen. „*Der Vertrag von Versailles war zu hart, um für Deutschland annehmbar zu sein, aber nicht hart genug, um Deutschland daran zu hindern, die Friedensordnung anzufechten*" (Henry Kissinger).

Der unter dem Verlierer hervorgerufene Revanchismus macht den Ersten Weltkrieg beziehungsweise dessen Ausgang freilich nicht spezifisch. Nach Revanche haben auch die Franzosen nach deren Niederlage im Deutsch-Französischen Krieg von 1870/1871 verlangt. Dieses Verlangen war – wie bereits in Kapitel III. dargelegt – sogar eine der Ursachen des Ersten Weltkriegs. Was den Ersten Weltkrieg bei einer Rückschau so besonders macht, ist, dass die geostrategische Lage des Verlierers, nämlich Deutschlands, durch den Ausgang des Krieges, konkret durch die Friedensordnung nach dem Krieg, gestärkt wurde. Ziehen wir noch einmal einen Vergleich mit dem Deutsch-Französischen Krieg: Beim Ausbruch dieses Krieges im Sommer 1870 (Frankreich hatte nach einer Provokationshandlung Bismarcks, der sogenannten „Emser Depesche", Preußen den Krieg erklärt) befanden sich jenseits der Rheingrenze mehrere deutsche, zum Teil Klein- und-

---

[43] ebendort, S. 14-17

Mittelstaaten: der von Preußen angeführte „Norddeutsche Bund", das Großherzogtum Baden, das Königreich Württemberg, das Königreich Bayern und Hessen-Darmstadt. Am Ende des Krieges im Frühjahr 1871 stand Frankreich ein Deutsches Reich (dessen Einigung mitten im Kriege durch die ausgerechnet in Versailles erfolgte Kaiserproklamation erfolgt war) gegenüber. Frankreichs strategische Lage hatte sich somit entscheidend verschlechtert. Demgegenüber befanden sich vor dem Ausbruch des Ersten Weltkriegs rings um das Deutsche Reich (mit Ausnahme von Luxemburg, Belgien, den Niederlanden, Dänemark und der Schweiz) ausschließlich Großmächte (Frankreich, Russland und Österreich-Ungarn). *„Durch die Verträge von Versailles und St. Germain wurde Deutschland von kleinen Staaten umgeben: Polen, die Tschechoslowakei, Österreich, Ungarn. Keiner dieser Staaten konnte Deutschland Widerstand leisten. Deutschland wäre ganz von selbst das wirtschaftlich und politisch dominierende Land in Osteuropa geworden. Es war Hitlers Ungeduld, die ihn bewog, militärisch anzustreben, was Deutschland politisch von selbst zugefallen wäre"* (Henry Kissinger).

In territorialer Hinsicht erschütterten die Bestimmungen des Versailler Vertrages also nicht die deutsche Vormachtstellung, die Substanz des Deutschen Reiches blieb weitgehend intakt. Doch auch die Reparationslast, die Deutschland aufgebürdet wurde, war nicht unmäßig hoch. Mehr als Deutschland, das bis zur galoppierenden Inflation von 1923 eine *gewisse Blüte der Wirtschaft* erlebte (R.A.C. Parker) (die Reparationszahlungen, die auch mit Sachgütern geleistet werden konnte, führten in Deutschland zunächst zu einer gesteigerten Industrieproduktion und damit zu neuen Investitionen und einer sinkenden Arbeitslosenrate), destabilisierte das Reparationssystem dauerhaft die Weltwirtschaft und die internationale Finanzordnung (Tim B. Müller).*„Eine Folge der deutschen Reparationslieferungen war der Rückgang der Nachfrage in Frankreich nach den Produkten der französischen Industrie und dadurch ein Ansteigen der Arbeitslosigkeit, denn mit den kostenlosen Lieferungen konnte man nicht konkurrieren. Die Reparationen förderten zwar die Inflation in Deutschland, was eine Zeit lang schreckliche Folgen hatte, aber die Konsolidierung der deutschen Industrie erleichterte. Auch die Enteignung und Demontage deutscher Industriebetriebe führte paradoxerweise dazu, dass Deutschland seine Industrie modernisieren konnte, indem an Stelle der alten nun neue Fabriken errichtet wurden. So trugen die Reparationen zur Modernisierung und langfristigen Verbesserung der deutschen Wirtschaft bei, während sie Frankreichs Wirtschaft schwächten und – zwar etwas weniger – auch die Englands"* (Henry Kissinger).

Zunächst verschärfte sich die wirtschaftliche und politische Lage jedoch in Italien. Nicht nur die katastrophale wirtschaftliche Lage und das damit verbundene Vordringen des Kommunismus, sondern auch die bittere Enttäuschung über die nicht eingelösten territorialen Versprechen der Westmächte (Dalmatien, Teile des türkischen Festlandes), sollten Mussolinis Machtergreifung im Oktober 1922 erheblich fördern.

Die Praxis, Kriegsverbrecher vor Tribunalen zur rechtlichen Verantwortung zu ziehen, ist keine Errungenschaft aus der Zeit nach dem Zweiten Weltkrieg. Bereits im Vertrag von Versailles wurde die Auslieferung deutscher „Kriegsverbrecher" vorgeschrieben. Allerdings sollte es dazu nicht kommen. *Nach längerem Tauziehen akzeptierten die Siegermächte 1920 den deutschen Vorschlag, daß die Verfahren gegen Beschuldigte in Deutschland vom Reichsgericht durchgeführt würden.* Bei den nach dem Standort des Reichgerichtes benannten „Leipziger Prozessen" in den Jahren 1921 bis 1927 *ergingen lediglich zehn Urteile, davon sechs Freisprüche und vier Straferkenntnisse. Alle übrigen Verfahren wurden eingestellt.*[44]

Durch den Zerfall der Habsburgermonarchie und den politischen Umsturz in Russland entstanden in Ost- und Mitteleuropa neue selbständige Staaten (Finnland, Estland, Lettland, Litauen, Polen und die Tschechoslowakei). Ungarn, dessen Territorium zugunsten Rumäniens, der Tschechoslowakei und des SHS-Staates erheblich verkleinert wurde, hatte sich aus der staatlichen Verbindung mit Österreich gelöst. Dieses neue Österreich hingegen war zu einem Kleinstaat geworden, der über eine „überdimensionierte Hauptstadt" verfügte (Karl-Heinz Ziegler). Wien wurde auch als der „Wasserkopf der Republik" bezeichnet.

Nicht nur die territorialpolitischen, sondern auch die verfassungspolitischen Veränderungen sind eklatant. Aufgrund des Ersten Weltkriegs sind neben Österreich-Ungarn und Russland auch die Kaiserreiche Deutschland und das Osmanische Reich zusammengebrochen. Stellten 1914 die Republiken in Europa noch die Ausnahme dar, so waren sie 1919/1920 bereits die Regel. Gemäß Tim B. Müller erfolgte 1914 gar *„die Initialzündung der modernen Massendemokratie". „1917 kam mit dem Kriegseintritt der USA der Moment der Kristallisation der westlichen Demokratie (und kurz darauf der Formierung des Gegenprojekts einer bolschewistischen totalitären Demokratie)".*

Zu Beginn des Ersten Weltkriegs hatte Österreich-Ungarn über 810 000 ausgebildete Soldaten, das Deutsche Reich über 2 200 000 ver-

[44] Eberhard Kolb, Der Frieden von Versailles, 2. Auflage, München 2011, S. 105

fügt. Bis 1918 sind in Österreich-Ungarn insgesamt ca. 6 500 000 Mann in den Kriegsdienst eingezogen worden, im Deutschen Reich insgesamt 11 000 000. In den übrigen europäischen Staaten hat es vergleichbare Entwicklungen gegeben. Dies zeigt einerseits die Totalisierung dieses Krieges[45], andererseits lässt es eine weitere seiner „ungeplanten Konsequenzen", nämlich die „starke Zunahme berufstätiger Frauen" (Hugo Portisch), die in allen Berufssparten die Plätze der eingerückten Männer einnahmen, nachvollziehen.

Ein bedeutender Schritt zur Humanisierung der Kriegführung war bereits lange vor dem Ersten Weltkrieg erfolgt. Mit seiner „Erinnerung an Solferino" hatte der Genfer Geschäftsmann Henry Dunant 1862 (drei Jahre nach der Schlacht von Solferino) auf die dramatische Situation verwundeter Soldaten auf dem Schlachtfeld aufmerksam gemacht. Am 17. Februar 1863 hatte Dunant zusammen mit einem Juristen, zwei Ärzten und einem General den Genfer Verein „Ständiges Internationales Komitee für die Verwundetenpflege" gegründet. Dieser sollte im Jahre 1875 den bis heute gültigen Namen „Internationales Komitee vom Roten Kreuz" annehmen. Die „Genfer Konvention über die Verbesserung des Loses der Verwundeten der Streitkräfte" von 1864 *war ein Markstein auf dem Wege zur vertraglichen Fixierung des Kriegsvölkerrechts. Flagge und Armbinde mit dem roten Kreuz auf weißem Grund wurden als Zeichen der Neutralität bestimmt, unter deren Schutz die Verbandsplätze und das Sanitätspersonal stehen sollten* (Karl-Heinz Ziegler). Bis zum Ersten Weltkrieg beschränkte sich die Tätigkeit der Rotkreuzbewegung auf die Verwundeten- und Versehrtenversorgung in kriegerischen Auseinandersetzungen, etwa dem Deutsch-Französischen Krieg 1870/1871. Nachdem der Erste Weltkrieg angesichts von *Gaswaffen, Luftkrieg, Maschinengewehren und großkalibrigen Geschützen* zur „ersten großen Bewährungsprobe" des Roten Kreuzes geworden war, richtete sich dieses nach Ende des Krieges gänzlich neu aus. Friedensaktivitäten, insbesondere *Verhütung und Bekämpfung von Krankheiten, Hilfe bei Katastrophen, Kampf gegen Hunger und Armut, Unterstützung von Flüchtlingen sowie ganz allgemein die Förderung eines menschenwürdigen Daseins* wurden zu Hauptaufgaben der nationalen Rotkreuzgesellschaften.[46]

Bereits in der Zeit vor dem Ersten Weltkrieg (bis in das Jahr 1815 zurück) waren die modernen pazifistischen Bewegungen entstanden.

---

[45] Volker Berghahn, Der Erste Weltkrieg, München 2009, S. 9

[46] Daniel-Erasmus Khan, Das Rote Kreuz, München 2013, S. 58–66

Bertha Freifrau von Suttner hatte 1891 die „Österreichische Gesellschaft der Friedensfreunde" begründet, Alfred H. Fried hingegen 1892 im Deutschen Reich die „Deutsche Friedensgesellschaft". Mit den Haager Friedenskonferenzen von 1899 und 1907 konnte das Ziel der Abrüstung zwar nicht erreicht werden, doch führte das auf diesen erreichte Abkommen zur friedlichen Beilegung internationaler Streitfälle zur Gründung eines „Ständigen Schiedshofs" mit Büro in Den Haag. Die II. Haager Friedenskonferenz von 1907 hatte überdies die Untersagung des einst anerkannten „friedlichen Durchzugs" der Kriegsführenden durch das Gebiet neutraler Mächte gebracht, welches somit für unverletzlich erklärt worden war. Mit der „Haager Landkriegsordnung" von 1907 wurden unter anderem die bis heute geltenden Regelungen über Kriegsgefangene, den Waffenstillstand, die militärische Besetzung und das Verbot bestimmter Waffen (etwa „Gift") eingeführt. Andere Bestimmungen und Erklärungen aufgrund beziehungsweise infolge der II. Haager Friedenskonferenz von 1907 wurden später nicht angewendet. So war die 1907 abgegebene Erklärung betreffend das Verbot des Werfens von Geschossen und Sprengstoffen aus Luftschiffen schon im Ersten Weltkrieg obsolet geworden.

Eine der zahlreichen völkerrechtlichen Errungenschaften dieser Zeit ist jedoch unwiderleglich eine unmittelbare Konsequenz des Ersten Weltkriegs, nämlich der Völkerbund. Mit dieser Institution wollte der Präsident der Vereinigten Staaten, Woodrow Wilson, *den Grundstein für eine universale Friedensordnung auf der Grundlage des Rechts und eines friedlichen Ausgleichs zwischen den Völkern legen*. Der Völkerbund war für ihn der „Schlüssel des ganzen Friedens" (Eberhard Kolb). Eine „allgemeine Verbindung der Nationen" hatte Wilson bereits in seinen 14 Punkten im Jänner 1918 zur Voraussetzung eines künftigen Friedens erklärt (Horst Dippel).*Mit dem Völkerbund wurde erstmals eine umfangreiche, auf Universalität ausgehende organisierte Staatengemeinschaft mit eigen Organen, Einrichtungen und Unterorganisationen geschaffen*, wenngleich der Völkerbund *nie eine wirklich universelle Gemeinschaft der Nationen* werden sollte. Die Satzung des Völkerbundes sah insbesondere mittels Abrüstung und Rüstungskontrolle, der Schlichtung von Streitigkeiten unter den Mitgliedern und Sanktionen gegen Friedensbrecher die Sicherung des Friedens vor. Nicht zuletzt aufgrund der Tatsache, dass die Vereinigten Staaten, deren Präsident Wilson noch gefordert hatte, dass die Völkerbundssatzung integraler Bestandteil der Pariser Vorortevertäge werden sollte (wozu es dann auch kam), *hat der Völkerbund nicht die Durchsetzungskraft erlangt, die er zur effektiven Friedenssicherung gebraucht* hätte (Karl-Heinz Ziegler). Nach dem Zweiten Weltkrieg versuchte man mit den „Vereinten Nationen", der „Neuauflage des Völkerbundes", die Lehren aus dessen Scheitern zu ziehen (Klaus Dieter Wolf).

Folgenreicher als die Völkerbunds-Satzung war der Briand-Kellogg-Pakt (benannt nach dem damaligen französischen Außenminister Aristide Briand und dem damaligen Außenminister der Vereinigten Staaten Frank Billings Kellogg), *mit dem die U.S.A, Frankreich, Großbritannien, Italien, Japan, Deutschland, Belgien, Polen und die Tschechoslowakei „den Krieg als Mittel für die Lösung internationaler Streitfälle verurteilen und auf ihn als Werkzeug nationaler Politik in ihren gegenseitigen Beziehungen verzichten".* Diesem „Kriegsächtungspakt" sind später zahlreiche weitere Mitglieder der damaligen Völkerrechtsgemeinschaft beigetreten und haben damit für eine breite internationale Anerkennung des „Kriegsverbotes" gesorgt, auch wenn ein offener Krieg in weiterer Folge oftmals als „Verteidigungsmaßnahme" gerechtfertigt oder als „Repressalie" bezeichnet wurde (wie dies Japan 1931 und 1937 im Zuge seiner gegen China gerichteten militärischen Aktionen tat).[47]

Das Ende der europäischen Vormacht in der Welt begann sich abzuzeichnen. Dies wurde bereits 1922 im in Washington geschlossenen Vertrag zur Begrenzung der Kriegsflotten deutlich. *Dieses Flottenabkommen brachte, was die zulässige Tonnage für Schlachtschiffe anlangt, die Flottenparität zwischen den U.S.A. und Großbritannien, während Japans Schlachtschiff-Flotte doppelt so groß sein durfte wie die Flotten Frankreichs und Italiens zusammen.* Auch der beginnende Verfall des Kolonialsystems (die ehemals deutschen Kolonien etwa wurden zu Mandatsgebieten unter Oberaufsicht des Völkerbundes) hat dazu beigetragen, dass die Position der bisherigen Kolonialmächte, somit der europäischen Mächte, geschwächt wurde.[48]

Mit zwei Genfer Konventionen vom Jahre 1929, die die Behandlung von Kriegsgefangenen und von verwundeten und kranken Heeresangehörigen sowie von Sanitätstransporten regelten, konnte eine weitere vertragliche Absicherung zur Humanisierung der Kriegführung erreicht werden.

Der Erste Weltkrieg brachte nicht nur für die Zwischenkriegszeit beachtliche Nachwirkungen (die zum Teil geradewegs in den Zweiten Weltkrieg führen sollten), sondern wirkte sich auch auf die Zeit nach

---

[47] Karl-Heinz Ziegler, Völkerrechtsgeschichte, 2. Auflage, Hamburg 2007, S. 204–205

[48] ebendort, S. 194

1945 aus. So hatten nach dem Zweiten Weltkrieg zwar die Verbündeten des nationalsozialistischen Deutschen Reichs Friedensverträge erhalten, nicht jedoch Deutschland selbst. Dies kann (neben dem 1948 ausgebrochenen „Kalten Krieg“) meines Erachtens darauf zurückgeführt werden, dass *die Außenpolitik der Weimarer Republik* stets *unter dem Vorzeichen des Kampfes gegen den Versailler Friedensvertrag gestanden* hatte (Gunther Mai) und die Siegermächte des Zweiten Weltkriegs bewusst einen anderen Weg einschlagen wollten. Dies wird deutlich, wenn man sich das Ziel der „Europäischen Gemeinschaft für Kohle und Stahl (EGKS)“, die später in den Europäischen Gemeinschaften und letztlich in der Europäischen Union aufgehen sollte. *Am 9. Mai 1950 schlug der französische Außenminister Robert Schuman vor, „die Gesamtheit der französisch-deutschen Stahl- und Kohleproduktion unter eine gemeinsame Oberste Aufsichtsbehörde zu stellen, in einer Organisation, die den anderen europäischen Ländern zum Beitritt offen steht … Dieser Vorschlag“, so fügte er hinzu, wird „den Grundstein einer europäischen Föderation bilden, die zur Bewahrung des Friedens unerlässlich ist.“* Wollte Frankreich zunächst die Gründung der Bundesrepublik Deutschland verhindern, so musste es sich bald mit der geopolitischen Realität, die der Ost-West-Konflikt brachte, abfinden. *Die USA hatten im Kalten Krieg die Führung der westlichen Welt übernommen und drängten früh auf die Gründung eines westdeutschen Staates, der in der Lage wäre, einen eigenen Beitrag zur „Abwehr des Kommunismus“ zu leisten.* Frankreich *musste sich der amerikanischen Deutschlandpolitik fügen.* Die Zusammenarbeit mit Deutschland war für Frankreich jedoch auch von wirtschaftlicher Notwendigkeit, da *es diesem einen Zugriff auf Kohle sicherte. Der Schuman-Plan versprach eine Bündelung der ökonomischen Kräfte Westeuropas und die Schaffung von Vertrauen zwischen den ehemaligen Feinden,* während er *die Allianz gegen die Sowjetunion stärkte.* So *unterstützten die Vereinigten Staaten* diesen frühen europäischen *Integrationsprozess.* Kern dieser europäischen Integration bildete die deutsch-französische Versöhnung. Schuman und der deutsche Kanzler Adenauer erkannten, dass *eine friedliche Neuordnung Europas nur durch einen dauerhaften Ausgleich zwischen Deutschland und Frankreich möglich war.* Die Idee der Notwendigkeit der Zusammenarbeit der beiden Rivalen Deutschland und Frankreich hatten kluge Köpfe bereits im 19. Jahrhundert (etwa der Publizist Ludwig Börne 1836)[49], doch es waren die beiden Weltkriege des 20. Jahr-

---

[49] Dietmar Herz/Christian Jetzlsperger, Die Europäische Union, 2. Auflage, München 2008, S. 9–12

hunderts, die ihre Realisierung erst ermöglichten. *Der Schuman-Plan mündete im Jahre 1951 in den Vertrag über die Gründung der EGKS zwischen Belgien, der Bundesrepublik Deutschland, Frankreich, Italien, Luxemburg und den Niederlanden, der 1952 in Kraft trat.*[50]

Doch die Zeit von 1945 bis 1991 war kein Europäisches Zeitalter. Karl-Heinz Ziegler nennt diesen Zeitraum das „Amerikanisch-Sowjetische Zeitalter". Die Vormacht der Vereinigten Staaten und der Sowjetunion über die Welt in der Zeit nach dem Zweiten Weltkrieg hat ihre Ursprünge im Ersten Weltkrieg. *Die seit dem späten 17. Jahrhundert forcierte Verwestlichung* des russischen Staates und seiner Elite (Andreas Kappeler) fand mit der Oktoberrevolution von 1917 ihr jähes Ende, dies umso mehr, als sich die westlichen Siegermächte des Ersten Weltkriegs vom neuen sowjetrussischen Staat bewusst distanzierten. Die ohnehin erst 1934 in den Völkerbund aufgenommene U.d.S.S.R wurde als einziges Mitglied in der Geschichte des Völkerbundes ausgeschlossen, nämlich 1939 infolge des „Hitler-Stalin-Paktes" und des sowjetischen Angriffs auf Finnland. Mit massiver materieller Unterstützung durch die Vereinigten Staaten konnte die Sowjetunion den Zweiten Weltkrieg in Osteuropa gegen Hitlerdeutschland (und in Ostasien gegen Japan) gewinnen und entgegen europäischen Interessen die Teilung des europäischen Kontinents vollziehen. Auch die Vereinigten Staaten, die den Ersten Weltkrieg für die europäischen Westmächte gewonnen hatten und deren Vorschlägen für einen dauerhaften Frieden dennoch nicht gefolgt wurde, zogen sich – ohne die Pariser Vorortevertäge zu ratifizieren – enttäuscht vom europäischen Schauplatz zurück. Die Vereinigten Staaten verfolgten insbesondere in den Dreißigerjahren des 20. Jahrhunderts eine Neutralitätspolitik. Gegenüber Hitler und Mussolini gab es *in der breiten Masse der Bevölkerung zunächst erstaunlich viel Toleranz, ja selbst ein gewisses Wohlwollen*, da diese, *wie es schien, für Ordnung sorgten, effizient und antikommunistisch waren*. Diese Stimmung schlug mit der Besetzung Böhmens und Mährens (der sogenannten „Rest-Tschechei") durch deutsche Truppen am 15. März 1939 sowie der Okkupation Albaniens durch Italien im April 1939 um (Horst Dippel). Selbst wenn die Vereinigten Staaten in der ersten Phase des Zweiten Weltkriegs aufgrund des *Cash-and-carry-Act*, später aufgrund des *Lend-lease-Act*, wiederum Großbritannien materiell unterstützten, ist es fraglich, ob jene auch diesmal von sich aus militärisch eingegriffen hätten. Japan und Deutschland nahmen

---

[50] Matthias Herdegen, Europarecht, 15. Auflage, München 2013, S. 48

dem Präsidenten der Vereinigten Staaten, Franklin D. Roosevelt, 1941 diese Entscheidung schließlich ab (vgl. Kapitel I.).

Auch Japans Entwicklung zur Wirtschaftsmacht in der Welt wurde durch den Ersten Weltkrieg vorangetrieben. Während dieser *die Europäer auch in finanzieller Hinsicht schwächte, gingen Amerikaner und Japaner gestärkt aus dem Konflikt hervor* (Volker Berghahn). *Als Kriegsgegner Deutschlands konnte sich Japan in China durch die Übernahme deutscher Kolonien festsetzen, und während England und Frankreich ihre Industrien auf Kriegswirtschaft umgestellt hatten, konnten Japans Unternehmen sich* durch den Verkauf von Konsumgütern und Lebensmitteln *auf den Massenmärkten der europäischen Kolonien in Ost- und Südostasien etablieren* (Manfred Pohl). *An der Friedenskonferenz von Versailles nahmen zwar japanische Vertreter teil*, jedoch waren diese neben den Delegierten der USA, Großbritanniens und Australiens *nicht gleichberechtigt*. Der Versuch Japans, in den Friedensvertrag und später in die Charta des Völkerbundes einen Passus über rassische Gleichberechtigung aufzunehmen, scheiterte am Widerstand der Westmächte. Diese Demütigung führte in Japan zum Aufkommen eines *Ultra-Nationalismus*. Mit dem Ausbruch der Weltwirtschaftskrise 1929 verschärfte sich auch in Japan die politische Lage. Der Einfluss *radikaler „faschistischer“ (wohl eher ultranationalistischer) Militärs* stieg und führte zur Umsetzung einer aggressiven Expansionspolitik gegenüber China und Südostasien. Im Inneren wurde *die Tenno-Ideologie, die aus dem Kaisertum eine göttliche Institution machen sollte verschärft*. Der Staat wurde totalitär. *1940 wurden schließlich alle politischen Parteien und Massenorganisationen aufgelöst und durch die „Taisei Yokusankai“ als übergreifende (faschistische) Organisation ersetzt*. Den Zweiten Weltkrieg, der für Japan bereits mit dem Angriff auf China 1937 begonnen hatte, verloren die Japaner, nachdem die Vereinigten Staaten am 6. und 9. August 1945 Atombomben über Hiroshima und Nagasaki abgeworfen hatten. Während der Besatzung Japans durch die Vereinigten Staaten erfolgte ein Demokratisierungsprozess und Wiederaufbau, der Japan zu einem Wirtschaftswunder verhalf und dieses zu einem wichtigen Partner der Vereinigten Staaten gegen den Kommunismus in Nordostasien machte.[51]

Sogar die Gründung des jüdischen Staates Israel im Jahre 1948 weist einen – wenn auch bloß indirekten – Zusammenhang mit dem Ersten Weltkrieg auf. Im November 1917 hatte der damalige Außenminister

---

[51] Manfred Pohl, Geschichte Japans, 4. Auflage, München 2008, S. S. 71–77

des Vereinigten Königreichs, Arthur Balfour, in einem an den jüdischen Bankier Rothschild gerichteten Schreiben versichert, dass *auch Großbritannien eine „nationale Heimstätte" der Juden in Palästina befürworte.*[52] Palästina kam am Ende des Ersten Weltkriegs, nach dem Zusammenbruch des Osmanischen Reiches, ebenso wie Transjordanien, unter britisches Mandat. Trotz der britischen Absichtserklärung des Jahres 1917 sollte es erst über 30 Jahre später, nach dem Zweiten Weltkrieg und dem Holocaust, zur Errichtung eines jüdischen Staates auf diesem Gebiet kommen.

Auch in Europa hat der Erste Weltkrieg seine Spuren, die bis in unsere Zeit sichtbar sind, hinterlassen. Die mit dem Ausgang des Ersten Weltkriegs eben nicht gelösten beziehungsweise bloß verschobenen Nationalitätenkonflikte führten in zwei unmittelbaren Nachfolgestaaten der Habsburgermonarchie, nämlich der Tschechoslowakei und Jugoslawien, in den Neunzigerjahren des 20. Jahrhunderts, nach dem Zusammenbruch des Kommunismus in Osteuropa, zum Zerfall. Während den Tschechen und Slowaken 1992 ein unblutiges Auseinandergehen geglückt ist, führte die Lossagung Sloweniens, aber insbesondere Kroatiens und Bosnien-Herzegowinas vom serbisch dominierten Vielvölkerstaat 1991 bis 1995 zu einem der blutigsten Konflikte in Europa nach 1945.

Auch die Südtiroler Frage etwa beschäftigt(e) Italien wie auch Österreich immer wieder (und nunmehr sogar die Europäische Union) bis in das laufende Jahrhundert.

Eines aber hat der Erste Weltkrieg in Europa erreicht. Die Völker haben es sich – so scheint es derzeit zumindest – abgewöhnt, mit Enthusiasmus und Euphorie in einen Krieg zu ziehen, wie dies im Sommer 1870 oder 1914 der Fall war. Ergebnis des Zweiten Weltkriegs hingegen war die Erkenntnis der europäischen Völker (und ihrer Regierungen), dass jeder Krieg, den sie gegeneinander führen, nur außereuropäischen Kräften als „lachenden Dritten" in die Hände spielt.

---

[52] H.P. Willmott, Der Erste Weltkrieg, München 2009, S. 304

Literaturverzeichnis:

Afflerbach, Holger, et al., Otto von Bismarck, Gesammelte Werke, Neue Friedrichsruher Ausgabe, Gedanken und Erinnerungen, Paderborn 2012 [S. 368 ff]

Astorri, Antonella /Salvadori, Patrizia: Der Erste Weltkrieg, Klagenfurt 2005 [S. 34] (Originaltitel: Storiaillustrata della Prima Guerra Mondiale, Florenz 1999)

Barraclough, Geoffrey in Mann, Golo: Weltgeschichte, Band VIII, Das Neunzehnte Jahrhundert, Frankfurt am Main/Berlin 1980 [S. 713, 714]

Berghahn, Volker: Der Erste Weltkrieg, München 2009 [S. 9, 10, 12-17, 30, 31, 52, 65, 66]

Brauneder, Wilhelm: Österreichische Verfassungsgeschichte, 11. Auflage, Wien 2009 [S. 168, 188, 195, 197, 204, 205]

derselbe: Deutschösterreich 1918, Wien 2000 [S. 207]

Clark, Christopher : Die Schlafwandler, 14. Auflage, München 2014 [S. 73]

Diem, Peter: Die Symbole Österreichs, Wien 1995 [S. 118, 119, 122, 123, 275, 276]

Dietz, Wolfgang, et al., Der Brockhaus, Geschichte, 3. Auflage, München 2010 [S. 486, 857, 885]

Dippel, Horst: Geschichte der USA, München 2010 [S. 82, 83, 94, 95]

Gruner, Wolf D.: Der Deutsche Bund 1815-1866, München 2012

Herdegen, Matthias: Europarecht, 15. Auflage, München 2013 [S. 48]

Herz, Dietmar / Jetzlsperger, Christian: Die Europäische Union, 2. Auflage, München 2008 [S. 9-12]

Herzfeld, Hans in Mann, Golo: Weltgeschichte, Band IX, Das Zwanzigste Jahrhundert, Frankfurt am Main/Berlin 1980 [S. 77]

Hoke, Rudolf: Österreichische und Deutsche Rechtsgeschichte, 2. Auflage, Wien 1996 [S. 394, 401, 404, 405, 459, 460-463, 465-474, 477, 478, 484]

Kappeler, Andreas: Russische Geschichte, 5. Auflage, München 2008 [S. 93]

Khan, Daniel-Erasmus: Das Rote Kreuz, München 2013 [S. 13-23, 58-66]

Kleinwaechter, Friedrich F.G.: Von Schönbrunn bis St. Germain, Graz 1964 [S. 190-196, 197-200, 205-211]

Knopp, Guido: Die Deutschen im 20. Jahrhundert, 4. Auflage, München 2008 [S. 7]

derselbe: Weltenbrand, München 2014 [S. 11, 12, 102]

Knopp, Guido / Brauburger, Stefan / Arens, Peter: Die Deutschen, Vom Mittelalter bis zum 20. Jahrhundert, München 2009 [S. 181 ff, 215 ff, 251, 260, 277, 281, 299, 301]

Kolb, Eberhard: Der Frieden von Versailles, 2. Auflage, München 2011 [S. 53, 54, 105]

Leidinger, Hannes / Moritz, Verena / Schippler, Berndt: Schwarzbuch der Habsburger, 2. Auflage, Innsbruck-Wien 2010 [S. 185, 209]

Leonhard, Jörn: Die Büchse der Pandora, 2. Auflage, München 2014 [S. 50, 51]

Mai, Gunther: Die Weimarer Republik, München 2009 [S. 45]

Mombauer, Annika: Die Julikrise, München 2014 [S. 8]

Mommsen, Wolfgang J.:Weltbild, Weltgeschichte, Band 28, Das Zeitalter des Imperialismus, Augsburg 2000 [S. 152, 171-173, 235-237, 240, 241, 244, 245, 247, 255-262, 270]

Müller, Tim B.: Nach dem Ersten Weltkrieg, Hamburg 2014 [S. 33, 34, 36]

Nolte, Ernst: Der europäische Bürgerkrieg 1917 – 1945, 6. Auflage, München 2000

Oberhummer, Hermann, et al., Sechzig Jahre Wiener Sicherheitswache 1869-1929, Wien 1929 [S. 44]

Öhlinger, Theo / Eberhard, Harald: Verfassungsrecht, 10. Auflage, Wien 2014 [Rz 45]

Olechowski, Thomas: Rechtsgeschichte, 3. Auflage, Wien 2010 [S. 102, Rz. 1122, 1133, 1135, 1136, 1141, 1143, 1144, 1146, 1147-1149, 1153-1155, 1157, 1201, 1204, 1301, 1303, 1306, 1308, 1309, 1311, 1312-1316]

Olechowski, Thomas / Gamauf, Richard: Rechtsgeschichte und Römisches Recht, Studienwörterbuch, 2. Auflage, Wien 2010 [S. 33, 307, 369, 371, 434]

Palmade, Guy: Weltbild, Weltgeschichte, Band 27,Das Bürgerliche Zeitalter, Augsburg 2000

Parker, R.A.C. in Weltbild, Weltgeschichte, Band 34, Das Zwanzigste Jahrhundert I, Augsburg 2000 [S. 216]

Pfoch, Hubert in Leser, Norbert: Werk und Wiederhall, Wien 1964 [S. 394]

Piekalkiewicz, Janusz: Der Erste Weltkrieg, Augsburg 1995 [S. 9]
Pieper, Dietmar / Saltzwedel, Johannes: Der Dreißigjährige Krieg, München 2013 [S. 37]
Pohl, Manfred: Geschichte Japans, 4. Auflage, München 2008 [S. 69, 70-77]
Portisch, Hugo: Österreich I, Die unterschätzte Republik, Wien 1989 [S. 177, 187-189, 217-222, 231-236, 260-277, 286, 287, 308, 377-380, 384, 402-406, 407-413, 415, 421-426, 428, 429, 434, 435, 439-451, 457, 464, 480, 481, 501-505, 508-517, 523-544]
Scheuch, Manfred: Österreich im 20. Jahrhundert, Wien 2000 [S. 14, 17, 50, 62, 64]
Schieder, Wolfgang: Der italienische Faschismus, München 2010 [S. 73]
Schlie, Ulrich: Das Duell, Berlin 2013 [S. 220, 221, 222]
Segesser, Daniel Marc: Der Erste Weltkrieg in globaler Perspektive, Wiesbaden 2013 [S. 8-12, 14, 26]
Steinbach, Günther: Kanzler, Krisen, Katastrophen, Wien 2006 [S. 103-106, 114-121, 163-167, 177, 242, 243]
Strachan, Hew :Der Erste Weltkrieg, Eine neue illustrierte Geschichte, München 2014 [S. 44, 94-96]
Temperley, Howard in Weltbild, Weltgeschichte, Band 30, Die Vereinigten Staaten von Amerika, Augsburg 2000 [S. 103, 104, 105, 112, 113, 116 ff]
Ullrich, Volker: Die nervöse Großmacht 1871–1918, Frankfurt am Main 2013 [S. 27, 83, 84, 87, 88, 206-208]
Wagner, Wilhelm J.: Österreich-Ungarn, Der „Große Krieg“, Berndorf 2013 [S. 65, 120, 121, 126-129, 134, 139, 141, 163]
Weithmann, Michael: Stichwort, Habsburger, München 1995 [S. 72]
Wesel, Uwe: Geschichte des Rechts in Europa, München 2010 [S. 425]
Willmott, H.P.: Der Erste Weltkrieg, München 2009 [S. 304]
Winkler, Heinrich August:Geschichte des Westens, Die Zeit der Weltkriege, 1914-1945, München 2011
Wolf,Klaus Dieter: Die UNO, 2. Auflage, München 2010 [S. 13]
Ziegler, Karl-Heinz: Völkerrechtsgeschichte, 2. Auflage, Hamburg 2007 [S. 69, 142, 182, 184-187, 193-195, 197, 204, 205, 212]

Medienverzeichnis:

Burns, Ken/ Burns, Ric: Civil War, Teil 1, Die Ursachen, 1989
Knopp, Guido: Die Deutschen, Wallenstein und der Krieg, ZDF 2008
derselbe: Die Deutschen, Napoleon und die Deutschen, ZDF 2008
derselbe: Die Deutschen, Wilhelm und die Welt, ZDF 2008
Portisch, Hugo / Riff, Sepp: Der Zweite Weltkrieg, Ursachen und Hintergründe, ORF 1989
dieselben: Österreich I, Vom Reich zur Republik, ORF 1987
dieselben: Österreich I, Die bedrängte Republik, ORF 1987
dieselben: Österreich I, Die verpfändete Republik, ORF 1988
dieselben: Österreich I, Österreich I, Die unterschätzte Republik, ORF 1988
dieselben: Österreich I, Auf dem Weg in den Bürgerkrieg, ORF 1988
dieselben: Österreich I, Abschied von Österreich, ORF 1988
Homepage des Österreichischen Staatsarchivs, Habsburgergesetz 1919, http://www.oesta.gv.at/site/6385/default.aspx, 17. 5. 2014

Autoren

Karl Corino (*1942 in Ehingen/Mittelfranken)
1966–67 Katalogisierung von Robert Musils Nachlass in Rom. Legte neben zahlreichen anderen Publikationen drei Standardwerke über Musil vor: „Leben und Werk in Bildern und Texten" 1988, die Biographie 2003 und „Texte von Augenzeugen. Erinnerungen an Robert Musil" 2010.

Paul Georg Ertl, Dr. (*1972)
Studium Philosophie und Psychologie in Klagenfurt, Abschluss 2004.
Seit dem Jahr 2005Forscher und Hauptlehroffizier am Institut für Human- und Sozialwissenschaften der Landesverteidigungsakademie in Wien.
Seit 2009 dort Leiter des Fachbereiches Philosophie und Militärsoziologie.
Lehrauftritte in an der Santa Clara School of Law und dem Reserve Officers Camp Trainings Corps (ROTC) der Stanford University sowie der Naval Postgraduate School in Montery, Kalifornien.
Seit 2010 Universitätslektor im Bereich Medical Anthropology an der Medizinischen Universität Wien.
Forschungs- und Lehrschwerpunkte: Militärische Berufsethik, Wissenschaftstheorie, philosophische Anthropologie und politische Philosophie.

Wolfgang Etschmann, Prof. Dr. (*1953 Wien)
Studium der Geschichte und Germanistik an der Universität Wien. Dezember 1979 Promotion.
1980 am Institut für Zeitgeschichte der Universität Wien. 1981/82 „Offizier auf Zeit" im Bundesheer. 1982 wissenschaftlicher Beamter in der Militärwissenschaftlichen Abteilung des Heeresgeschichtlichen Museum im BMLV. 1994 bis 2010 Leiter der neuen Militärgeschichtlichen Forschungsabteilung. 2011 Forscher im Institut für Human- und Sozialwissenschaften an der Landesverteidigungsakademie. Bisher rund 140 Aufsätze und Publikationen zur Militärgeschichte und Zeitgeschichte.

Walter Fanta (*1958 in Spittal/Drau)
Germanist und Historiker, seit 1985 Mitarbeiter an Editionsprojekten zu Robert Musil, 2009 Mitherausgeber der ‚Klagenfurter Ausgabe' am Robert Musil-Institut der Universität Klagenfurt."

Walter Feigl, Univ.-Prof. i.R., DDr. (*1946)
Studium der Medizin und der Philosophie (Wissenschaftstheorie).
Tätigkeit als Institutsvorstand an Wiener Pathologien und akademischer Lehrer an der Medizinischen Universität Wien.
Langjährige Forschungs- und Lehrtätigkeit zum Bereich Pathologie, Systemtheorie in der Medizin, sowie dem Bezug von Medizin zu Philosophie. Gründungsmitglied mehrerer wissenschaftlicher Gesellschaften, zahlreiche Veröffentlichungen.

Günther Fleck, Dr. phil. (1953)
Klinischer Psychologe und Gesundheitspsychologe. 1989-1991 Leiter der Fliegerpsychologischen Untersuchungs-, Betreuungs- und Ausbildungsambulanz des Heeresspitals. 1991–1999 stellvertretender Leiter des selbständigen Referates Fliegerpsychologie im Heerespsychologischen Dienst. 2000–2002 Leiter des Referates für Psychologische Ausbildung und Betreuung im Heerespsychologischen Dienst. Seit Juli 2003 Leiter des Fachbereiches Militärpsychologie und Bildungswissenschaft am Institut für Human- und

Sozialwissenschaften der Landesverteidigungsakademie Wien.
Stellvertretender Vorsitzender des Sozialwissenschaftlichen Beirates der Wissenschaftskommission im Bundesministerium für Landesverteidigung und Sport.
Verschiedene Lehraufträge an der Universität Wien; Gastlektor an der Eötvös Lórand Universität Budapest sowie an der Budapester Universität für Technik und Wirtschaft.

Ursula Hamersky (*1964 in Wien)
Studium der Germanistik, Anglistik und Komparatistik. Gelernte Buchhändlerin. Seit Gründung der Plattform BIBLIOTHEKSINITIATIVEN WIEN 2008 Generalsekretärin des Vereins. Mitherausgeberin der Schriftenreihe BIBLIOTHEKSINITIATIVEN.

Regina Schaunig, Mag. Dr.
Mitarbeiterin der *Klagenfurter Ausgabe Robert Musil* (digital 2009), befasste sich vor allem mit der Datierungsstruktur des Musil-Nachlasses und rekonstriuierte 2003–2009 die Vorstufen des *Mann ohne Eigenschaften*. Vorträge und Publikationen zu Musil und der Literatur der Moderne (zuletzt: *Der Dichter im Dienst des Generals. Musil im Ersten Weltkrieg*, Kitab 2014). Seit 2012 Forschungen zu Ingeborg Bachmanns Kindheit und Jugend (vgl. ... *wie auf wunden Füßen. Ingeborg Bachmanns frühe Jahre*, Heyn 2014).

Peter Schmiedt (*1939 in Wien)
freiberufliche Tätigkeit als Privatlehrer im Fach Latein in Kombination mit Sport- und Lerntechnik. Nebenher Studium der Geschichte an der Universität Wien.

Markus Schratter (*1984)
Matura, Berufssoldat (Jagdbataillon Jägerschule Saalfelden), Unteroffizier der Infanterie, letzter Dienstgrad Wachtmeister.
Arbeitet bei der Polizei, Wien Innere Stadt als Wachkommandant.
2010 Beginn des Studiums der Rechtswissenschaften in Wien.
Dienstführender Exekutivbeamter, Wien, Innere Stadt, Am Hof, letzter Dienstgrad/ Amtstitel: Bezirksinspektor.
Dienstzuteilung Bundesministerium für Inneres, Abt. III/4.
Dritter (und letzter) Studienabschnitt an der rechtswissenschaftlichen FakultätderUniversität Wien

Andreas W. Stupka, MMag. DDr. (*1963)
Oberst des Generalstabsdienstes; 1982 Eintritt in die Streitkräfte; 1984-1987 Offiziersausbildung an der Theresianischen Militärakademie zu Wiener Neustadt; 1987-1994 Truppendienst Fliegerabwehr und Infanterie; 1994-1997 Generalstabsausbildung an der Landesverteidigungsakademie zu Wien; ab 1997 Hauptlehroffizier und Lehrgangskommandant an der Landesverteidigungsakademie; Studium Politikwissenschaft/Philosophie Universität Wien, 2002 Promotion Dr. phil. (Politikwissenschaften); abgeschlossene Journalistenausbildung/Medienakademie Salzburg; ab März 2001 Chefredakteur/Österreichische Militärische Zeitschrift/ÖMZ; 2003-2004 Bataillonskommandant; 9/2005-9/2006 Kommandant des Österreichischen Truppenkontingentes auf den Golanhöhen & Chief of Staff/UNDOF (Syrien/Israel); seit September 2008 Leiter des Institutes für Human- und Sozialwissenschaften/IHSW an der Landesverteidigungsakademie; 2010 Promotion Dr. phil. (Philosophie); 3/2011-9/2011 Kommandant des Österreichischen Truppenkontingentes im Kosovo & ACOS J5/HQ KFOR (Plans&Policy),Publikationen: Multinationale Streitkräfte als wesentliche Komponente der europäischen Integration. Eine sicherheitspolitische Analyse (Buch, Salzburg 1997); Strategie denken (Buch, Wien 2008); Militärwissenschaften – ihre Grundlagen und ihr System (Buch, Wien 2011).

Schriftenreihe BIBLIOTHEKSINITIATIVEN

Dichterinnen und Dichter im Porträt

Band 1

Edith Waclaviček (Hg.)

... und leuchtete nicht ein Stern.
Wilhelm Meissel – Poet und Idealist

ISBN 978-3-902838-04-9

Die Schriftenreihe „Dichter und Dichterinnen im Porträt“ rückt Biografien und Werke anerkannter österreichischer Autorinnen und Autoren in den Mittelpunkt der Aufmerksamkeit – mit Engagement und Sachverständnis zum Überblick zusammengestellt, als Reminiszenz und Wertschätzung gegenüber dem Schaffen dieser Menschen herausgegeben. Der erste Band ist Wilhelm Meissel gewidmet.

Wilhelm Meissel – Bibliothekar, Lyriker, Jugendbuchautor, Afrikareisender ...
In dieser Auswahl aus Meissels Schaffen werden alle Aspekte seines Wirkens berücksichtigt.

Mit einer Rezension von Hilde Langthaler und einer Werkanalyse von Erich Schirhuber, Illustrationen von Helga Lauth und Kurt Regschek